기문둔갑 기초편

원리론과 조식편

제34대 전맥자 수봉 이기목(粹峯 李奇穆) 저(著)
제35대 전맥자 민강 손혜림(旼岡 孫憲琳) 편저(編著)

奇門遁甲 기문둔갑
기초편

이기목 선생님 저서
원리론과 조식편

제34대 전맥자 수봉 이기목(粹峯 李奇穆) 저(著)

제35대 전맥자 민강 손혜림(旼岡 孫憲琳) 편저(編著)

저자 고(故) 수봉 이기목(粹峯 李奇穆) 존사(尊師)님 소개

* 1931년 음력 1월 4일~2006년 양력 5월 9일
* 태청궁 청구태학당(太淸宮 靑邱太學堂) 청구기문좌우총방(靑邱奇門 左右總坊) 제34대 전맥자
* 도서출판 온고당 전(前) 대표
* 전(前) 대동기문연수원장

수봉 이기목(粹峯 李奇穆) 대표 저서
* 1975년 기학정설 초판발행
* 1977년 기문둔갑 일천팔십격국상론 초판발행
* 1986년 기문삼원력(1864~2043년) 초판발행
* 1989년 동기정해 권일(인사명리 편) 초판발행
* 1989년 동기정해 권이(천문지리 편) 초판발행
* 1989년 동기정해 권삼(해단천미 편) 초판발행
* 1990년 풍수지리 이기법 초판발행
* 1991년 기문 조수가와 연성가(기문작명 포함) 초판발행
* 1991년 연해 옥추보경 초판발행

* 1994년 기문 택일교재 초판발행
* 1994년 기문 양택개요 초판발행
* 1994년 풍수지리 기초교재 1, 2, 3, 4권 초판발행
* 1995년 풍수지리 대성지리 육경정해 초판발행
* 1995년 풍수지리 만두십법 칠십이혈도해 초판발행
* 1996년 기문 조식속성법 초판발행
* 1996년 기문 조식법 초판발행
* 1996년 기문 원리론 초판발행
* 1997년 시조집 내 인생 황혼에 싣고 초판발행
* 1998년 기문 단시론 초판발행
* 1998년 기문 병방론 초판발행
* 1998년 기문 해단론 1, 2 초판발행
* 1999년 종합해단론 초판발행
* 1999년 동서명해 초판발행
* 2000년 기문 원리론 제이집 초판발행
* 2000년 기문작명 초판발행
* 2000년 초접변해 초판발행
* 2000년 상서교재 초판발행
* 2001년 인륜대통부 초판발행
* 2001년 태청신감 초판발행
* 2001년 기경팔맥침법 초판발행
* 2001년 시조집 정토별곡 초판발행
* 2002년 금초 한시집 초판발행
* 2002년 시조집 객수여창 초판발행
  그 외 다수의 저서 발행

편저자 민강 손혜림(旻岡 孫憲琳) 소개

* 1956년, 천안 출생

* 현재 태청궁 청구태학당 제35대 전맥자
* 태청궁 청구태학당(太淸宮 靑邱太學堂)
  제34대 기문학 전맥자 수봉 이기목(粹峯 李奇穆) 존사(尊師)님께 수학 및 이기목 존사님의 출판물 저작권 전권(全券)보유
* 경희대학교 사회교육원 기문학 강의(2001~2014년)
* 경희대학교 수원캠퍼스 평생교육원 기문학 강의
  (2004~2007년)
* 동국기문학회(東國奇門學會) 대표
* 손혜림 기문명리원(奇門命理院) 대표
* '기문둔갑 사주풀이' 시리즈 1권 '성공한 사람들' 2권 '세기의 살인 마들' 집필 발간(2016년)

민강 손혜림 홈페이지 : www.gimun.net
블로그 : http://blog.naver.com/sonherim
E-mail : gimun@hanmail.net
　　　　　sonherim@naver.com
강의 및 상담문의 : 02-3476-3433

기문둔갑이란 무엇인가?

* 旼岡 註: 기문강좌(奇門講座) 제1장(第一章) 기초조식편(基礎造式篇)에 수록된 수봉 이기목 직강(粹峯 李奇穆 直講) 내용

　기문둔갑(奇門遁甲)이란 무엇인가?
　이에 대(對)한 해답(解答)부터 하고 넘어가야만 궁금증이 풀릴 것 같기에 이에 대한 언급(言及)을 먼저 하기로 한다.
　둔갑(遁甲)이란 기문조식상(奇門造式上)에서 육갑(六甲)[갑자(甲子), 갑술(甲戌), 갑신(甲申), 갑오(甲午), 갑진(甲辰), 갑인(甲寅)]이 은복(隱伏)하는 상태(狀態)를 말한다. 다시 말하면, 천간(天干)인 십간(十干) 가운데 무(戊), 기(己), 경(庚), 신(辛), 임(壬), 계(癸)와 을(乙), 병(丙), 정(丁)하여 도합(都合) 아홉 개(九個)의 간의(千儀)만으로 천지반(天地盤)에 포국(布局)을 하게 되므로 육갑(六甲)은 자연(自然) 자취를 감추게 되는데, 이러한 상황(狀況)이 곧 둔갑(遁甲)이 되는 것이다.
　그러나 엄밀(嚴密)하게 말해서 육갑(六甲)이 은둔(隱遁)하는 이유(理由)는 육갑(六甲)은 천지지간(天地之間)에 최고(最高) 존자(尊者)라, 천적(天敵)인 육경(六庚)의 범접(犯接)을 막기 위(爲)해 은둔(隱遁)을 하지 않으면 안 되기 때문이다.
　그리고 을(乙), 병(丙), 정(丁)의 삼기(三奇)가 어째서 귀인(貴人)이냐에 대(對)해서는, 첫째, 육을(六乙)은 갑목(甲木)과 남매지간(男妹之間)으로서 오라버니인 갑목(甲木)을 육경(六庚)으로부터 구(救)하기 위(爲)해서는 불가분(不可分) 자신(自身)을 정략혼인(政略婚姻)의 제물(祭物)로 바치지 않으면 안 될 숙명(宿命)을 타고 났

기에 을경(乙庚)이 간합(干合)하여 부부지합(夫婦之合)을 이루게 되니, 그로 인(因)하여 갑경(甲庚)이 화친(和親)을 맺게 된 셈이다.

병(丙), 정(丁)은 또 을목(乙木)의 식상(食傷)으로서 함께 육경(六庚)을 제극(制剋)하게 되니, 그들도 육갑(六甲)을 위(爲)한 응분(應分)의 공과(功果)가 인정(認定)된 셈이다. 그러므로 삼기(三奇)가 모두 귀인(貴人)이 되게 된 것이다.

동국기문(東國奇門)을 조식(造式)하는 방법(方法)은 홍국(洪局)과 연국(烟局)으로 양분(兩分)되어 이원일체(二元一體)를 형성(形成)하고 있어서, 양국(兩局)을 설(設)한 연후(然後)에라야 비로소 완성된 일국(一局)을 갖추게 되는 것이다.

* 旼岡 註:

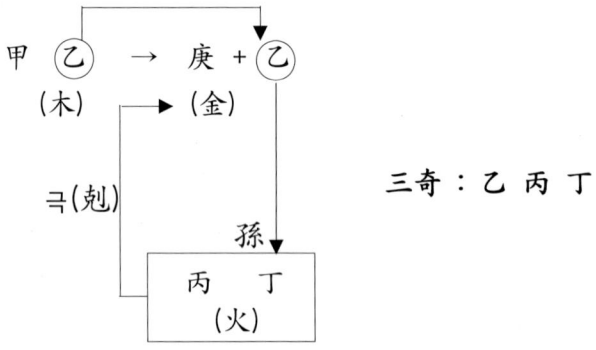

편저자 민강 손혜림 서문

　한글을 병기한 편저본을 내면서, 원서에 한자 병기가 많은 것에 대해 어떻게 편집을 할까 많은 고민을 하였다.
　여러 사람들이 한자가 지나치게 많은 것은 아무리 한글을 함께 병기한다고 해도 가독성을 떨어트린다고 걱정하였다.
　하지만 내용을 입체적으로 해득시키기 위해 한자투어를 고집하신 스승님의 뜻을 지키는 것이 좋겠다고 생각하여, 원서의 한자 표기를 살리고 한자에는 전부 한글을 먼저 병기하였다. 그것 때문에 혹여 가독성은 떨어질 수 있으나, 어차피 이 책은 소설과 같은 글이 아니고, 공부를 하고 생각을 하면서 천천히 읽어야 하는 내용이기에 한글과 함께 한자를 함께 표기하여도 의미가 있으리라 생각한다. 또한 일상에서도 많이 쓰이는 단어들이 한자로 표기된 부분이 많은 바, 한자와 지나치게 거리가 멀어진 현대인들이 기문둔갑 공부와 함께 한자와 친숙해질 기회를 갖게 될 수 있을 것이다.
　또한, 원래는 기초편에서 조식편이 먼저이며 원리론이 그다음이나, 편저본에서는 순서를 바꿔 원리론을 앞에 배치하였다. 그 이유는 첫째로, 기문둔갑 임상해단을 하게 되면 많이 찾아보게 되는 것이 조식편보단 원리론이기 때문이다. 둘째로, 조식편은 기문둔갑의 핵심이자 최초에 배워야 하는 기초이나 처음 접하는 사람에겐 어렵고, 그보단 원리론이 좀 더 접근성이 좋기 때문이다. 이러한 이유로, 원래는 조식편 뒤에 와야 하는 원리론을 먼저 배치하였다.

* 동국기문(東國奇門)의 요체인 홍국수(洪局數)의 오기(五氣) 통기법(通氣法)은 기학(奇學)의 제34대 전맥자이신 수봉 이기목 존사(尊師)님께서 구체적으로 정립하셨다. 본서(本書)에 나오는 홍국수(洪局數)의 통기법이나 해설내용은 저작권을 가지므로, 함부로 저작권을 도용하지 않도록 한다.

* 2쇄 이후부터는 이기목 선생님의 서문(序文)과 서설(序說)을 제외한 본문은, 독자분들의 요청에 따라 일상용어에서의 한문표기를 줄였다.

* 旼岡 註:
민강 손혜림의 추가 설명을 넣은 부분은 민강 주(* 旼岡 註:)로 따로 표기해 넣었다.

차례

기문둔갑이란 무엇인가? ·· 9
편저자 민강 손혜림 서문 ·· 11

기문강좌(奇門講座)
제2장 원리강의(第二章 原理講義) ··· 17
* 원래는 제1장 기초조식편이 먼저이나, 편저자 서문에 밝힌 이유로 제2장을 먼저 배치하였다.

원저자 서문 ·· 19
서설(序說) ·· 21

제1절(第一節) 홍국수(洪局數) 바탕 분류(分類) ··············· 23
가. 홍국수(洪局數) 바탕 분류론(分類論) ······································ 24
나. 삼살회동(三殺會動) ·· 29
다. 삼이구(三二九) 삼형(三刑) ·· 38
라. 성국론(成局論) ·· 47
마. 화살론(化殺論) ·· 56

제2절(第二節) 동처(動處)와 정처(靜處) ······························· 59
가. 불변적동처(不變的動處) ·· 61
나. 가변적동처(可變的動處) ·· 62

제3절(第三節) 기신궁(己身宮) ·· 65

제4절(第四節) 통기론(通氣論) ·· 73
가. 순위(順位)와 진가(眞假) ·· 76

나. 통기(通氣)의 종류(種類) ·· 81

제5절(第五節) 오행성리론(五行性理論) ································ 89

제6절(第六節) 사신론(四神論) ··· 95
가. 구성론(九星論) ·· 96
나. 팔문론(八門論) ·· 104
다. 팔괘론(八卦論) ·· 114
라. 팔장론(八將論) ·· 128

제7절(第七節) 격국론(格局論) ·· 141
가. 72국(七十二局) ··· 142
나. 48격(四十八格) ··· 143

제8절(第八節) 신살론(神殺論) ·· 159
가. 십이운성론(十二運星論) ··· 160
나. 십이신살론(十二辰殺論) ··· 168
다. 천을귀인(天乙貴人)과 일록(日祿) ······································ 174
라. 천마(天馬)와 공망살(空亡殺) ·· 176

제9절(第九節) 육친론(六親論) ·· 179
가. 부모궁(父母宮) ·· 180
나. 형제궁(兄弟宮) ·· 182
다. 부부궁(夫婦宮) ·· 184
라. 자손궁(子孫宮) ·· 190
마. 재물궁(財物宮) ·· 196
바. 관록궁(官祿宮)[직업궁(職業宮)] ·· 199
사. 유년궁(遊年宮) ·· 206

기문강좌(奇門講座)
제1장 기초조식편(基礎造式篇) ······ 209

원저자 서문 ······ 211

제1절(第一節) 연국조식법(煙局造式法) ······ 215
- 가. 육의삼기(六儀三奇) 붙이는 법(法) ······ 216
- 나. 지반육의(地盤六儀) 붙이는 법(法) ······ 221
- 다. 천반육의(天盤六儀) 붙이는 법(法) ······ 231
- 라. 구성(九星) 붙이는 법(法) ······ 236
- 마. 팔장(八將) 붙이는 법(法) ······ 239

제2절(第二節) 홍국조식법(洪局造式法) ······ 243
- 가. 홍국수(洪局數) 포국법(布局法) ······ 244
- 나. 설괘법(設卦法) ······ 249
- 다. 화기팔문(花奇八門) 붙이는 법(法) ······ 255
- 라. 육친부법(六親付法) ······ 266
- 마. 유년운(遊年運) 계거법(計居法) ······ 268

제3절(第二節) 제신살부법(諸神殺付法) ······ 271
- 가. 십이운성(十二運星) 붙이는 법(法) ······ 272
- 나. 십이신살(十二辰殺) 붙이는 법(法) ······ 277
- 다. 공망(空亡) ······ 280
- 라. 천마(天馬) ······ 281
- 마. 천을귀인(天乙貴人) ······ 282
- 사. 일록(日綠) ······ 284

제4절(第四節) 오국 설국법(五局 設局法) ······ 287
- 가. 연국설국법(年局設局法) ······ 288

나. 월국설국법(月局設局法) ················· 290
　다. 일국(日局) 및 시국(時局) ················ 292

제5절(第五節) **삼원력 사용법**(三元曆 使用法) ············ 295
　가. 표준시(標準時)의 정립법(定立法) ············ 296
　나. 초신접기법(超神接氣法) ·················· 299

부록 ··· 307
기문둔갑 포국설명 ···························· 308
기문둔갑 기초지식 ···························· 313
태청궁청구태학당 역대 전맥자 ················· 332
기문둔갑 프로그램의 종류 ····················· 334
태청궁 청구태학당 강의안내 ··················· 338
태학당 출판물 안내 ··························· 344

기문강좌(奇門講座)

제2장 원리강의(第二章 原理講義)

제34대 전맥자 수봉 이기목(粹峯 李奇穆) 저(著)
제35대 전맥자 민강 손혜림(旻岡 孫憲琳) 편저(編著)

* 원래는 제1장 기초조식편이 먼저이나, 편저자 서문에 밝힌 이유로 제2장을 먼저 배치하였다.

원저자 서문(序文)

　몇 년째 벼르던 원리론(原理論) 교재(敎材)를 책자(冊子)로 꾸며 냈다. 하지만 이것이 나의 이상(理想)은 물론 아니다. 나의 전수방법(傳授方法)이 시대(時代)에 걸맞지는 않겠지만 원어(原語)[한자투어(韓字套語)]를 많이 섞어 씀으로 해서 난해(難解)한 사학(斯學)을 입체적(立體的)으로 해득(解得)시켜 보려는 노력(努力)의 일환(一環)으로 필기(筆記)를 많이 시켜왔던 것이 사실(事實)이었고, 또한 성과(成果)도 나름대로 있었다고 생각된다. 처음엔 물론(勿論) 짜증스럽게 생각을 했었지만 그 방법(方法)이 어려운 고전학(古典學) 공부에는 더없이 좋은 방법(方法)이구나 하고 생각하는 전수자(傳受者)도 많았다.
　하지만 날이 갈수록 사람들의 정신(精神)이 게을러져서 어렵게 공부(工夫)하기를 싫어함으로 해서 부득불(不得不) 이러한 교재(敎材)를 만들게 된 것이다.
　그러나 막상 만들어 놓고 보니 어딘지 참 편리(便利)한 일을 했구나 하는 자찬(自讚)의 생각이 들기도 하여 무척이나 애착(愛着)이 가기도 한다. 이제 기초조식(基礎造式)의 편의(便宜)를 위(爲)해 속성법(速成法)도 만들어 놓고, 원리(原理)를 위(爲)한 간결(簡潔)하면서도 내용(內容)이 사실적(事實的)인 교재(敎材)마저 만들어 놓았으니, 나도 이만하면 충분(充分)히 [종시속(從時俗)]한 셈이 되겠구나 하는 생각도 들지만, 아무튼지 간(間)에 강호(江湖)의 초학자(初學者)들은 정진(精進) 연마(練磨)하여 대성(大成)을 거둘 수 있기를 바라는 바이다.

병자년(丙子年) 음 오월(陰 五月) 십이일(十二日)
저자(著者) 수봉 이기목(粹峯 李奇穆) 근식(謹識)

서설(序說)

　담정학보(潭亭學報) 창간 후에 제1장(第一章) 기초편(基礎篇)을 실은 뒤에 학보제이호(學報第二號) 발행(發行)이 늦어져서 원리편(原理篇)의 강의(講義)를 수록(收錄)하지 못했다가, 아쉬운 바가 있어 학보발행(學報發行)은 뒤로 미루고라도 원리강좌(原理講座)를 별도(別途)로 수록(收錄)하기로 마음먹었다.

　여러분은 이제 그 어렵고 지루하고 암울(暗鬱)하기까지 했던 기문학(奇門學)의 기초조식강의(基礎造式講義)를 끝마쳤다. 그리고 제2기(第二期) 등록(登錄)과 함께 원리강의(原理講義)를 듣게 되었다.

　기초조식(基礎造式)이 어떤 기계(機械)의 조립과정(組立過程)이라면, 원리(原理)는 기계(機械) 부속(副屬)의 하나하나에 대(對)한 성능(性能)을 알아내는 과정(過程)이라고 설명(說明)을 한대도 과(過)히 잘못된 표현(表現)은 아니라고 여겨진다.

제1절 (第一節)
홍국수(洪局數) 바탕 분류(分類)

제1절(第一節) 홍국수(洪局數) 바탕 분류(分類)

가. 홍국수(洪局數) 바탕 분류론(分類論)

홍국수(洪局數)에는 다음과 같은 다섯 가지 종류가 있으므로 이를 분류해 두는 것이 전체명국(全體名局)을 파악하는 데 기초적인 도움이 되는 것이다. 즉, **화국**(和局), **전국**(戰局), **충국**(冲局), **원진국**(怨嗔局), 그리고 **형파국**(刑破局) 등이 그것이다.

① 화국(和局)

이는 간지상하(干支上下)가 모두 상생하(上生下)거나 아니면 하생상(下生上)하는, 이른바 상하(上下)가 상생(相生)하는 것으로 되어 있다. 그리고 두 군데쯤은 비화(比和 *예시: 二二, 七七, 二七, 七二) 자리도 생긴다. 이 화국(和局)은 팔십일변국(八十一變局) 가운데서 24개 처(二十四個處)가 된다. 화국(和局)의 예는 다음과 같다.

九五	四十	一三	四五	九十	六三
十四	三一	六八	五四	八一	一八
五九	二二	七七	十九	七二	二七

* 貶岡 註: 화국(和局) 바탕의 사람들은 온실 속의 화초와 같아서 성격이 낙천적이고 유순하여 대인관계가 좋은 편이다.

② **전국**(戰局)

전국(戰局)이란 홍국수(洪局數) 상하(上下)가 서로 극(尅)하거나 적(賊)하는 것을 말하고, 상(上)이 하(下)를 극(尅)함을 극(尅)이라 하면 하(下)가 상(上)을 극(尅)함은 적(賊)이라 하니, 전체 바탕에 다만 비화(比和 *예시: 三三, 八八, 四九, 九四) 자리 한두 곳 남겨 놓고는 모두가 극적지(尅賊地)가 되니, 이 전국(戰局)의 수효(數爻)는 팔십일변국(八十一變局) 가운데 24개가 된다. 예를 들면 다음과 같다.

一五	六十	三三
二四	五一	八八
七九	四二	九七

七六	二一	九四
八五	一二	四九
三十	十三	五八

* 旼岡 註: 전국(戰局) 바탕의 사람들은 들에 핀 야생화 같아서 예민한 기질이 있다.

③ **충국**(冲局)

충국(冲局)은 전국(戰局) 못지않게, 어쩌면 전국(戰局)보다 더 심하게 상하(上下)가 앙앙불식(怏怏不息)하다가 필경에는 맞부딪쳐 어느 한쪽이 깨어지고 마는 무서운 파괴력을 지닌 살성(殺星)이다. 충국(冲局)에는 두 가지 종류가 있다. 즉, 금목(金木)이 충(冲)하는 것과 수화(水火)가 충(冲)하는 것이 그것이다.

ㄱ. 금목(金木) 충국(沖局)

九三	四八	一一
十二	三九	六六
五七	二十	七五

ㄴ. 수화(水火) 충국(沖局)

七一	二六	九九
八十	一七	四四
三五	十八	五三

충국(沖局) 바탕의 사람들은 대체로 투기성(投機性)이 강하고 지나치게 의욕적이어서 매사를 무모하게 시도하다가 실패를 거듭하는 게 커다란 결함이다.

그러나 같은 충국(沖局) 바탕 가운데서도 특히 금목충(金木沖)의 경우가 더욱 심하여 무슨 일이든 시작했다 하면 실패로 끝날 줄 알면서도 자꾸만 되풀이하는 집착증세는 확실히 병적(病的)이라 할 수가 있겠다.

하기야 후천성 정신질환자의 대부분이 금목충(金木沖)에서 나오는 걸 봐도 급(急), 만성(慢性)의 차이는 있을지라도 금목충국(金木沖局)의 사람들 거의 모두가 정신질환적 요인을 가지고 있음을 알 수가 있겠다. 그러나 수화충국(水火沖局)의 경우는 좀 다르다. 금목충(金木沖)의 사람들이 외적인 모험에 집착하는 성향이라면, 수화충국(水火沖局)의 사람들은 내면세계를 파고드는 탐구정신이 높아서 주로 학자나 예술가, 발명가 등을 많이 배출하기도 하니 전자보다는 좀 나은 편이다. 그러나 여전히 무형(無形)의 대상을 향해 모든 것을 저버리고 일생을 바치려 드는 그 정열과 학구적 노력은 가히 존경할 만하다.

이 충국(冲局)도 대충 잡아서 18개국(十八個局)이 된다.

* 旼岡 註: 충국 바탕의 사람들은 일단 저질러 놓고 보는 타입이 많아서 저돌적이고 도전적인 성격의 소유자들이 많다. 또한 고집이 매우 강하다.

④ **원진국**(怨嗔局)

서로가 원한(怨恨)에 사무쳐 상종을 불허하는 상태를 말하니, 여기에도 금목원진(金木怨嗔)과 화토원진(火土怨嗔)이 있는데, 전자를 극원진(尅怨嗔)이라 하고 후자를 생원진(生怨嗔)이라 한다. 그러나 한자리에서 두 가지 형태가 동시에 일어나고, 그 수효(數爻)는 얼마 안 되니 도합 여덟 개처(八個處)다. 다음은 그 실례(實例)다.

二五	七十	四三
三四	六一	九八
八九	五二	十七

一六	六一	三四
二五	五二	八九
七十	四三	九八

* 旼岡 註: 원진국은 서서히 진행되는 만성적인 파괴력으로 인하여 기회를 잘 놓치므로 '아차! 인생!'이라고도 한다.
* 旼岡 註: 그러나 오국(五局) 중에서 가장 꼼꼼하며, 완벽주의자 성격을 가지기도 한다.

⑤ 형(刑), 파(破), 해국(害局) = 형파국(刑破局)

이는 구궁(九宮)의 홍국수(洪局數)가 어디를 가나 극(剋)하는 것이 전혀 없어, 얼핏 보기에는 화국(和局)을 닮았다.

그러기에 화국(和局)과 형파국(刑破局)은 신중하게 구분을 해야 한다. 그러나 형파국(刑破局)이라고 해서 모든 형파국(刑破局)의 요소가 다 포함되는 것은 물론 아니다.

즉, 일팔(一八), 팔일(八一)의 상형(相刑)이나, 오오(五五), 칠칠(七七), 사사(四四), 육육(六六), 등의 자형(自刑)은 횡간(橫干)끼리는 몰라도 간지(干支)끼리는 일어날 수가 없다. 다만 오오자형(五五自刑)에 한하여서는 쌍오토(雙五土)가 입중(入中)할 시에만 유일하게도 오오자형(五五自刑)이 성립될 뿐으로, 여타(餘他)의 자형(自刑)은 형파국(刑破局) 안에서는 수용이 불가능하다. 그리고 그 수효(數爻)는 아홉 개(九個)가 된다.

十五	五十	二三	一四	六九	三二
一四	四一	七八	二三	五五	八七
六九	三二	八七	七八	四一	九六

* 旼岡 註: 형파국은 이미 깨져 버린 그릇을 다시 붙여 쓰는 형상이므로, 일명 '재활용 사주'라고도 한다.
* 旼岡 註: 태청궁 청구태학당에서 제작한 기문둔갑 종합 프로그램에서는 통기도와 구궁에 오국바탕을 표시해 놓았다.

나. 삼살회동(三殺會同/三殺會動 *同,動 두 한자가 같이 쓰임)

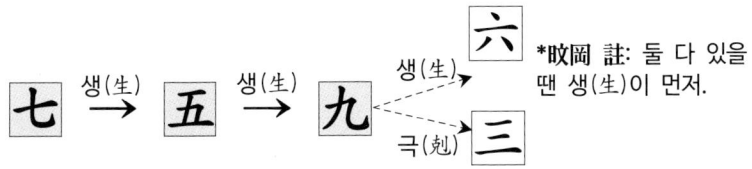

삼살(三殺)은 오(五), 칠(七), 구(九)의 회동(會同)을 말하니 오칠구(五七九)가 삼살(三殺)이 되는 이유는 오(五)는 천강(天罡)이라 하고, 칠(七)을 형혹(熒惑)이라 하며, 구(九)를 태백(太白)이라 함에서 비롯된 것이니, 이는 모두가 천상(天上)의 성진(星辰)으로서 가장 잔혹한 성정(性情)을 가졌기 때문에 이를 금기시(禁忌視)하는 것이다. 그 가운데 천강성(天罡星)은 홀로는 독(毒)을 발(發)하지 않으므로 무해(無害)하다 하겠으나, 일단 형혹(熒惑)의 생조(生照)를 받았을 때에는 맹독을 발(發)한다고 한다. 형혹성(熒惑星)이나 태백성(太白星)은 홀로 있어도 그 독이 강맹(强猛)한데, 형혹(熒惑)이 천강(天罡)을 비추고 천강(天罡)이 다시금 태백(太白)을 비추면 이때가 바로 삼살(三殺)이 회동(會動)하는 시기로서 그 독은 가히 헤아릴 수 없을 만큼 강렬한 것이다.

그러므로 삼살(三殺)이 회동(會動)한 구금(九金)의 독을 가리켜 짐조(鴆鳥)의 독이라 하니, 옛날에는 죄인을 사형시킬 때에 이 짐새의 깃털 하나를 뽑아서 삶은 물이면 능히 죄인 한 사람 치사량의 독이 나왔다고 하니 참으로 무서운 새라 하지 않을 수가 없다.

그래서 옛날 사람들은 삼살회동(三殺會同)을 가장 무서워했던 것이다. 연운(年運)에 삼살(三殺)을 만나면 죄인은 처형을 당하고 벼슬아치는 귀양살이를 면하지 못하는 것으로 여겨 왔으며 서민

(庶民)들도 대횡액(大橫厄)을 당하는 걸로 풀이해 놨으나, 임상(臨床)을 통해 체험한 바로는 삼살(三殺)보다는 오히려 삼형살(三刑殺)이 더 무섭다는 것을 알 수가 있었다. 즉, 삼살(三殺)은 아무리 무섭다고 해도 구금(九金)이 육수(六水)를 보면 탐생망살[貪生忘殺: 생(生)을 탐(貪)하여 살(殺)을 잊다.]을 하기도 하지만, 삼형(三刑)의 구금(九金)은 육수(六水) 앞에서도 탐형망생[貪刑忘生: 형(刑)을 탐(貪)하여 생(生)을 잊다.]을 하기 때문이다. 삼살회동(三殺會同)에는 다음과 같은 종류가 있다.

* 旼岡 註: 삼형살(三刑殺)이나 삼살(三殺) 등의 살성(殺性)을 활용하는 일을 하는 것이 액땜을 하는 데 좋다.
* 旼岡 註: 도서 [기문둔갑 사주풀이2 - 세기의 살인마들]의 예를 봐도, 삼살(三殺)보다는 삼형살(三刑殺)의 비중이 압도적이다.

① **직삼살**(直三殺)

이는 중궁(中宮)에 칠화(七火)가 입(入)할 때를 말하니, 이때에는 반드시 간상(艮上)에는 오토(五土)가 앉게 되고 곤상(坤上)에는 구금(九金)이 앉게 되어 삼살(三殺)이 대각선상(對角線上)에서 발(發)하게 되므로 이때가 가장 무서운 시기다. 하지만 곤상(坤上)이나 간상(艮上)이 변지(邊地)에 들면 불발삼살(不發三殺)할 때와 불완전삼살(不完全三殺)이 될 때가 있다. 즉, 곤상(坤上)이나 간상(艮上)이 모두 변지(邊地)가 되면 영원히 삼살(三殺)은 불발(不發)하고 말지만, 그러나 어느 한쪽이 동(動)하고 한쪽이 변지(邊地)가 될 때에는 이를 불완전삼살(不完全三殺)이라 하여 비동처(非動處)에 유년(遊年)이 오게 되면 삼살(三殺)이 동(動)할 뿐인 고로, 이러한 경우를 가리켜 불완전삼살(不完全三殺)이라고 한다.

[직삼살(直三殺)의 예(例)]

一 甲 丙 庚 辛
七 午 午 寅 未

七 二	<世> 時支 二 六	歲支 九 ⑨
八 十	一 ⑦	四 四
三 月支 ⑤	十 八	五 三

곤상(坤上)에는 세지(歲支)가 앉고
간상(艮上)에는 월지(月支)가 앉아서
직삼살(直三殺)을 이루었다.

② **곡삼살**(曲三殺)

곡삼살(曲三殺)은 오(五), 칠(七), 구(九)가 곡선상(曲線上)에서 동(動)하여 삼살(三殺)을 이룬 것을 말한다. 이는 직삼살(直三殺)보다 살성(殺性)이 좀 가볍겠지만, 어쨌건 삼살(三殺)인지라 얕잡아 볼 수는 없다. 다만, 곡선상(曲線上)에서 형성된 살성이므로 여타(餘他) 동처(動處)에 누기(漏氣)를 당하기도 하므로 다소 가벼울 수는 있다.

[곡삼살(曲三殺)의 예(例)]

六 戊 庚 辛 丁
三 寅 申 亥 巳

二 _{歲支} 七	七 二	<世> 四 五
三 六	六 三	九 十
_{時支} 八 一	五 四	十 _{月支} 九

일지상(日支上)에 오토(五土)와 세지상(歲支上)에 칠화(七火)와, 그리고 월지상(月支上)의 구금(九金)이 동(動)하여 곡삼살(曲三殺)이다.

③ **불규칙삼살**(不規則三殺)

불규칙삼살(不規則三殺)은 지반수(地盤數)와 천반수(天盤數)가 혼합하여 삼살(三殺)을 이루는 경우를 말하니, 즉, 오칠(五七)이 상하수(上下數)로 천지반(天地盤)을 이루고 있거나, 또는 칠구(七九), 구오(九五) 등이 상하수(上下數)를 이루었는데 나머지 구수(九數)가 동처(動處)에 떨어지면 삼살(三殺)을 형성하니, 이런 경우의 삼살(三殺)을 불규칙삼살(不規則三殺)이라고 한다.

[불규칙삼살(不規則三殺)의 예(例)]

```
六  乙 己 庚 壬
五  丑 酉 戌 申
```

		歲支
二 四	七 九	四 二
三 三	六 五	<世> 九 七
時支 八 八	五 一	月支 十 六

일지상(日支上)에 칠구(七九)가 상하(上下)로 겹쳐 있고 중궁(中宮)에 오토(五土)가 있어 불규칙삼살(不規則三殺)을 이루었다.

④ 은복삼살(隱伏三殺)

중궁(中宮)에 이(二)나 사(四)가 앉았는데 오(五), 구(九)가 동처(動處)에 있거나 오칠(五七)이 동처(動處)에 있으면 이런 경우에는 은복삼살(隱伏三殺)이 된다. 즉, 이(二)가 입중(入中)했는데 오(五)와 구(九)가 동처(動處)에 떨어지고, 또 사(四)가 입중(入中)했는데 칠(七)이나 구(九)가 동처(動處)에 앉으면 은복삼살(隱伏三殺)이 된다. 그러나 예외상황도 있다. 즉, 은복삼살(隱伏三殺)이 되려면 중궁(中宮)의 이화(二火)나 사금(四金)에게 고유역할이 없어야 한다. 가령, 이화(二火)가 삼형(三刑)에 떨어졌거나 사금(四金)이 팔목(八木)을 충(沖)하면 이때에는 은복(隱伏)이 불가하므로 삼살(三殺)도 불가(不可)하다.

[은복삼살(隱伏三殺)의 예(例)]

一八	<世> 六三 月支	三六
二七 歲支	五 四(九)	八一
七二	四 五 時支	九十

 사금(四金)이 입중(入中)인데, 시지상(時支上)의 오토(五土)와 세지상(歲支上)에 칠화(七火)가 있어 불완전삼살(不完全三殺)을 이루었으나, 중궁(中宮)에는 은복수(隱伏數)인 구금(九金)이 숨어 있음으로 해서 은복삼살(隱伏三殺)을 이루었다.
* 旼岡 註: 원본에서 수정된 예제이다.

⑤ **불완전삼살**(不完全三殺)

 직삼살(直三殺)이나 곡삼살(曲三殺)을 불문하고 삼살(三殺)의 삼요(三要) 가운데 이요(二要)만 구비한 채 여일요(餘一要)가 부동지처(不動之處)에 놓이는 경우를 말한다. 이때에는 여일요상(餘一要上)에 유년(遊年)이 와야만 삼살(三殺)이 성립되므로 이를 불완전삼살(不完全三殺)이라 한다. 즉, 한시적인 삼살(三殺)이라는 뜻도 된다.

[불완전삼살(不完全三殺)의 예(例)]

八 辛 壬 丙 己
七 亥 申 子 亥

四一	九六	〈世〉六九
五十	八七	一四
十五	月支 七八	歲時支 二三

직삼살(直三殺)인데 간상오토(艮上五土)가 변지(邊地)에 떨어져 삼살(三殺)을 작(作)하지 못하니 불완전삼살(不完全三殺)이나, 다만 간상(艮上)의 유년(遊年)에 들면 삼살(三殺)을 작한다.

⑥ **중복삼살**(重復三殺) [일명 겹삼살(裌三殺)]

이는 천지반(天地盤)이 동시에 삼살(三殺)을 작(作)하는 경우를 말한다. 즉, 중궁(中宮)에 쌍칠(雙七)이 앉으면 천지반(天地盤)이 동시에 삼살(三殺)이 되므로 이때에는 그 위력이 배가된다고도 하겠으나, 본시 삼살(三殺)은 지반(地盤) 것이 월등히 강하므로 천반(天盤) 것은 조금 가볍다. 하지만 겸작(兼作)한 삼살(三殺)이라 그 힘이 대단하다고 봐야 옳을 것이다.

[불완전중복삼살(不完全重復三殺)의 예(例)]

七 丁 庚 壬 戊
七 亥 申 戌 戌

三一	八六	<世> 五九
四十	七七	十四
九五	六八	一三 歲月時支

*旽岡 註: 평소에는 불규칙 삼살로, 중복삼살이 활성화되지 않음.

三一	八六	<世> 五九
四十	七七	十四
九五	六八	一三 歲月時支

*旽岡 註: 간방(艮方)의 유년운에 가면 지반(地盤) 오토(五土)와 천반(天盤) 구금(九金)이 활성화되어 중복삼살이 성립.

중복삼살(重復三殺)의 예는 되지만 실제로는 불완전 중복삼살(不完全 重復三殺)이다. 그러나 간방(艮方)에 유년(遊年)이 온다면 그때는 삼살(三殺)이 중복(重復)으로 닥칠 것이다.

지반오토(地盤五土)나 천반구금(天盤九金) 유년(遊年)이 올 때 성립(成立)되는 천지반(天地盤) 중복삼살(重復三殺)이다.

차(此) 예는 고(故) 박모 여사의 명국(命局)인데 간방(艮方) 천지반(天地盤)이 최흉(最凶)하다.

다. 삼이구(三二九) 삼형(三刑)

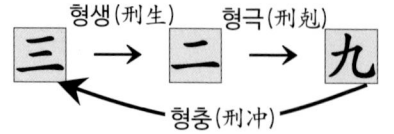

*旼岡 註: 육수(六水)가 있어도 삼형이 이루어지면 무조건 형충(刑沖).

　삼이구(三二九) 삼형(三刑)은 곧 인사신(寅巳申) 삼형(三刑)을 말한다. 삼살론(三殺論)에서도 언급이 있었지만 삼살회동(三殺會動)은 아무리 그 위력이 강하다 해도 동처상(動處上)에 육수(六水)가 나타나기만 하면 탐생망살(貪生忘殺)로 돌아가는 게 통례인데 반해, 삼이구(三二九)는 그렇지가 않아서 비록 동처상(動處上)에 육수(六水)가 있다고 해도 탐형망생(貪刑忘生)으로 돌아가고 만다. 하지만 단 한 가지 예외가 있다면 그것은 성국상(成局上)에서 면형(免刑)이 되는 경우다. 즉, 성국(成局)시에 있어서 구금(九金)이 가생효(加生爻)가 될 때에 한해서만 기살종생(棄殺從生)을 하게 되는 경우다. 이에 대해서는 다음 장(章)의 성국론(成局論)에 가서 자세히 설명하겠다.

　삼형(三刑)에는 대별(大別)하여 두 가지가 있다. 즉, 간지(干支)끼리 형(刑)하는 직형(直刑)이 있는가 하면, 또 지지(地支)끼리 형(刑)하는 횡간형(橫間刑)도 있다. 직형(直刑)은 형파국상(刑破局上)이 아니고서는 좀처럼 일어나지 않지만 횡간형(橫間刑)은 어떤 국상(局上)에서든지 일어날 수가 있다. 다만 구금(九金)이 상하수(上下數)를 직충(直沖)할 때와 상하(上下)가 원진(怨嗔)으로 극(剋)을 할 때는 삼형(三刑)으로 보기가 어렵다.

　또한 직형(直刑)은 상하(上下) 두 자리만으로도 완형(完刑)이 되지만, 그러나 횡간형(橫間刑)은 세 자리가 모두 동(動)해야 완형

(完刑)으로 볼 수가 있다. 삼형(三刑)에는 이른바 인사신삼형(寅巳申三刑)과 축술미삼형(丑戌未三刑)이 있지만 기문국상(奇門局上)에서는 축술미삼형(丑戌未三刑)은 성립이 불가하니, 그 연유는 오십토(五十土)는 음양년(陰陽年)에 따라 축미(丑未), 또는 진술(辰戌)로 각각 달라지기 때문이다. 즉 십토(十土)와 오토(五土)가 축미(丑未)와 진술(辰戌)로 갈라지기 때문에 음양년(陰陽年)을 막론(莫論)하고 축미(丑未)와 진술(辰戌)은 동시성립(同時成立)이 불가하다. 즉, 양년(陽年)에는 십토(十土)가 축(丑)인데 반해 오토(五土)는 진(辰)이 되고, 또 음년(陰年)에는 십토(十土)가 미(未)인데 반(反)해 오토(五土)는 술(戌)이 되니, 결코 축술(丑戌)이나 축미(丑未) 등은 공존이 불가하므로 축술미삼형(丑戌未三刑)은 성립이 불가능하다.

* 旼岡 註: 삼형살이나 삼살등의 살성을 활용하는 일을 하는 것이 액땜을 하는 데 좋다.

삼형(三刑)을 대별(大別)하면 다음과 같은 종류(種類)로 분류(分類)할 수가 있다.

① 정격삼형(正格三刑)

三十	八五	五八
四九 _{月支}	七六	十三 _{時支}
九四	六七	⟨世⟩ 一二 _{歲支}

 이것은 형신(刑神) 삼효(三爻)가 각각(各各) 일순위상(一順位上)에 앉아서 삼형(三刑)을 작(作)할 때를 말하니, 삼형(三刑) 가운데서 가장 위력이 있다.

* 旼岡 註: 정격삼형(正格三刑) 예제

⟨世⟩ 二七 _{月支}	七二 _{歲支}	四五
三六	六三	九十
八一	五四	十九 _{時支}

 중궁(中宮) 삼목(三木)과 세지(歲支) 이화(二火), 시지(時支) 구금(九金)이 모

여서 정격삼형(正格三刑)을 작(作)하였다.

② **불규칙삼형**(不規則三刑)

한 동처(動處)의 지지상(地支上)에 삼형(三刑)의 숫자(數字)가 상하(上下)로 접해 있고 여일수(餘一數 *나머지 하나의 수)는 지수(支數)나 간수상(干數上)에 홀로 떨어져 있으면 이때가 곧 불규칙삼형(不規則三刑)이 된다.

一 一	六 六	歲支 三 九
月支 二 十	五 七	八 四
<世> 七 五	時支 四 八	九 三

세지(歲支)에 양효(陽爻)가 겹쳐 있고, 월지상(月支上)에 이화(二火)가 나타나 있다. 물론 바탕은 충국(冲局)이지만 삼형(三刑)도 동시에 겸해서 일어난다. 이때에 나타나는 삼형(三刑)의 위력은 물론 정격삼형(正格三刑)보다는 조금 가볍지만, 그래도 삼형(三刑)인 것만은 틀림이 없으므로 그 힘은 막강하다.

* 旼岡 註: 불규칙삼형(不規則三刑) 예제

		<世> 時支
九六	四一	一四
十五	三二	歲支 六九
月支 五十	二三	七八

중궁(中宮) 상하(上下) 삼이(三二)와 세지(歲支) 지반(地盤) 구금(九金)이 모여 불규칙삼형(不規則三刑)을 작(作)하였다.

③ 은복삼형(隱伏三刑)

이는 두 개의 형효(刑爻)가 각기 일순위상(一順位上)에 놓이고 여일효(餘一爻 *나머지 하나의 효)는 중궁(中宮)에 은복(隱伏)한 예를 말한다.

그러나 은복삼형(隱伏三刑)을 말하자면 중궁(中宮)에 나타난 효(爻)가 아무런 역할이 없이 무위도식(無爲徒食)을 해야만 한다. 즉, 일순위상(一順位上)에 진생처(眞生處)도 없고, 진극처(眞剋處)도 없어야 하며, 또한 가서 충(冲)할 곳도 형(刑)할 곳도 없어야만 은복자(隱伏者)가 대리정사(代理政事)를 할 수가 있는 것이다.

	<世> 六 三	三 六
時支 二 七	五 四 (九)	八 一
歲支 七 二	四 五	月支 九 十

* 旼岡 註: 은복삼형(隱伏三刑) 예제

	月支 六 三	三 六
一 八 二 七	五 四 (九)	八 一
<世> 歲支 七 二	時支 四 五	九 十

월지(月支) 삼목(三木)과 일·세지(日·歲支) 이화(二火), 중궁(中宮)의 은복수(隱伏數) 구금(九金)이 은복삼형(隱伏三刑)을 작(作)하였다.

④ 불완전삼형(不完全三刑)

이것은 삼형(三刑) 중에 이효(二爻)만 동하고 여일효(餘一爻)가 부동(不動)했을 때를 말한다. 이와 같이 미완성의 삼형(三刑)이라서 불완전삼형(不完全三刑)이라는 명칭을 붙이지만, 불완전삼형(不完全三刑)일 경우에는 일생을 사는 동안 완형(完刑)시기가 두 번씩은 찾아오게 되어 있어서 불완전삼형(不完全三刑)이라 명명(命名)한 것이다.

불완전삼형(不完全三刑)이 완형(完刑)으로 나타나는 시기는 물론 나타나지 않은 여일효 상(餘一爻上)에 유년(遊年)이 와야만 한다. 이때에 수효(數爻)가 낮으면 짧게 오고 높으면 길게 오게 된다.

효력 면에서 볼 적에 불완전삼형(不完全三刑)의 경우가 오히려 더 크게 당할 수가 있다. 왜냐하면 평소에는 삼형(三刑)을 느끼지 못하고 지내다가 불시에 닥치는 날벼락과 같은 흉변(凶變)이라, 미리 마음의 준비도 없이 당하므로 그 충격파가 심할 수도 있다. 명운(命運)에 이러한 삼형(三刑)이 있는 사람이라면 오직 해당 유년운(該當 遊年運)이 짧기만을 바라면서 마음의 준비를 해야만 한다.

* 旼岡 註: 원래 삼형(三刑)이 있는 사람은 원래 폭풍우 속에 피어 있는 풀과도 같다면, 원래는 삼형(三刑)이 없다가 유년운(遊年運)에서야 삼형(三刑)을 만나는 사람은 온실 속에 살다 폭풍우 속에 내버려진 화초와도 같다고 할 수 있다. 그러니 원래 삼형(三刑)이 있던 사람보다 갑자기 삼형(三刑)을 만난 사람이 더 피해가 클 수 있다.

	時支	<世>
九 五 12	四 十 43	一 三 3
歲支 十 四 7	三 一 13	六 八 28
五 九 37	月支 二 二 45	七 七 20

 불완전삼형(不完全三刑)은 예도(例圖)와 같이 형효(刑爻)인 삼목(三木)과 이화(二火)가 일지(日支)와 월지(月支)에 각기 동(動)해 있으나, 여일지(餘一支 *나머지 하나의 支)인 구금(九金)이 비동처(非動處)에 있어서 일단 삼형(三刑)은 미완(未完)으로 그치고 말았다. 그러나 결국 유년 상(遊年上)에 이르러 형(刑)이 발(發)하고 말았으니, 29세부터 37세 사이가 해당 유년(遊年)으로서 삼형(三刑)이 발(發)하게 된다. 그 기간은 자그마치 9년씩이나 되므로 커다란 화란(禍亂)이 아닐 수가 없다.

* **旼岡 註:** 불완전삼형 예제로, 삼(三)과 이(二)만 나타나 있으나 점선으로 표시된 구금(九金)의 유년운(遊年運)에 가면 삼형(三刑)을 이루게 된다. 또한 천반수(天盤數)의 구금(九金) 운에 가도 해당 궁(宮)이 활성화되기 때문에 해당 궁에 있는 구금(九金)이 삼형(三刑)을 작하게 되어, 이때도 정격삼형(正格三刑)을 이룬다.

제1절 홍국수(洪局數) 바탕 분류(分類) 45

* 旼岡 註: 불완전삼형(不完全三刑) 예제

時支 九 五	四 十	一 三
十 四	三 一	月支 六 八
歲支 五 九	<世> 二 二	七 七

일지(日支) 이화(二火)와 세지(歲支) 구금(九金)이 동처(動處)에 나타나 있으므로 지반(地盤) 불완전삼형(不完全三刑)이다. 유년(遊年)이 곤방(坤方)의 지반(地盤) 삼목(三木)운에 이르게 되면 지반(地盤) 정격삼형(正格三刑)을 이루게 된다.

라. 성국론(成局論)

성국(成局)이란 성사(成事)를 뜻하는 말이지만, 그러나 직접적인 성사를 가져 오는 경우보다는 성국(成局)으로 인해 얻어지는 부대적인 수확이 훨씬 더 큼을 알 수가 있다. 즉, 충살(冲殺)을 비롯해 삼살(三殺)이나 삼형살(三刑殺)까지도 성국(成局) 앞에서는 성립이 불가(不可)하므로 성국(成局)의 위력을 이러한 외적인 작용에서 찾을 수 있다는 것이 임상(臨床)을 통해 입증된 만큼, 단순하게 성사라고만 한 고전적 의미보다는 궤(軌)를 달리한 해석이라 하겠다.

성국(成局)은 다음과 같은 경우를 말하니 두 가지의 유형이 있다. 즉, 세지(歲支)와 중궁(中宮) 그리고 일지(日支)를 연결상생(連結相生)하는 경우가 그 첫째 예이고, 사지(四支)를 순차적(順次的)으로 순역(順逆)으로 연결상생(連結相生)하는 경우가 두 번째의 예에 해당한다.

* 旼岡 註: 간단히 이야기하면, 세지(歲支), 중궁(中宮), 일지(日支)의 홍국수(洪局數)가 서로 상생관계(相生關係)에 놓여 있다면 성국(成局)에 묶여, 다른 진생(眞生)이 있거나, 혹은 진극(眞剋)이나 삼형(三刑)이 있는 여부와 상관없이 세(歲)-중(中)-일(日)끼리 통기가 상생(相生)으로 돌아간다는 뜻이다.

* 旼岡 註: 성국(成局)은 오행(五行)의 통기(通氣)에서 최우선으로 작용한다.

* 旼岡 註: 성국(成局)은 기문둔갑 프로그램의 통기도에 표시되어 나오므로 한 눈에 알아볼 수 있다.

① **삼지연생 성국**(三支連生 成局)**의 예**(例)
　ㄱ. 세생중(歲生中) 중생일(中生日), 세생일(歲生日) 일생중(日生中)
　ㄴ. 중생세(中生歲) 세생일(歲生日), 중생일(中生日) 일생세(日生歲)
　ㄷ. 일생세(日生歲) 세생중(歲生中), 일생중(日生中) 중생세(中生歲)

　* 旼岡 註: 삼지연생 성국(三支連生 成局) 예제

四六	時支 九一	月支 六四
五五	❶八 ❷二	一九
<世> ❸十 ❸十	七三	歲支 ❷二 ❶八

　천지반(天地盤)이 성국으로 이루어져 있다.
　지반성국(地盤成局) : 歲(八) - 中(二) - 日(十)
　천반성국(天盤成局) : 中(八) - 歲(二) - 日(十)

② **사지순역연생 성국**(四支順逆連生 成局)**의 예**(例)
　ㄱ. 세생월(歲生月) 월생일(月生日) 일생시(日生時)
　ㄴ. 시생일(時生日) 일생월(日生月) 월생세(月生歲)
　ㄷ. 세월생 일시(歲月生日時)
　ㄹ. 일시생 세월(日時生歲月)

　* 旼岡 註: 간단히 이야기하면, 세(歲)-월(月)-일(日)-시(時)의 순서대로 혹

은 시(時)-일(日)-월(月)-세(歲) 순서대로 상생관계(相生關係)에 놓여 있다면 성국(成局)에 묶여, 진극(眞尅)이나 삼형(三刑)이 있는 여부와 상관없이 통기(通氣)가 상생(相生)으로 돌아가 원상통기(圓狀通氣)가 된다는 뜻이다.

* 旼岡 註: 사지연생 성국(四支連生 成局) 예제

八六	月支 三 ❸一	<世> 十 ❷四
九五	二二	五九
時支 四 ❶十	一三	歲支 六 ❹八

지반수(地盤數)가 사지연생성국(四支連生成局)으로 이루어져 있다.
時(十) - 日(四) - 月(一) - 歲(八)

이상의 예를 성국(成局)이라 하니, 이는 전장(前章)의 삼살(三殺) 삼형(三刑)과 함께 통기(通氣)를 유도하는데 일종의 장애요인도 될 수가 있지만, 그것보다는 오히려 성국(成局) 때문에 위기를 넘기는 경우가 더 많아서 다행일 때가 더 많다.

그러나 사지순역 연생성국(四支順逆連生成局)의 경우에서는 다만 성국(成局)이라는 상징적 의미 이외의 실질적인 부대이익(附帶利益)은 좀처럼 그 예를 찾아보기가 힘들었다. 하지만 단정할 수는 없다. 어쩌면 이에 관한 임상(臨床)을 게을리 했는지도 모를 일이므로 언젠가는 ①의 경우와 같은 부대적인 효과가 나타나리라 믿어 의심치 않는다.

성국(成局)으로 인한 면살(免殺) 면형(免刑)의 예를 들어보기로 하면 다음과 같다.

1) 면살(免殺)의 예(例)

다음의 국(局)은 성국(成局)으로 해서 삼살(三殺)이 작동을 못하는 경우다.

* 旼岡 註: 삼살(三殺)이 면살(免殺)이 된 경우의 예제

		<世>
十一	五六	二 ❸九
歲支 一 ❷十	四 ❶七	七四
時支 六 五	月支 三八	八三

위와 같은 경우는 성국(成局)으로 인하여 삼살(三殺)의 성립(成立)이 불가(不可)하다.

十三	五八	二一
一二	月支 四 ❸九	七六
歲支 六 ❶七	<世> 三 ❷十	時支 八 五

이 역시 성국(成局)으로 인하여 삼살(三殺)의 성립(成立)이 불가(不可)하다.

2) 면형(免刑)의 예(例)

七七	月支 二 二	九五
<世> 八 ❷六	一 ❸三	時支 四 十
三一	十四	歲支 五 ❶九

세생일(歲生日)하고 일생중(日生中)하여 성국(成局)을 이루었고, 세지(歲支)의 구금(九金)과 중궁(中宮)의 삼목(三木), 그리고 월지(月支)의 이화(二火)와 함께 삼형(三刑)도 동시에 이루었다. 그러나 이때는 삼형(三刑)보다는 성국(成局)이 앞서는 고로 삼형(三刑)

은 면형(免刑)이 되고 만다. 그러므로 이를 가리켜 탐생망형(貪生忘刑)이라 한다.

하지만 성국 하(成局下)에서도 면형(免刑)이 되지 못하고 성국(成局)과 삼형(三刑)이 동시에 성립되는 예도 있다.

* 旼岡 註: 삼형(三刑)이 면형(免刑)된 예제

歲支	月支	<世> 時支
四 ❷七	九 二	九 ❸五
五 六	八 ❶三	一 十
十 一	七 四	二 九

성국 : 中(三) - 歲(七) - 日(五)
중생세(中生歲), 세생일(歲生日)로 성국(成局)이므로 중궁(中宮)의 삼목(三木)은 성국에 묶여 있어 삼형(三刑)이 면형(免刑)된다.

3) 성국(成局), 삼형(三刑)이 양립(兩立)하는 예(例)

四七	九 ❸二	六五
<世> 五 ❶六	八 ❷三	一十
十一	七四	二九

※ 歲支는 ❸二 위, 時支는 <世> 옆, 月支는 二九 옆에 표기됨.

일생중(日生中)하고 중생세(中生歲)하니 성국(成局)인 동시에 월상(月上)의 구금(九金)과 중궁(中宮)의 삼목(三木), 그리고 세지(歲支) 이화(二火)가 함께 삼형(三刑)도 작(作)했다. 그러나 이때에는 비록 성국(成局)일지라도 면형(免刑)이 불가(不可)하다.

* 旼岡 註: 성국(成局), 삼형(三刑)이 양립하는 예제

五十	十五	七 ❷八
六九	九 ❶六	二三
一四	<世> 八 ❸七	三二

※ 歲支는 ❷八 위, 月支는 一四 옆, 時支는 三二 옆에 표기됨.

제1절 홍국수(洪局數) 바탕 분류(分類) 53

지반수는 중생세(中生歲), 세생일(歲生日)로 성국(成局)을 이루었으나, 시지(時支)의 천지반(天地盤) 삼이(三二)와 중궁(中宮) 천반 구(九)가 모여 불규칙삼형(不規則三刑)을 이루고 있다.

4) 성국(成局), 삼살(三殺)이 양립(兩立)하는 예(例)

	時支		
	七 三	二 八	九 一
	八 二	一 ❸九	<世> 四 六
	月支 三 ❶七	十 十	歲支 五 ❷五

세지(歲支)의 오토(五土)가 월지(月支)의 칠화(七火)의 생조(生助)를 받아서 중궁(中宮)의 구금(九金)을 생(生)하니 삼살회동(三殺會動)이 된다.

그러나 성국(成局)도 동시에 성립이 되므로 결국에는 삼살(三殺)의 구금(九金)은 육수(六水)를 생(生)하고 만다. 즉, 세지(歲支) 오토(五土)가 중궁(中宮)의 구금(九金)을 생(生)하고 중궁(中宮)의 구금(九金)은 일지(日支) 육수(六水)를 생(生)하므로 결국 세생중(歲生中)에 중생일(中生日)하여 성국(成局)의 구도가 성립된 것이다.

삼살(三殺)이 아무리 강맹(强猛)하다고 해도 성국(成局)상에는 물론이지만 생자(生者) 앞에서도 살(殺)을 버리고 생(生)을 쫓아야 하는 것이 삼살(三殺)의 생리(生理)인 것이다. 고로 탐생기살(貪生棄殺)이라 한다.

洪局數 五氣 通氣圖 ® 등록상표

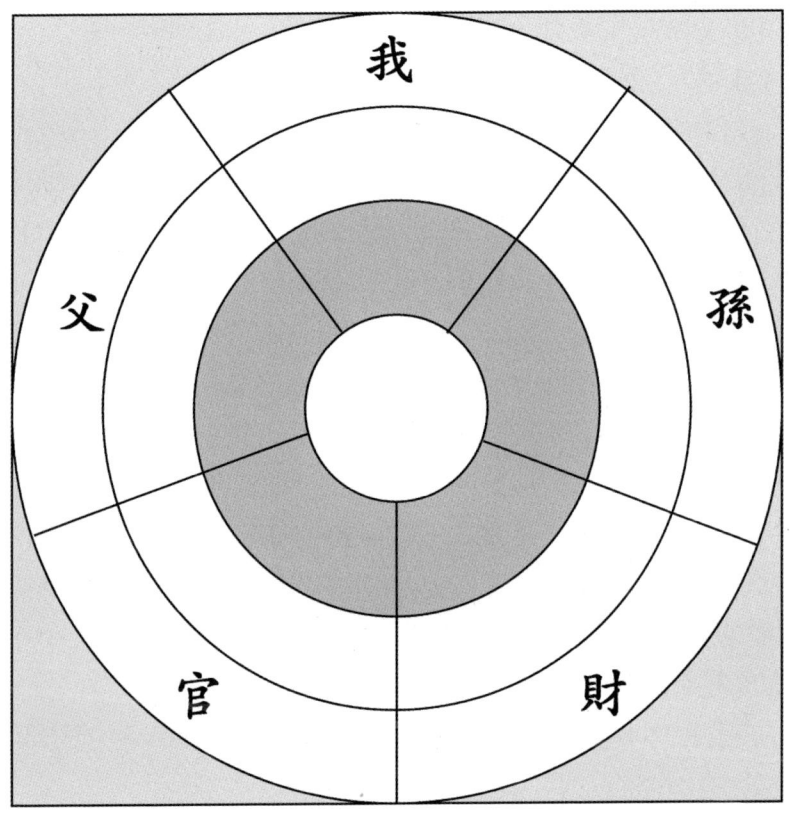

* 旼岡 註: 태청궁 청구태학당에서 제작한 기문종합 프로그램상에는 성국(成局)이 표시되어 있다. (*상표권자 : 손혜림)
삼지연생 성국(三支連生 成局): **中-歲-日**
사지연생 성국(四支連生 成局): **時-日-月-歲**
사지순역연생 성국(四支順逆連生 成局): **歲-月-日-時**

마. 화살론(化殺論)

　화살(化殺)이란 살(殺)이 중화(中和)됨을 말하니, 곧 살변위길(殺變爲吉)을 뜻한다. 그러므로 고전적인 풀이로서는 삼살(三殺)을 극흉(極凶)으로 보는 반면에 화살(化殺)은 최대의 길복(吉福)으로 여겨 왔지만, 그러나 임상(臨床)의 결과로는 별로 맞아 떨어지는 예가 흔치 않았다.

　또 화살(化殺)로서 작권(作權)을 한다지만 그 효력은 신통치가 않았고, 성국(成局)은 성사(成事)라고 대서특필(大書特筆)로 논급(論及)이 자자했지만, 그러나 직접 성사되는 일은 아무것도 없었다. 그리고 마치 저승차사가 문앞에 당도하기라도 한 것처럼 두려워하고 공포에 떨던 삼살(三殺) 공포증도 겪고 보니 종이호랑이에 불과함을 알 수가 있었다. 그러나 그렇다고 성국(成局)이며, 삼살(三殺)이며, 화살(化殺)까지를 모두 도외시할 수만은 없었다는 게 나의 임상고백(臨床告白)이다. 왜냐하면 이들 세 가지의 작용이 비록 본래의 뜻과는 다소 다르다 할지라도, 그래도 그 의미와 작용은 무시할 수 없을 정도로 갖가지 징험(徵驗)을 나타나 보였다. 때문에 이를 보전(保全)해야 할 필요성을 절실히 느낄 수가 있었기에, 이에 대한 이론을 새롭게 정리하는 바이다.

　다음은 화살(化殺)의 종류와, 성립되는 과정을 예로 든 것이다.

① 세지(歲支)나 중궁(中宮)에 쌍인(雙印)이 동(動)하면 화살(化殺) [일급(一級)]
② 월지(月支)나 시지상(時支上)에 동(動)해도 역시(亦是) 화살(化殺) [이급(二級)]
③ 국중(局中)의 쌍인(雙印)도 화살(化殺) [삼급(三級)]

④ 쌍손(雙孫)이 동중(動中)하면 재국(財局)에 화살(化殺)
⑤ 사지상(四支上)에 길문괘(吉門卦)를 봉(逢)해도 화살(化殺)이라 한다.

그러나 이 화살론(化殺論)은 살인상생(殺印相生)의 작용을 통해 살(殺)을 중화(中和)시키는 작용이 뚜렷하고, 또 사지상(四支上)의 길문괘(吉門卦)를 봉(逢)한 사람들은 그만큼 귀격(貴格)의 인품을 드러내고 있으므로, 이는 단순한 상징적인 의미만이 아니란 점을 지적해 두고자 한다.

[화살(化殺)의 예(例)]

死七 魂一 　兄	驚二　世 宜　六	傷九　歲 德九　支 　父
生八　時 命十　支 　鬼	一 七 財	景四 歸四 　父
杜三 體五 　官	開十　月 害八　支 　孫	休五 氣三 　孫

* 旽岡 註: 쌍인 화살(歲支의 父), 사지(四支) 길문괘(吉門卦)
- 쌍인(雙印) : 세지(歲支) 인수(印綬, =父)의 九九
- 사지(四支) 길문괘(吉門卦) : □

일(一), 쌍인화살(雙印化殺) - 세지상(歲支上)에 쌍인(雙印)이 동(動)하여 화살(化殺)을 이루었다.

이(二), 사지상(四支上)에 길문괘(吉門卦)를 모두 만나서 사지화살(四支化殺)도 이루었다.

즉, 이중(二重)의 화살(化殺)을 이룬 격이다. 귀명(貴命)이다.

* 旼岡 註: 쌍인(雙印)으로 화살(化殺)이 된 연국(年局) 예제

二十 財	歲支	七五 財	月支	四八	世
三九 官		六六 父		九三 兄	
八四 鬼	時支	五七 孫		十二 孫	

중궁(中宮)에 쌍인(雙印, =父, 六六)이 동(動)하여 화살(化殺)을 이룬 덕으로 대학입시에 합격하였다.

제2절 (第二節)
동처 (動處)와 정처 (靜處)

제2절(第二節) 동처(動處)와 정처(靜處)

구궁팔괘(九宮八卦)가 다 내 소유일 수도 있겠으나, 그러나 확고한 자신의 몫은 사지낙재처(四支落在處)와 중궁(中宮)인 것이다. 그러므로 이 오개처(五個處)를 동처(動處)라 하니, 오기(五氣)의 유통(流通)은 그곳을 통해서만이 가능하다.

정처(靜處)란 물론 구궁(九宮) 가운데서 이 오개동처(五個動處)를 제외한 여타(餘他)의 변지(邊地)를 말함은 물론이겠으나, 그러나 그 변지(邊地)라는 곳도 언제까지나 정처(靜處)로서 머물러 있는 것만은 아니다. 즉, 그 변지(邊地)라는 곳에도 해가 뜰 때가 있으니, 그 시기는 곧 유년궁(遊年宮)이 변지(邊地)에 왔을 때를 말한다.

다시 말하면, 유년운로(遊年運路)가 어느 변지상(邊地上)에 왔을 때에는 그곳은 곧 동처(動處)가 되어 홍국수(洪局數)가 칠(七)이면 칠 년(七年), 구(九)면 구 년(九年), 삼(三)이면 삼 년(三年), 이렇게 한시적일망정 동처(動處)의 구실은 톡톡히 하므로 이를 가변적 동처(可變的動處)라 하고, 여타(餘他)의 동처(動處)를 불변적 동처(不變的動處)라 한다.

가. 불변적 동처(不變的動處)

이는 곧 세지(歲支), 월지(月支), 일지(日支), 시지(時支) 그리고 중궁(中宮)을 말하니, 이는 춘하추동(春夏秋冬) 사시오계(四時五季)를 가리지 않고 항상 교기(交氣)를 하면서 돌아가므로 이를 불변적 동처(不變的動處)라 한다.

* 旼岡 註: 불변적 동처(不變的動處)는 기문둔갑 프로그램의 통기도에 표시되어 나오므로 한눈에 알아볼 수 있다. (구궁에서 색칠된 부분이 불변적 동처)

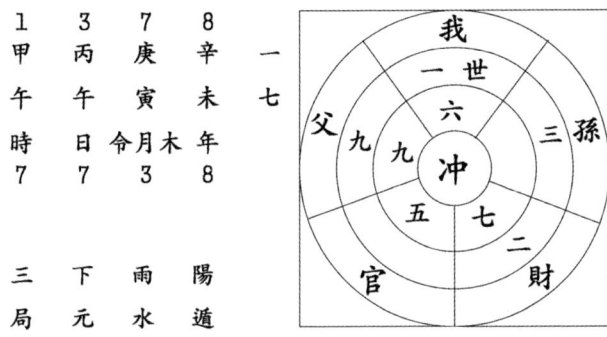

나. 가변적 동처(可變的動處)

　가변적 동처(可變的動處)란 변지(邊地)에 유년(遊年)이 닿았을 때를 말한다. 비록 변지(邊地)라고 할지라도 유년(遊年)이 다가오면 그곳도 동처(動處)가 되기는 하지만, 다만 천지반(天地盤)의 홍국수(洪局數)에 따라 한시적(限時的)인 동처(動處)가 될 뿐이다. 가령, 유년(遊年)이 어느 변지상(邊地上)에 왔는데 그곳의 지반(地盤) 홍국수(洪局數)가 칠(七)이라면 칠 년간이 동(動)하고 삼(三)이라면 삼 년간이 동(動)하니, 유년(遊年)이 머무는 기간 동안은 한시적(限時的)인 동처(動處)가 된다는 뜻이니 천지반(天地盤)이 다를 바가 없다.

　이러할 때에는 사실상 동처(動處)가 여섯 곳이 되는 셈이다. 그런데 기실은 이 가변적 동처(可變的動處)가 기존의 불변적 동처(不變的動處)보다도 오히려 세효(世爻)와의 관계가 더 가깝다는 사실이다. 왜냐하면 사지중궁(四支中宮)은 비록 불변적 동처(不變的動處)이긴 해도 같은 동처(動處)끼리 서로가 통교(通交)하고 극적(剋賊)하는 상호교류(相互交流)의 힘이 강하기 때문에 아무리 기신궁(己身宮)이 우위를 점하고 있다 할지라도 실세가 미치지 못하는 상황에서는 독점적 관계형성이 어려운 반면, 유년궁(遊年宮)은 세효(世爻)가 찾아가서 직접 부딪히는 곳이므로 간접적으로 부딪히는 여타(餘他)의 불변적 동처(不變的動處)보다는 오히려 관계정립이 더 한층 밀접한 곳이라고 할 수 있겠다.

　그러기에 선천명운(先天命運)을 아무리 잘 타고났다고 해도 후천운로(後天運路)를 못 만나면 이보다 더 불행한 일이 없으니, 차라리 선천명운(先天命運)을 못 만나고서도 후천운로(後天運路)를 잘 만난 사람은 그 운로(運路)의 힘이 미치는 한계 내에서는 성사(成事)가 가능하므로 성공도 거둘 수가 있으니, 이편이 훨씬 더 희망적이라 할 수 있겠다.

그러므로 사람이 살아가는 데는 타고난 명운(命運)의 길흉(吉凶)도 중요하지만, 그보다도 무한히 전개되는 운로(運路)의 순탄함이 더 소중할 수도 있다고 하겠다. 이를 사람의 외모에 비한다면 잘생긴 사람이 실속 없는 것과 마찬가지다.

* **旼岡 註**: 이는 쉽게 말하면, 원래의 명운(命運)을 잘 타고나더라도, 적절한 나이에 좋은 유년운(遊年運)을 잘 만나는 것이 더 나을 수 있다는 말이다. 원래의 명운(命運)이 좋으나 적절한 나이에 흉운(凶運)을 만나서 성공하지 못한 사람을, 잘생겼으나 실속이 없는 사람에 비유하였다.

* **旼岡 註**: 기문둔갑 종합프로그램에서는 가변적동처(可變的動處)의 유년(遊年)을 클릭하면 새롭게 추가되는 홍국수(洪局數)가 통기도(通氣圖)에 표시되므로, 다시 정립되는 오행(五行)의 통기(通氣)를 한눈에 알아보기 쉽게 되어 있다.

제3절 (第三節)
기신궁 (己身宮)

제3절(第三節) 기신궁(己身宮)

신외무물(身外無物)이라는 말이 있고, 또 천금(千金)이 불여일신(不如一身)이란 말도 있지만 일신(一身)만큼 보배로운 것도 이 하늘 아래는 없을 것이다. 그러므로 광활한 구궁팔괘상(九宮八卦上)에 아무리 화려한 운(運)이 펼쳐져 있다 할지라도 기신궁(己身宮)이 없다면 이 무슨 소용이 있겠는가!

기신궁(己身宮)이 없다는 말은 성립이 안 되겠지만 아무튼 화려한 대운(大運)이 아직껏 찬란한 햇빛처럼 비치고 있는데 그 주인공인 기신(己身)은 순간적 횡액(橫厄)에 걸려 목숨을 잃고 말았다면, 이거야말로 명(命)은 가고 운(運)만 남았으니 그 아니 허무하겠는가 말이다.

그러므로 기신(己身)이 태왕(太旺)하면 백살(百殺)이 불범(不犯)하고 기신(己身)이 태약(殆弱)하면 백해(百害)가 자침(自浸)이라 했는가 보다. 그렇다면 이렇듯 소중한 기신(己身)은 명국(命局)의 어디를 지칭하는가? 그것은 두말할 나위 없이 일진궁(日辰宮)을 말하며 그 가운데서도 지수(支數)를 지칭하여 세효(世爻)라 하니, 이것이 곧 주인공의 몸(身)이 된다.

일진궁(日辰宮)의 상하수(上下數)를 또 달리 표현하면 부부궁(夫婦宮)으로도, 혹은 빈주지간(賓主之間)으로도 본다. 이를 부부(夫婦)로 볼 적에는 남자(男子)는 간수(干數)를 부(夫)로 지수(支數)로 부(婦)로 보며, 여자(女子)도 간수(干數)를 부(夫)로 지수(支數)를 부(婦)로 본다. 그리고 또 빈주관계(賓主關係)를 정할 때는 상수(上數)는 만년객(萬年客)의 위치(位置)가 되고, 하수(下數)는 어느 때나 변함없는 주(主)의 자리가 된다.

기신궁(己身宮)은 또 내외양궁(內外兩宮)이 있으니, 일진궁(日辰宮)과 일간궁(日干宮)이 그것이다. 그 가운데 일진궁(日辰宮)을 내궁(內宮)이라 하여 기신(己身), 부부(夫婦), 가택(家宅) 등의 복합적인 요소로 보고, 일간궁(日干宮)은 외궁(外宮)으로서 단순한 기신궁(己身宮)으로만 보는 곳이다.

그러므로 일진궁(日辰宮)은 왕길(旺吉)한데 일간궁(日干宮)이 쇠약(衰弱)하거나 흉(凶)한 사람은 가운(家運)도 번창하고 부부운(夫婦運)과 기신(己身)도 왕길(旺吉)하니 그야말로 신안가태(身安家泰)하지만, 다만 대외적(對外的)인 성공운(成功運)이 부족하고, 이와 반대로 일간궁(日干宮)은 화려한데 일진궁(日辰宮)이 공허하거나 흉(凶)한 사람은 외적으로는 화려한 성공을 획할지라도 가운(家運)이 적막한 상이니, 그러므로 내외(內外) 양궁(兩宮)이 모두 겸길(兼吉)함을 최상으로 여긴다.

또 기신(己身)의 왕상휴수(旺相休囚)를 볼 적에는 반드시 내외신궁(內外身宮)을 모두 보고 나서야 판단을 내려야 하니, 가령 내궁(內宮)인 일진궁(日辰宮)이 비록 태약(太弱)할지라도 일간궁(日干宮)이 왕지(旺地)에 들면 태약(太弱)은 면(免)했다고 한다. 그러나 일간궁(日干宮)이 아무리 왕(旺)해도 일진궁(日辰宮)이 태약(太弱)하면 약세(弱勢)를 못 면하니, 고로 외궁(外宮)인 일간궁(日干宮)보다는 내궁(內宮)인 일진궁(日辰宮)의 영향이 더욱 크다고 하겠다.

기신궁(己身宮)의 왕약(旺弱)을 보는 기준은 다음과 같다.

① 세효(世爻)가 어느 시령(時令)을 승(乘)했는가? [천시(天時)의 왕약(旺弱)을 본다]
② 어느 자리에 앉았는가? [지의(地宜)의 여부(與否)를 본다]

③ 상수(上數)와의 생극관계(生剋關係)를 본다. [주객간(主客間)의 이해(利害)를 본다]
④ 세지(歲支) 및 중궁(中宮), 그리고 여타(餘他) 동처(動處)와의 생극관계(生剋關係)를 본다. [대인간(對人間)의 인화관계(人和關係)를 본다]

 가령, 모인(某人)의 사주(四柱)를 놓고 이상의 순서에 따라 분석을 시도해 본다면, 모인(某人)의 사주(四柱)에서 일주(日柱)가 곤방(坤方)에 좌(座)했는데 세효(世爻)가 구금(九金)이라 하고 생월(生月)이 칠팔월(七八月) 금왕절령(金旺節令)이라면, 첫 번째의 시령(時令)은 왕기(旺氣)를 승(乘)했고, 두 번째의 지의여부(地宜與否)로는 구금(九金)이 곤방(坤方)의 신금지(申金地)라 역시 거왕(居旺) 또는 득지(得地)를 했고, 셋째, 상간수(上干數)와의 생극관계(生剋關係)인데 이때에 만약 상수(上數)가 오십토(五十土)이거나 사구금(四九金)이라면 승생(乘生), 겸승왕(兼乘旺)이라 하여 왕(旺)하고, 넷째, 동처(動處)와의 관계인데, 이때에는 우선 성국(成局)만이라도 무방하겠지만, 그러나 통기(通氣)를 원만히 했다면 이는 어디 하나 나무랄 데 없는 만점(滿點)의 명국(命局)이라 하겠다.
 하지만 이렇게 네 가지 조건이 다 맞아떨어지는 만점(滿點)의 명국(命局)은 조작을 하려 해도 어려울 것이다. 그리고 또 이러한 예는 단순한 신왕(身旺) 신약(身弱)을 논(論)하기 이전에 하나의 완벽한 명국(命局)이 되고 말았으므로 오히려 만점명국(滿點命局)의 표본처럼 되어 버렸다.
 그렇지만 기신(己身)의 강약(强弱)이나 왕쇠(旺衰)는 팔자(八字)의 호부(好否)와는 반드시 직결되지 않는다. 왜냐하면 아무리 기신(己身)이 섬섬약질(纖纖弱質)로 보이는 사람이라 할지라도 통기(通氣)를 만나서 성공하는 예가 얼마든지 있는가 하면, 그 반대로 신(身)은 한없이 태왕(太旺)한데도 전후좌우(前後左右)가 꽉 막혀서 백사불성(百事不成)한 경우도 허다하기 때문이다.

그러나 엄격히 말해서 기문명리(奇門命理)에 있어서는 추명학(推命學)에서 말하는 것처럼 신왕사주(身旺四柱)에는 인성(印星 *인수효)이 기신(忌神 *꺼리고 피해야 할 효수)이라는 식의 말은 액면(液面)대로 통용(通用)되지 않는다. 육친(六親)의 희기신(喜忌神)은 통기(通氣) 여부에 달려 있는 것이지 결코 신왕(身旺)하다는 이유 때문에 인성(印星)을 기신(忌神)으로 몰아붙이는 견해는 사리에 맞지 않기 때문이다.

흔히들 재성(財星)을 식록(食祿)의 전부로 알고 있지만 실제로는 인성(印星)만큼 완벽한 녹(祿)도 없다. 재성(財星)을 식록(食祿)으로 보고 인성(印星)은 부록(富祿)으로 볼 수가 있겠다. 재록(財祿)이 식생활(食生活) 해결을 위한 필수적 원자재라면, 부록(富祿)은 이 원자재가 비축된 여분(餘分)을 말하는 것이므로 곧 인성(印星)을 부록(富祿)으로 볼 수가 있으니, 그러므로 관인상생(官印相生)으로 소통이 원만할 때의 인성(印星)은 다다익선(多多益善)이라 하겠다.

어쩌다 보니 만점명국(滿點命局)의 표본을 만들고 만 셈이 되고 말았지만, 이번에는 그 반대의 명국(命局)을 한번 생각해 보기로 하겠다.

전장(前帳)의 예에서 다시 한 번 거론해 보기로 하자.

첫째, 구금(九金) 세효(世爻)가 인묘시령(寅卯時令)을 만났다면 이때의 천시(天時 *태어난 달)는 실시(失時)가 자명(自明)하고,

둘째, 좌처(坐處)가 진방(震方)이라면 굳이 춘불동정(春不東征)의 예를 들지 않더라도 실지(失地)가 자명(自明)하고,

셋째, 세효(世爻)의 상수(上數)에 이칠화(二七火)나 일육수(一六水)를 만났다면 이 또한 승극(乘剋 *천반수가 극할 경우), 또는 승탈(乘脫 *천반수가 손(孫)인 경우 기(氣)를 뺏김)이니 주객간(主客間)에 탈겁(奪刼)과 탈루(脫漏)의 재해(災害)를 입음으로써 인화(人和)를 얻지 못하는 결과가 되고,

넷째, 동처(動處)와의 관계에서 만약(萬若) 성국(成局)이나 통기(通氣)를 득했다면 혹 일득일실(一得一失)로서 성공의 사례가 있을 수도 있겠으나, 그렇지 못한 경우라면 이거야말로 고군무원(孤軍無援 *고립된 병사로 구원이 없음)의 경지에 든 셈이니, 만일 기신(己身)이 여사(如似)한 처지(處地)에 놓이게 된 명국자(命局者)는 기박(奇薄)한 명운(命運)의 전형적인 한 표본이라 하지 않을 수 없다.

물론 이 양극(兩極)의 중간자적(中間者的) 입장에 들 수 있는 명국자(命局者)도 얼마든지 있을 수가 있겠다. 가령, 천시(天時)는 득(得)했는데 지의(地宜)를 득(得)하지 못했거나 아니면 천시(天時), 지의(地宜), 인화(人和)의 삼자(三者) 가운데 혹자(或者)는 이득일실(二得一失)일 수도 있겠고, 아니면 일득일실(一得一失)일 수도 있겠으나 최종적인 판가름은 동처(動處)와의 관계에서 통기(通氣)가 되는지의 여부로써 결정이 나게 되므로, 만일 통기(通氣)가 돼서 유통(流通)이 가능한 경우라면 그래도 혹 성공을 기대해 볼 수가 있겠다. 그러나 이실일득(二失一得)에 통기(通氣)마저 불득(不得)이고 보면 아마도 이러한 명국자(命局者)에게는 성공의 사례가 평생을 두고도 오지 않을 것이므로, 이와 같이 인

생일대(人生一代)의 성패(成敗)를 좌우하는 요인이, 한마디로 말해서 기신(己身)의 왕약(旺弱)과 통기(通氣) 여부(與否)에 달려 있다는 사실은 대단히 중요한 일이 아닐 수가 없다.

* **旼岡 註:** 시령(時令=月令): 월건(月建=月柱)을 기준으로 한다.

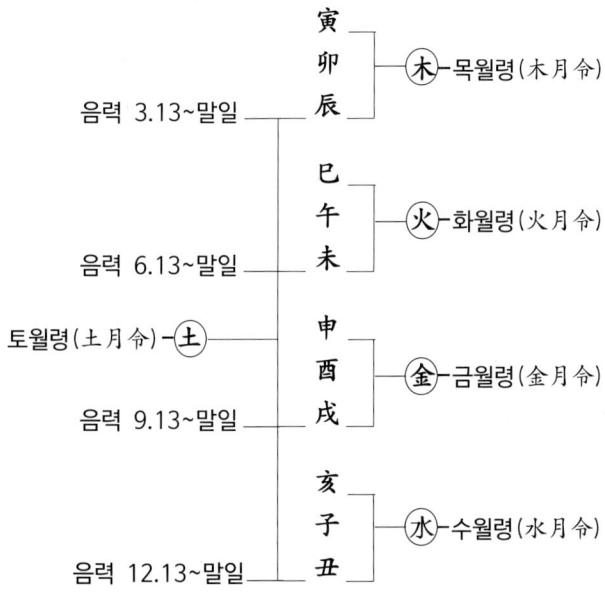

제4절 (第四節)
통기론 (通氣論)

제4절 (第四節) 통기론 (通氣論)

* **畋岡 註:** 동국기문(東國奇門)의 요체인 홍국수(洪局數)의 오기(五氣) 통기법(通氣法)은 기학(奇學)의 제34대 전맥자이신 수봉 이기목 선생님께서 구체적으로 정립하셨다. 본서(本書)에 나오는 홍국수(洪局數)의 통기법은 저작권의 보호를 받는다. 항간엔 용어만 약간 바꿔서 자신이 정립하거나 창시했다는 주장을 하는 사람이 간혹 있는데, 진정한 선가(仙家)의 후학(後學)이라면 이러한 일은 없어야 하겠다.

    통기(通氣)란 오기(五氣)가 일국(一局)에 두루 소통되는 것을 말한다. 그렇다면 오기(五氣)는 어떻게 형성되는 것일까? 그것은 곧 사지(四支)와 중궁(中宮)의 홍국수(洪局數)로써 이루어진다. 그렇다면 사지(四支)는 누구에게도 다 있는 것이고 중궁(中宮) 또한 누구에게나 있는 것이고 보면 오기소통(五氣疎通)이 불가능한 경우란 거의 없을 터인데 소통이 안 된다 함은 어떤 연유에서인가?
    그 연유는 간단하다. 왜냐하면 사람에게는 누구나 사주(四柱)가 있는 이상 사지(四支)는 있게 마련이지만, 그러나 양지(兩支)가 중복(重複)으로 떨어질 경우에는 벌써 오기(五氣) 가운데 일기(一氣)가 모자라게 되고, 또 삼지(三支)가 겹친 경우라면 소통될 수 있는 기(氣)의 종류는 삼종(三種)에 불과하다. 설령 사지(四支)가 각기 흩어져 있다고 하더라도 음양(陰陽)이 다르면서도 오행(五行)이 같은 숫자를 양지(兩支)가 나누어 차지해 버린다면, 역시 소통(疎通)이 안 되기로는 마찬가지가 되고 만다.
    가령, 자년생(子年生)이 자월(子月)이 났다면 양지(兩支)가 겹치게 되고, 또 세지(歲支)는 삼목(三木)을 차지하고 월지(月支)는 팔목(八木)을 차지한다면 이때에도 한 기(氣)가 모자라게 된다.

그러므로 오기(五氣) 소통(疎通)이 이루어지는 명국(命局)이 몇 안 됨을 알 수가 있고, 또 소통(疎通)이 된다고 하더라도 순조롭게 성립되는 경우는 흔치 않고 변칙적(變則的)인 방법을 통해서 성립되는 예가 있는가 하면, 보다 더 기괴한 방법을 써서 성립시키는 경우도 있으니, 통기(通氣)의 종류도 수다(數多)하지만 통기(通氣)의 종류에 들어가기 전에 먼저 통기(通氣)에 필요한 몇 가지 전제조건과, 또한 방해 요인을 함께 지적하자면 다음과 같다.

가. 순위(順位)와 진가(眞假)

① 순위(順位)

동처(動處)의 기(氣)가 전달되는 과정에서 어떠한 경로를 통해 흘러가는지에 관해 그 진행과정의 순차(順次)를 밝힌 것이다.

ㄱ. 영순위(零順位) - 이는 간(干) 대(對) 지(支)나, 지(支) 대(對) 간(干)의 생(生)·극(剋)·제(制)·화(和)로서, 이를 가정(家庭)에 비(比)한다면 부부지간(夫婦之間)이라 할 수가 있겠으나 중요성은 일순위(一順位)만 못하다. 왜냐하면 사람은 남자(男子)라면 가정생활보다는 사회생활에 더 중점(重點)을 둬야 하기 때문에 비중이 일순위(一順位)만 못하다.

ㄴ. 일순위(一順位) - 이는 지수(支數) 대(對) 지수(支數), 또는 간수(干數) 대(對) 간수(干數)끼리 유통(流通)을 말하니, 일차원적(一次元的) 순위(順位)가 된다.

ㄷ. 이순위(二順位) - 이는 지수(支數) 대(對) 간수(干數), 또는 간수(干數) 대(對) 지수(支數)를 말한다. 일차원적 순위를 통한 유통이 불가(不可)할 경우라면 어쩔 수 없이 기(氣)가 역류(逆流)를 하는 경우가 있다. 이를 이차원적(二次元的) 순위(順位)라 하고, 주로 변칙 통기법(變則 通氣法)에 쓰인다.

이상의 순위론(順位論)은 기(氣)의 유통과정(流通過程)에서 그 순차(順次)와 질서를 밝히는 이정표가 되는 것이다.

② **진가**(眞假)

  진가(眞假)란 진생(眞生)과 가생(假生), 진극(眞剋)과 가극(假剋)을 말하는 것으로, 이는 오기(五氣)가 유통(流通)함에 있어서 먼저 순위(順位)를 쫓고, 그다음에는 진가(眞假)를 쫓는 게 오기 유통질서(五氣流通秩序)가 되는 것이다.

③ **진가**(眞假)**의 비중**(比重)

  천도(天道)가 좌전(左戰)하는 커다란 이유는 만물(萬物)을 화육(化育)함에 있는 것이므로 탐생망극(貪生忘剋)은 우주순환(宇宙循環)의 기조(基調)가 되는 것이다. 그러므로 오기 유통(五氣流通)도 이 원칙에 준해서 생(生)을 제반조건(諸般條件) 가운데 제일 우선 순위에 올려놓지만, 그러나 어쩔 수 없는 경우가 있기 때문에 예외가 있을 수도 있다. 그 예외조항은 첫 번째가 성국(成局)이고, 두 번째가 삼살회동(三殺會動)이며, 세 번째가 삼형(三刑)의 경우다. 우선 성국상(成局上)에선 탐성망형(貪成忘刑)이 기조(基調)가 되므로 삼형(三刑)의 위력이 정지됨은 물론이고 진가순위(眞假順位)의 효력마저 상실된다.

  이러한 성국(成局)은 천도(天道)가 생육(生育)의 대의(大義)를 위해 발(發)하는 최대 율령(律令)이라 한다. 삼형(三刑)도 기존 질서를 깨는 데는 혁명적 위력을 갖고 있어서 탐형기생(貪刑棄生)을 위주로 하지만, 그러나 알고 보면 이도 역시 숙살(肅殺)을 위해 발(發)하는 천도(天道)의 최대 율령(律令)임을 알 수가 있으니, 이것을 국가의 통치원리에 비(比)한다면 일종의 행형제도(行刑制度)와 같은 이치라 할 수 있겠다.

삼살(三殺)도 진가(眞假)의 원칙을 깨뜨리기는 하지만 이는 진생(眞生)을 영영 버리는 것은 아니어서 오토(五土)와 칠화(七火)는 진가(眞假)의 질서를 깨고 돌아간다. 하지만 최종의 구금(九金)은 일도양단(一刀兩斷)의 위력을 갖고 있어, 진생처(眞生處)인 육수방(六水方)과 살극처(殺剋處)인 삼목방(三木方)이 양존(兩存)할 시에는 진생처(眞生處)인 육수방(六水方)을 향하므로 삼살(三殺)의 율령(律令)은 고전적 의미보다는 다소 가벼움을 알 수가 있다.

생극간(生剋間) 진가(眞假)의 비중을 백분율(百分率)로 표현하자면 다음과 같다.

ㄱ. 진생 대 진극(眞生 對 眞剋) - 탐생망극(貪生忘剋)으로 진생(眞生)이 우선(于先)이다. 이때의 비율(比率)은 진생(辰生) 쪽이 85%, 진극(眞剋) 쪽이 15%이다.

ㄴ. 진생 대 가극(眞生 對 假剋) - 진생(眞生)이 100%지만 누기(漏氣)로 인한 약간의 손실을 볼 뿐이다.

ㄷ. 진생 대 가충(眞生 對 加冲) - 진생(眞生) 쪽이 60%, 가충(加冲) 쪽이 40%, 이때는 세(勢)가 상당히 분리됨을 알 수가 있다. 이것이 기(氣)의 유통(流通)에 있어서 자연의 추세이므로 인력(人力)으로는 어쩔 수 없다.

ㄹ. 가충 대 가생(加冲 對 假生) - 이때는 완벽한 탐충망생(貪冲忘生)이 됨으로 해서 충(冲) 쪽의 비율이 거의 100(百)%지만 그러나 약간의 누기(漏氣)가 있을 뿐이다.

ㅁ. 삼형 대 진생(三刑 對 眞生) - 이때는 삼형(三刑) 쪽이 주(主)가 되므로 완전한 탐형망생(貪刑忘生)이 되고, 그 비율은 90% 대 10% 정도다.

ㅂ. 성국 대 삼형(成局 對 三刑) - 이때는 물론 성국(成局)이 위주지만 그렇다고 100%의 대권(大權)을 행사할 수는 없다. 그러므로 성국(成局) 쪽이 85%이고 삼형(三刑) 쪽이 15%이다.

ㅅ. 성국(成局)과 삼살(三殺)의 비중 - 성국(成局)은 대의명분(大義名分)이 되므로 이때는 95% 성국(成局) 쪽이 되고, 나머지 5%만이 삼살(三殺) 쪽이 된다. 그러나 그 5% 역시 정식 과정을 통해서 가는 게 아니고 성국(成局) 쪽으로 가는 도중, 누기(漏氣)에 의해 유실(流失)되는 것에 불과하다.

ㅇ. 가생성국(假生成局)과 삼살(三殺)의 비율 - 비록 가생성국(假生成局)일지라도 성국(成局)임에는 틀림이 없으므로 대세(大勢)는 성국(成局) 쪽으로 기울지만, 그러나 실세(實勢)의 흐름이란 어쩌면 명분보다는 실리를 좇는 편이라서 이때의 양대 비율(兩大比率)은 85% 대 15%이니, 마치 진생 대 진극(眞生對眞尅)과의 관계와 같은 비율이다.

ㅈ. 성국(成局)과 삼형(三刑)의 비중(比重)
1) 진생성국(眞生成局)과 삼형(三刑)의 비율
 - 성국(成局) 쪽 85%, 삼형(三刑) 쪽 15%
2) 가생성국(假生成局)과 삼형(三刑)의 비율
 - 성국(成局) 쪽 60%, 삼형(三刑) 쪽 40%

이상에서 열거한 제반 조건들은 모두 오기(五氣)를 소통(疎通)시키는 과정에서 직접적인 영향을 끼치는 것들과, 또한 진로(進路)의 장애가 되는 요인들이니만큼, 이를 철저히 분석하여 유통과정에 착오가 없게끔 해야 할 것이다.

나. 통기(通氣)의 종류(種類)

  통기(通氣)에는 우선 크게 나누어서 원상통기(圓狀通氣)와 외곽통기(外廓通氣)가 있다. 원상통기(圓狀通氣)란 오기(五氣)가 무누(無漏)히 소통(疎通)됨을 말하고, 외곽통기(外廓通氣)란 오기(五氣) 가운데 사기(四氣)만이 통(通)할 뿐, 단 일기(一氣)가 부족하므로 해서 소통(疎通)이 차단된 상태를 말하니, 이것은 그래도 일루(一縷)의 희망을 가질 수가 있다.

  왜냐하면 부족 숫자가 있는 자리에 유년(遊年)이 오게 되면 한시적인 통기(通氣)는 가능하기 때문이고, 외곽통기(外廓通氣)는 또한 변칙적 원상통기(變則的圓狀通氣)의 전제가 되기도 해서이다.

① **정상적**(正常的) **원상통기**(圓狀通氣)

이는 지지(地支)만의 일순위(一順位)로 완전통기(完全通氣)를 이루는 것을 말한다. 그러므로 통기(通氣) 가운데서 제일 소통(疎通)의 폭이 넓고 활달하게 진행되는 양상의 통기(通氣)인 것이다.

	⟨世⟩	歲支
三七	八二①	五五②
時支 四六④	七三⑤	十十
九一	月支 六四③	一九

일지(日支) 생(生) 세지(歲支)하고, 세지(歲支) 생(生) 월지(月支)에, 월지생(月支生) 시지(時支)하니, 시지(時支)는 이를 받아 모아서 오직 일지(日支)한테로 되돌려 주고 있다.

* **旼岡 註**: 편의상 일지(日支=世)부터 시작하는 것으로 표기했으나, 통기(通氣)는 어디서부터 시작하든 상관없다.

* 旼岡 註: 원상통기(圓狀通氣) 예제

九 五③	歲支 四 十	一 三
十 四	三 一⑤	＜世＞ 六 八①
月支 五 九④	二 二	時支 七 七②

일지(日支)는 시지(時支)를 생(生)하고, 시지(時支) 칠화(七火)는 세지(歲支) 오토(五土)와 월지(月支) 구금(九金)과 함께 삼살(三殺)을 작(作)한 후, 중궁(中宮)의 일수(一水)를 생(生)하여 일지(日支)한테로 돌아오고 있다.

② **변칙적**(變則的) **원상통기**(圓狀通氣)

 이것은 지수(支數) 대(對) 지수(支數)로 소통(疎通)을 시켜 나가다가 길이 끊어지면 할 수 없이 다시 간수(干數)를 찾아 역류(逆流)하면서 소통(疎通)을 시키는 방법이니, 이의 역량은 물론 정상적 원상통기(圓狀通氣)의 절반밖에 안 되지만, 역시 통기(通氣)는 통기(通氣)로서 오기(五氣) 소통(疎通)에는 별반 지장이 없음이 임상(臨床)을 통해 밝혀졌다.

 정상적인 원상통기(圓狀通氣)와의 폭(幅)을 비교하자면 전자가 양 대문이 활짝 열린 상태라면, 후자는 한쪽 문만 열린 상태에서 기(氣)가 소통(疎通)되는 것과도 같은 것이다.

 다음의 도표(圖表)를 참고하기 바란다.

	歲支	
八八	三④三	十六
九七	二⑤四②	五一
四二	<世>一③五①⑥	月時支 六十

 일생(日生) 중(中)하고 중생(中生) 일상(日上)하니 역류(逆流)이다. 다시 일상(日上) 생(生) 세상(歲上)하니, 세지상(歲支上) 삼목(三木)은 중궁상(中宮上)의 이화(二火)를 생(生)하나, 이화(二火)는 역시 동일순위상(同一順位上)으로는 갈 곳이 없어서 일지(日支) 오토(五土)를 향해 다시 환원(還元)하니, 마치 곡예를 보듯 기(氣)의 유통(流通)을 보게 된다.

* 旼岡 註: 변칙통기(變則通氣) 예제

月支	九② 四	四 九	一 二
歲時支	十① 三	三④ 五	<世> 六③ 七⑤
	五 八	二 一	七 六

지반(地盤)은 세생일(歲生日), 일생중(日生中)으로 성국(成局)을 하였고, 천반(天盤) 삼목(三木)은 역류(逆流)를 하여 변칙통기(變則通氣)를 하였다.

③ 기국적(奇局的) 원상통기(圓狀通氣)

이는 참으로 구차한 통기법(通氣法)이다. 즉, 간수(干數)와 지수(支數)가 모두 합하여 아래로 갔다 다시 위로 가고, 또 위에서 아래로, 마치 용트림을 하듯 꿈틀거리면서 용을 써 봐도 유통(流通)이 불가(不可)할 때는 부득불(不得不) 궁여지책(窮餘之策)을 쓸 수밖에 없다. 그래서 다시금 동원시키는 게 천지반(天地盤) 육의삼기(六儀三奇)에 바닥의 팔지(八支) 오행(五行)이며, 마지막으로는 일간궁(日干宮)의 모든 것까지 징발(徵發)하여서 유통(流通)을 시도해 보는 법이 곧 기국적(奇局的) 원상통기(圓狀通氣)로서 이에 적응(適應)되는 범위는 다음과 같다.

첫째, 천지반(天地盤) 홍국수(洪局數),

둘째, 천지반(天地盤) 육의삼기(六儀三奇),
셋째, 동처(動處) 바탕수,
넷째, 일간궁(日干宮) 제반오행(諸般五行).

설명을 하자면, 세월일(歲月日) 삼지(三支)가 모두 곤방(坤方)에 겹쳐져 있고 감상(坎上)에 시지(時支)만이 외로이 떨어져 있어서, 아무리 꿰어 맞추어도 기(氣)는 돌아가지 않는다.

이처럼 통기(通氣)가 전혀 되지 않을 뿐더러 도리어 중궁(中宮)의 팔목(八木)이 편관(偏官)이 되어 일지(日支)를 내극(來剋)함으로 해서 기(氣)는 영영 불통상태(不通狀態)가 되고 말았다.

이러할 때는 그냥 포기해 버릴 것이 아니라 기국적(奇局的)인 방법을 써서라도 통기(通氣)가 되게끔 노력해 보는 일도 대단히 중요하다.

차(此) 명궁(命宮)의 경우는 곧 기국적(奇局的)인 통기(通氣)가 가능한 것으로서, 즉 중궁(中宮) 귀살(鬼殺)이 일지(日支)를 극(剋)하러 왔다가 천반(天盤) 육의(六儀)인 병화(丙火)에게 잡혀 먹힘으로써 기사회생(起死回生)이 된 것이다.

다시 말하면, 팔목(八木)과 십토(十土)의 사이를 병화(丙火)가 끼어들어서 목토(木土) 사이를 소통(疎通)시켜 줌으로써 관인상생(官印相生)의 역할을 해낸 결과가 된 것이다.

二 二	七 七	<世>歲月 四 丙⑤ ①十 庚
三 一	六③ 八④	六 八
八 六	時支 五 九②	十 四

 일지(日支) 십토(十土)가 시지(時支) 구금(九金)을 생(生)하고 구금(九金)은 중궁(中宮)으로 역류(逆流)를 한다. 그러나 시지(時支)의 역류(逆流)를 받은 육수(六水)는 다시 영순위상(零順位上)에다 역할위임(役割委任)을 하지만, 지반(地盤)의 팔목(八木)은 갈 곳이 없어 일지(日支) 십토(十土)를 극(剋)하러 간다. 그렇지만 팔목(八木)은 병화(丙火)에게 탈기(脫氣)를 당해서 결국에는 화토상생(火土相生)의 길을 터 주게 되었다.

제5절 (第五節)

오행성리론
(五行性理論)

제5절(第五節) 오행성리론(五行性理論)

사람의 인성(人性)은 여러 곳에서 여러 가지 복합적인 작용에 의해 나타나게 되므로 어느 한 가지 요소만으로 형성될 수는 없다.

그러나 그 여러 가지 요소 가운데서 가장 많은 비중을 차지하는 부분은 역시 홍국수(洪局數)의 세효(世爻)인 것이다.

이 세효(世爻)의 오행(五行)에 따라 성리(性理)가 거의 결정이 되지만, 그렇다고 또 세효(世爻)만으로 총체적인 성격을 평하기는 불가능하다.

왜냐하면 사신(四神)을 비롯하여 격국(格局)이며 신살(神殺), 그리고 천반수(天盤數)와의 관계 등에서 결정적인 성격이 형성되기 때문이다.

하지만 아무래도 성격 형성의 골간(骨幹)은 홍국(洪局) 세효(世爻)가 점하고 있기 때문에 이를 중점적으로 다루지 않을 수가 없다.

일육수(一六水)인 사람

一 六 = 水

우선 지혜롭다는 말을 먼저 할 수가 있겠다. 그리고 학(學)을 좋아하며 구학(求學)과 탐구정신(探求精神)이 투철하고 바다와 물을 좋아하여 모험심이 대단히 강하다. 그러나 수(水)가 지나치게 왕(旺)하면 오히려 정신이 불취(不聚)하고, 또 지나치게 약(弱)해도 간지(奸智 *간사한 지혜)에 빠질 우려가 있다. 수(水)가 공망(空亡)을 만나면 류(流 *흐를 류)라 하므로 분파이별(分派離別)을 가져

올 수도 있다.

* 旼岡 註: 수(水)는 방위로는 북쪽, 색상으로는 검정색을 나타낸다.

이칠화(二七火)인 사람

二 七 = 火

세효(世爻)가 화(火)인 사람은 우선 마음이 밝다. 그리고 예의 범절(禮儀凡節)이 깍듯하다. 그러나 성정(性情)이 조급하고 말이 빠르다. 특히 칠칠쌍화(七七雙火)인 사람은 구독(口毒 *입이 독하다)하여 오나가나 구설(口說)바가지다. 이를 가리켜 [구설화란칠화상(口說禍亂七火上)]이라고 하는 것이다.

비단 쌍칠(雙七)이 아니더라도 화(火)가 승겸왕(乘兼旺)하여 과왕(過旺)하면 이러한 결과가 나타나고, 천반(天盤)에 금(金)을 만나면 마음이 편협(偏狹)하고 모질다. 이를 가리켜 남자의 경우에는 [독심소인(毒心小人)]이라 하고, 여자의 경우라면 [독심소부(毒心小婦)]라 하는 것이다. 화(火)가 공망(空亡)에 들면 발(發)이라 한다.

* 旼岡 註: 화(火)는 방위로는 남쪽, 색상으로는 붉은색을 나타낸다.

삼팔목(三八木)인 사람

三 八 = 木

목(木)의 특징은 인(仁)이라, 우선 천품(天稟)이 어질다고 평한다. 그리고 목(木)은 향천성(向天性)을 지녔기에 천성(天性)이 곧고 바르다. 이른바 선비 기질은 목체(木體)의 인(人)이 가장 전형적이라 할 수 있겠다.

목(木)은 왕(旺)하면 절상지화(折傷之禍)를 입게 되고, 약(弱)하면 성정(性情)이 잔혹하다. 목(木)이 공망(空亡)을 보면 절(折)이라 한다.

* 旼岡 註: 목(木)은 방위로는 동쪽, 색상으로는 청색(초록색)을 나타낸다.

사구금(四九金)인 사람

四 九 = 金

금(金)은 그 속성이 의롭다. 그러나 과왕(過旺)하면 살(殺)로 화변(化變)하므로 왕금(旺金)은 기(忌 *꺼릴 기)해야 하고, 또한 금(金)이 시령(時令)에 불부(不付)하면(*시령에 불부하면=시령을 못 타면) 역굴(力屈)이라 하니, 때를 못 만난 금기(金氣)는 힘을 굽혀야 하므로 매사를 신중히 생각하고 행동해야 하며, 때로는 비굴한 근성을 드러내기도 하므로 금(金)은 중화(中和)된 금(金)이라야 쓰인다.

천반(天盤)에 어떤 수(數)가 앉느냐에 따라서 의미가 달라지만, 특히 화(火)가 금상(金上)에 앉으면 역시 화상(火上)에 금(金)이 앉는 경우와는 달리 살벌해진다. 금목(金木)이 상전(相戰)하는 경우에도 치명적인 불행을 겪을 수 있다. 금(金)이 공망(空亡)을 보면 명(鳴 *소리, 명성 등이 울림)이라 한다.

* 旼岡 註: 금(金)은 방위로는 서쪽, 색상으로는 흰색을 나타낸다.

오십토(五十土)인 사람

五 十 = 土

토(土)는 성실하고 돈독하므로 토체(土體)인 사람은 신의(信義)를 소중히 여긴다. 또한 토(土)는 능히 만물(萬物)을 생(生)하고 능히 만물을 포용할 수가 있다. 토(土)는 또한 부(富)의 상징이기도 하여 토체(土體)의 사람은 대체로 요족(饒足 *살림이 넉넉함)하게 살며 부(富)를 누린다.

그러나 토(土)가 지나치게 왕(旺)하면 지둔(遲鈍 *영민하지 못하고 굼뜸)하고, 또 약(弱)하면 박토(薄土 *메마른 땅)라 하는데, 박토(薄土)면 가신(假信 *믿을 수 없음)이라 하고, 토(土)가 공망(空亡)에 들면 함(陷 *함몰됨)이라 한다.

* 旼岡 註: 토(土)는 방위로는 중앙(中央), 색상으로는 황색을 나타낸다.

* 旼岡 註: 천간(天干)과 지지(地支)의 홍국수(洪局數) 오행(五行)

홍국수(洪局數)			지지(地支)	천간(天干)
一六水	陽	一 水	子	壬
	陰	六 水	亥	癸
二七火	陰	二 火	巳	丁
	陽	七 火	午	丙
三八木	陽	三 木	寅	甲
	陰	八 木	卯	乙
四九金	陰	四 金	酉	辛
	陽	九 金	申	庚
五十土	陽	五 土	辰戌	戊
	陰	十 土	丑未	己

제6절(第六節)

사신론(四神論)
[성문괘장론(星門卦將論)]

제6절(第六節) 사신론(四神論)

[성문괘장론(星門卦將論)]

가. 구성론(九星論)

 구성(九星)은 하늘의 징후가 인간계(人間界)에 투영되는 상징적 징표이며, 각자의 명궁(命宮)에 나타난 성(星)은 그의 성정(性情)에 따른 인간의 성격(性格)을 형성케 하고 명국(命局)을 지켜주는 수직성(守直星 *지켜주는 星)의 임무를 띤다.

 그리고 또 사계(四季)를 전사(專司 *일정한 일을 전문으로 관장)하는 사시오계(四時五季)의 전용성(專用星)이 있어서 계절(季節)마다의 길복(吉福)을 전담해 주기도 한다.

① 구성(九星)의 성정(性情) 및 역할(役割)

蓬 **천봉성**(天蓬星) : 수(水)
 천봉(天蓬)은 북방(北方) 수성(水星)으로서 좌진변방(座鎭邊方 *국경을 지킴)하여 위무(威武 *위세와 무력)를 떨치는 무성(武星 *무관의 성)이다. 그러나 이는 어디까지나 방어를 목적으로 하기에 공세(攻勢 *공격하는 태세)에는 불리하고, 오직 수세(守勢 *수성하는 태세)에 이롭다. 그리고 인간계에 끼치는 영향은 별반 없다. 그래서 용사(用事)에는 별로 선택받지 못하므로 그저 한자리의 수직성(守直星)으로만 생각하면 된다.
 * 旼岡 註: 천봉성(天蓬星)이 실격을 하면 도벽성이 있을 수 있다.

任 **천임성**(天任星) : 토(土)
　천임성(天任星)은 동북방(東北方)의 토성(土星)으로서 귀성(貴星)이며, 이는 관직(官職)을 전사(專司)하는 성으로서 백관(百官)의 원훈(元勳)이라고도 한다. 천임성(天任星)이 득지(得地) 입격(入格)이면 관록(官祿)이 삼공(三公 *삼정승)의 반열에 오르고 장차는 백관(百官)의 원훈(元勳 *가장 큰 공훈)으로서 세세(世世)토록 부귀(富貴)가 보장된다.
　또 천임(天任)은 토숙(土宿 *土에 속한 별)이라 사계용사(四季用事)를 관장한다.

冲 **천충성**(天冲星) : 목(木)
　천충성(天冲星)은 동방(東方)의 목성(木星)으로서 무속(武屬 *무인의 속성)의 성(星)이지만 천봉성(天蓬星)과는 달리 방어가 주(主)가 아닌 공격위주의 무성(武星)이다. 특히 공격을 함에 있어서도 명분이 불분명한 공전(功戰)에는 나아가지 않으며, 오직 보수(報讐 *원수를 갚음)나 보은(報恩)을 위한 공전(功戰)에는 자기 한목숨 기꺼이 바칠 수 있는 용맹과 충직성도 함께 지니고 있지만 전공(戰功)은 계절에 따라 다르다. 즉, 공(功)은 춘하(春夏)에 있고, 추동(秋冬)에 공전(功戰)은 휴공(休功)이다.

甫 **천보성**(天輔星) : 목(木)
　천보성(天輔星)은 동남방(東南方)의 목성(木星)으로서 그 성품은 군자의 자질을 갖추었고, 문재(文才)가 특출하며, 귀인(貴人)의 반열에 올라 항상 옳은 편에 서서 남을 돕는 일에 서슴지 않는다. 용사(用事)에는 춘하절(春夏節)을 관장하고, 비록 만반(萬般)

의 길성(吉星)이라 할지라도 그 공(功)은 춘하(春夏)에 있다.
* 畋岡 註: 천보성(天輔星)이 입격을 하면 주변 사람에게 인기가 있다.

英 천영성(天英星) : 화(火)

천영(天英)은 남방(南方)의 화성(火星)이라서 근본(根本)은 혹성(惑星 *형혹성=화성)의 기(氣)로서 흉성(凶星)이지만, 그래도 용사(用事)에 있어서는 원행(遠行)이나 혼사(婚事), 또한 헌책(獻策 *일에 대한 꾀를 드림) 등에는 쓰이고, 여타(餘他)의 용사(用事)에서는 불용(不用)한다. 특히 상고(商賈 *장사, 상거래)나 관도(官途 *벼슬길)에 나아가면 큰 화란(禍亂)을 만난다.

禽 천금성(天禽星) : 토(土)

천금성(天禽星)은 중앙(中央)에 자리 잡은 토숙(土宿)으로서 이는 보필(輔弼)에 해당하니 왕(王)의 순행 시에만 따라 나가서 수행 보필을 하지만, 평상시에는 언제나 입중(入中)한 채 왕(王)의 곁에서 자리를 지키고 있는 게 본분이므로 일반 용사(用事)에는 별로 쓰지 않는다.

간혹 천금(天禽)이 변방(邊方)으로 나갈 때가 있어 이때는 용사(用事)에도 쓰일 수가 있지만 길흉(吉凶)은 언제나 상반(相半)인 고로, 문길(門吉)이면 길(吉)로 보고 문흉(門凶)이면 흉(凶)으로 간(看)한다.

여기에서 왕(王)을 수행하고 보필한다는 말의 뜻은 중앙(中央)의 오토(五土)는 본시 군왕(郡王)의 위(位)라서 하는 말이다. 그러나 오토(五土)의 거동(擧動)에 따라서 천금(天禽)이 움직이는 것은 아니고 순수(旬首)가 입중(入中)함으로 해서 천금(天禽)이 동(動)

하게 되고, 또 순수(旬首)가 입중(入中)하면 곧 왕(王)의 대행자(代行者)가 되기 때문에 천금(天禽)은 순수(旬首)를 수행 보필하게 되는 것이다.

芮 천예성(天芮星) : 토(土)
천예성(天芮星)은 서남방(西南方)에 위치한 토성(土星)으로 사기(死氣 *죽음의 기운)를 관사(官司)하므로, 전형적인 흉성(凶星)으로서 죽음에 이르게 하는 질액(疾厄)을 전담한 성(星)이다. 그러나 그것은 단지 차성(次星)의 직무(職務)일 뿐 성정(性情) 자체마저 흉(凶)이라 볼 수는 없다. 이는 마치 사형수의 형(刑)을 집행하는 교도관이라 하여 심성(心性)이 흉(凶)한 사람이 아닌 것과 같은 이치로서, 천예성(天芮星)도 사망(死亡)과 질병(疾病)을 전담하는 것 외에 달리 하는 일이 몇 가지 더 있다.

우선 천예(天芮)를 가리켜 도제(道弟)로 보니, 학(學)을 전수할 때나 전수를 하고자 할 때는 스승을 천보성(天輔星)으로 보는 대신, 천예성(天芮星)은 도제(道弟)로 보기 때문이다. 또 한 가지는 집회(集會)나 결사(結社 *조직하는 일) 등을 할 때도 천예성(天芮星)으로서 상황을 판단하게 된다. 뿐만 아니라 사문(死門)과 함께 묘지(墓地)나 산지(山地), 평원(平原), 그리고 양택(陽宅)을 제외한 일체의 땅은 모두 천예(天芮)로 결(決 *결정)할 수 있으니, 특성의 한외(限外 *한정 밖)에도 역할이 여럿이 있다.

* 畋岡 註: 중병 환자가 천예성(天芮星)을 만나면 죽을 수도 있다.

|柱| **천주성**(天柱星) : 금(金)

천주성(天柱星)은 서방금성(西方金星)으로서 숙살(肅殺 *쌀쌀한 가을 기운)을 휘둘러 만물을 소진시키고 잠들게 하는 살벌한 성정(性情)의 별이므로, 명리상(命理上)에서나 용사상(用事上)에서 일체 흉(凶)으로 간주하게 되고 제반사(諸般事)에서도 크게 꺼려하는 흉성(凶星)에 속한다.

천주성(天柱星)이 나타난 시간이나 곳에서는 일체의 거동이나 용사(用事)를 중지하는 것만이 최상책이다. 만약 국가 경영의 제도권 안에서 차성(次星)의 역할을 말하자면 천주성(天柱星)은 내치(內治)를 담당한 경찰이나 범법자를 치죄(治罪)하는 검찰관(檢察官) 등에 속한다.

* 旼岡 註: 천주성(天柱星)은 금(金)이므로 악기를 잘 다룰 수 있으며, 실격을 하면 음주가무(飮酒歌舞)를 좋아할 수 있다.

|心| **천심성**(天心星) : 금(金)

천심성(天心星)은 서북방(西北方)에 위치한 금성(金星)으로서 기예(技藝)를 관사(管司)하는 길성(吉星)이다. 특히 의성(醫星 *의술)에 해당하므로 천예(天芮)와는 대조적인 성(星)이다.

용사(用事)에는 제반(諸般) 길사(吉事)에 응(應)하지만, 그러나 공(功)은 추동(秋冬)이라야 거둘 수가 있다. 모든 성(星)이 다 그러하지만 천심성(天心星)이 시령(時令)을 승(乘)하지 못하면 기공(技工 *손을 쓰는 기술자)이나 악공(樂工 *악기를 다루는 기술자)으로 일생을 한미하게 보내야 한다.

* 旼岡 註: 옛날에는 기공이나 악공을 천직(賤職)으로 한미하게 보았으나 현대에 와선 다를 수 있다.

② 구성(九星)의 왕약(旺弱)

 구성(九星)의 왕약(旺弱)을 논(論)할 때에 득지(得地) 여부에 관하여, 성(星) 오행(五行)과 지반(地盤) 오행(五行), 또한 궁오행(宮五行)과 비교하는 과정에 있어서, 다양한 바탕의 오행(五行)을 어느 것과 교량(較量)하는가 하는 것에 관해 확실한 정리를 해 두는 것이 필요하리라 믿는다.
 구성(九星)의 오행(五行)을 바탕의 오행(五行)과 비교할 때는 궁오행(宮五行)과 비교할 뿐, 결코 지지오행(地支五行)[십이지중팔지오행(十二支中八支五行)]과는 무관하게 궁오행(宮五行)과만 교량(較量)하면 그만이다.
 다시 말해서 궁오행(宮五行)이 다양하다는 말은, 가령 사유궁(四維宮)에 있어서 간방(艮方)의 예를 들면, 궁오행(宮五行)은 간토(艮土)인데, 지지(地支) 오행(五行)은 인목(寅木)이라, 이곳에 만약(萬若) 천심성(天心星)과 개문(開門)이 닿았다면 토궁(土宮)의 생조(生助)를 받아 득지(得地)라 하겠는가 아니면 목방(木方)에 앉아 제지(制地)에 앉았다 해야 할 것인가? 이에 대해서 확고한 원칙을 세워 둠이 필요하다. 그러나 이는 어디까지나 사유궁(四維宮)에 한해서이지 사정궁(四正宮)에서는 문제가 안 된다. 왜냐하면 사정궁(四正宮)은 궁오행(宮五行)과 바탕 오행(五行)이 동일하므로 단일기(單一氣)로 구성되어 있으나 사유궁(四維宮)[건곤간손(乾坤艮巽)]만은 그렇지가 못하니, 그곳은 본시(本是)가 잡기(雜氣)로서 기(氣)가 이원(二元)으로 형성돼 있기 때문이다.
 즉, 간방(艮方) 같은 곳은 토기(土氣)와 목기(木氣)의 이원(二元)으로 구성되어 있고, 건방(乾方)은 금기(金氣)와 수기(水氣)로 이

원화(二元化) 되어 있기 때문이다. 이들 궁성(宮星) 간의 생극제화(生剋制和)를 도표(圖表)로 나타내면 다음과 같다.

辰無氣 진무기 巽木宮支五行 손목궁지오행	巳火支五行 사화지오행	離午火宮支五行 이오화궁지오행	未無氣 미무기 坤土宮五行 곤토궁오행 申金支五行 신금지오행
	震卯木宮支五行 진묘목궁지오행	辰戌土 진술토 中土宮五行 중토궁오행 丑未土 축미토	兌酉金宮支五行 태유금궁지오행
寅木支五行 인목지오행 艮土宮五行 간토궁오행 丑無氣 축무기		坎子水宮支五行 감자수궁지오행	亥水支五行 해수지오행 乾金宮五行 건금궁오행 戌無氣 술무기

* 旼岡 註: 구궁바탕의 지지오행(地支五行)과 궁오행(宮五行)

바탕 지지오행(地支五行)

火	火	金
木	土	金
木	水	水

바탕 궁오행(宮五行)

木	火	土
木	土	金
土	水	金

* 태청궁 청구태학당에서 개발한 기문둔갑 종합 프로그램에는 구궁 바탕에 지지오행과 궁오행이 각각 표시되어 있다.

나. 팔문론(八門論)

 팔문(八門)은 팔방(八方)의 관문(關門)이어서, 사람이 어느 지역 어느 방위(方位)를 통관(通關)함에 있어서 길흉(吉凶)의 여부(與否)는 전적으로 문(門)의 길흉(吉凶)에 따라 비추어지는 것이다.

 그러나 이러한 문(門)의 길흉(吉凶)은 반드시 지역이라는 공간상에서 일어나는 것이 아니라 매 지역마다 거주하는 사람과 사람 사이의 접촉에서 비롯됨을 알아야 한다. 왜냐하면 사람이 있음으로 해서 그 지역을 관통하는 문(門)이 있기 마련이기 때문이다.

 그러므로 구성(九星)을 상천(象天 *하늘을 상징)이라 하고 팔문을 상인(象人 *대인관계를 상징)이라고 하는 것도, 이러한 뜻을 반영한 말이라 할 수가 있겠다.

 설령, 어느 방위상(方位上)에서 흉문(凶門)이 있다 할지라도 그곳으로 사람이 가지 않으면 결코 흉(凶)은 나타나지 않는다. 그래서 자신이 가고자 하는 방위상(方位上)에 흉문(凶門)이 보일 때는 그곳에를 가지 않으면 그만인 것으로, 달리 무슨 해(害)가 따르는 것은 아니다.

生 생문(生門) : 토(土)

 생문(生門)은 출산(出産)이나 생산(生産)을 뜻하며, 사람이 태어난 날이 되기도 한다. 그러므로 생문일(生門日)은 매사에 길(吉)하며 긍정적이고 생산적이며, 또한 행위(行爲)에 있어서도 적극적인 활동을 기약할 수 있는 문(門)이어서 팔문(八門) 가운데 제일(第一) 길문(吉門)이기도 하다.

 그러기에 대내외적(對內外的)인 모든 행사(行事)에 있어서는 반드시 가시적 효과(可視的 效果)를 기대할 수가 있으며, 특히 생문(生門)을 만났을 때에 효과를 바랄 수 있는 것은 대인관계(對人關係)이다. 사업상 어떤 교섭을 벌였을 시에는 반드시 자기편이 유리하게끔 이끌어 갈 수가 있어서 좋고, 또 그밖에도 소구(所求)하는 바나 도모하는 것마다 모두 성취되고 길(吉)하지만, 다만 그 가운데도 꺼려야 할 것과 해서는 안 되는 것이 몇 가지 있다.

그것은 즉, 행형(行刑)과 단죄(斷罪), 처형(處刑), 살상(殺傷), 매장(埋葬) 등인데, 절대로 금기사항에 속한다.

그러나 총체적인 성과나 길흉(吉凶)에 관한 한 아무래도 골격(骨格)의 호부(好否)에 따라 성과가 결정됨도 알아야 됨은 두말할 나위가 없다.

* 眠岡 註: 생문(生門)이 입격을 하면 부동산 구입에 좋다.

상문(傷門) : 목(木)

상문(傷門)은 동방(東方) 임목(林木)이 즐비한 산림지대(山林地帶)를 가리킨다. 나무는 본시 성목(盛木)이 되면 깎고 자르고 하는 벌목(伐木)과 벌채(伐採) 작업이 끊임없이 계속되는 이것이 곧 상문방(傷門方)의 실상이자 나무가 겪어야만 하는 것이 숙명(宿命)이기도 하기에 문(門)의 명칭이 상문(傷門)이 된 것이다. 아무튼 나무는 성목(盛木)이 되면 잘리는 것이 나무로서는 어쩌면 최선을 다해 얻어내는 보람일는지는 몰라도, 사람으로서는 상문(傷門)을 당하는 감도(感度)나 용처(用處)의 선택이 그리 넓지는 못할 뿐 아니라, 먼저 겪어야만 하는 게 절상(折傷)의 화(禍)이기에 그리 탐탁하지 않은 존재임에 틀림이 없다.

그것은 상문(傷門)은 만날 때마다 위해(危害)를 가(加)하기 때문이다. 그러기에 항상 조심은 해야 하겠지만, 그렇다고 면(免)할 수 있는 것도 아니므로 그저 범(犯)하지 않는 것이 최상책이다.

하지만 그렇다고 영영 피해 버려야만 할 만큼 아주 쓸모가 없는 그런 흉문(凶門)만도 아닌 것이니, 즉 상문일(傷門日)이나 상문방(傷門方)도 쓰일 때가 있고 가야만 할 때도 있는 것이다.

즉, 빚을 받으러 가거나 독촉을 하러 가야 할 때는 상문일(傷門日)을 택하고, 또한 집에서 가축을 도살할 때나 사냥을 나설 때와 고기잡이나 낚시를 하러갈 때도 상문일(傷門日)과 상문방(傷門方)을 택한다.

杜 두문(杜門) : 목(木)

두문(杜門)은 손방(巽方)의 목궁(木宮)이다. 그러나 이곳은 진방(震方)의 목(木)과는 전혀 다른 성질(性質)의 목궁(木宮)이다. 즉, 진방목(震方木)이 임목(林木)이라면 손방(巽方)의 목(木)은 삼목(森木)이다. 임목(林木)과 삼목(森木)은 어떻게 다를까?

임목(林木)은 성목(盛木)이 우거져 숲을 이룬 상태를 말하고, 삼목(森木)은 여러 가지 잡목(雜木)과 넝쿨 등으로 뒤엉킨 빽빽한 숲으로서, 나아감에는 지장(支障)이 있고 위란(危亂)을 피해 은신(隱身)하는 데는 더없이 좋은 방(方), 좋은 문(門)이기도 한 것이 곧 두문(杜門)인 것이다.

그래서 두문(杜門)은 소흉(小凶)이라 하지만 흉(凶)보다는 오히려 길(吉) 쪽이 더 가깝지 않을까 싶기도 하다. 가령, 사냥꾼에게 몰린 짐승들이나 도둑떼에 쫓기는 가냘픈 생명에게는 은신처를 제공해 줘서 구명(救命) 도생(圖生)해 줄 수 있기 때문이다.

아무튼 두문방(杜門方)에서는 서두르지 말고 진로에 장애물이 있음을 인식하고 공세(攻勢)에서 수세(守勢)로의 방향전환을 시도함이 마땅하고, 기업인이라면 현재의 경영체제에 허점이 없는지에 대해 정밀히 분석하고 정리정돈하는 것만이 최상책이라 하겠다.

* 旼岡 註: 두문(杜門)이 실격(失格)을 하면 고집불통이 된다.

景 경문(景門) : 화(火)

 경문(景門)을 봉(逢)하면 유혼경지사(有婚慶之事)라 하므로 경문하(景門下)에서는 혼인(婚姻)이나 경사(慶事)에 응(應)한다. 또한 경문(景門)은 연락(宴樂 *잔치를 벌여 즐김)을 뜻하므로 먹고 마시고 즐기는 일체의 놀이 행사에 응한다. 그러기에 나그네가 길을 가다 목마르고 배가 고플 때는 경문방(景門方)으로 찾아들면 음식과 술을 얻어먹을 수가 있다는 옛 풍습에 따른 단사(斷辭)가 전해지고 있다.

 결론적으로 말해서 경문(景門)에 따른 응사(應事)로는 혼인(婚姻) 경사(慶事) 이외에 원행(遠行) 등이 좋고, 또 환자가 수술을 받을 적에 경문일(景門日)을 택해 주면 좋다. 그 이유는 경문(景門)은 본시, 파치(破齒 *치아를 뽑음), 돌위(突圍 *공격해서 들어감) 등 사(事)에 의(宜)하니, 그 이유로는 경문(景門)은 남방(南方) 화(火)로서 피(血)를 상징하기 때문이므로 경문(景門)을 보면 [견상농혈(見傷濃血)]이라 한다. 이는 곧 [경문(景門)을 만나면 피를 봐야 한다]는 뜻이 된다. 이렇듯 모든 오행(五行)과 육친(六親)은 물론 성(星), 문(門)까지도 모두가 양면(兩面)의 기능이 있으니 순작용(順作用)과 역작용(逆作用)이 그것이다. 그러므로 사람은 이러한 역작용(逆作用)을 도리어 역(逆)으로 이용하여 최대의 효과를 거둘 줄 알아야 한다.

 그렇다면 기왕에 피를 봐야만 해결될 일이라면 차라리 피를 보게 되는 경문일(景門日)을 택하여 역용(逆用)하는 것이 현명하다. 그래서 고인(古人)은 파치(破齒)와 돌위(突圍)를 모두 경문(景門)을 택해서 단행했으니, 정녕 피를 흘리지 않고는 목적을 기대할 수 없는 일이라면 최소의 출혈을 통해서 그 효과를 극대화함이 응용(應用)의 묘(妙)라 할 수가 있겠다.

死 **사문**(死門) : 토(土)

 사문(死門)은 서남(西南) 곤토방(坤土方)에 앉은 토속(土屬)의 문(門)으로 사상(死喪)과 매장(埋葬) 등의 흉사(凶事)를 관장하는 흉문(凶門)이다. 또 계절로는 입추(立秋), 처서(處暑), 백로(白露) 등, 신금(申金)이 사령(司令)하는 숙살(肅殺)의 서기(序氣)로서 만물의 성장을 차단하여 결실을 촉진하는, 이른바 사시(四時)의 통관의례상 필수적으로 맞이해야 할 생사(生死) 양극(兩極)의 관문이다.

 세상을 다스려 나감에 있어서 아무리 선정(善政)을 편다 해도 행형(行刑)은 불가피하듯, 자연계(自然界)를 다스려 나가는 순환법칙(循環法則)에도 숙살(肅殺)의 금기(金氣)는 결실을 위해서는 반드시 있어야만 하는 것이니, 어쩌면 필요악적인 존재일는지 모른다. 사문(死門)이 아무리 사망을 집행하는 저승차사와도 같은 흉문(凶門)이지만, 그러나 흉문(凶門) 일변도(一邊倒)로만 생각할 수는 없다. 왜냐하면 사문(死門)의 의미를 광의적(廣義的)으로 해석하면 우리 인간이 일상적으로 접하는 생활공간 일체가 사문

(死門)의 관할권역(管轄圈域)이며, 이를 더 포괄적으로 해석하자면 우리가 살고 있는 생활공간인 양택(陽宅 *건물이나 주택)을 제외한 일절의 공간은 모두가 사문(死門)이 지배하는 권역(圈力)이니만큼 그야말로 그 세력이 막강함도 알아야 한다.

그러나 사문(死門)이 용사(用事)에 응(應)하는 범위는 실제로 그리 넓지가 않다. 즉, 장례(葬禮), 매장(埋葬), 행형(行刑), 조상(吊喪), 또는 묘지수축(墓地修築), 산지매입(山地買入) 등사(等事)가 된다.

인간이 아무리 살기 위해 노력한다지만 궁극에 가서는 죽음을 향해 나아가는 결과가 되므로, 운로상(運路上)에 사문(死門)이 나타나면 이상에서 서술한 제반(諸般) 의미에 알맞게 처신하고 응용하면 그만인 것이다.

* 旼岡 註: 사문(死門)을 만났을 때는 묘지나 장례식장 등의 장소에 자주 가는 것이 좋다.

경문(驚門) : 금(金)

경문(驚門)은 서방(西方) 금기(金氣)로 곤방(坤方) 사문(死門)의 일차적 숙살(肅殺)을 마친 식목(植木)들의 잔존하는 여기(餘氣)를 종결(終結)시키는 절차를 집행하는 최종 통관 기관이다. 이를 국가 체제의 관제에 비한다면 사법관헌(司法官憲)에 해당한다고 할 수가 있겠다. 그리고 경문(驚門)은 우선 두려움의 대상이다. 그래서 경문(驚門)을 만나면 우선은 관재(官災)와 구설(口舌)을 생각하지 않을 수가 없고, 또 심하면 체포(逮捕) 구검(拘檢)까지도 당하는 수가 있다.

그렇지만 한편, 응용면(應用面)으로 생각해 보면 또 다른 면이 있다. 즉 경문(驚門)은 서방(西方) 금기(金氣)로서 인체(人體)의 장기(臟器)로는 폐장(肺臟)에 해당하는 부위다. 또 소리는 금(金)에서 나오고 금(金)은 폐장(肺臟)이므로, 그래서 경문(驚門)은 변설(辯舌)을 주관하고 음악(音樂)과 변론(辯論) 등, 일체 소리로써 형성되는 모든 부문은 경문(驚門)이 관장하므로, 경문(驚門)이야말로 어쩌면 음악예술을 관장하는 총지휘부이자 또 한편으로는 언어 문화권을 총괄하는 문교 행정의 총본산격이라고도 할 수가 있겠다.

경문(驚門)의 용사(用事)로는 도망자의 추적, 체포 등에 긴요하고, 또한 어떤 사안을 담판(談判)하는 데도 경문(驚門)이나 경문방(驚門方)을 택하면 효과적이다.

開 개문(開門) : 금(金)

개문(開門)은 글자 뜻 그대로 열린 문(門)이다. 그렇다면 육음(六陰) 구족(具足)의 곤위지지(坤爲之地)에 문(門)이 열렸다는 게 의문스럽다.

실제로 건궁(乾宮)은 가장 어둡고 가장 삭막한 공간인데, 그런 곳을 어떻게 개문방(開門方)으로 설정했을까? 거기에는 그럴싸한 이유가 있다. 궁(窮)하면 통(通)한다는 말은 곧 이를 두고 하는 말로서, 결국 극도로 궁(窮)하면 반드시 통(通)하고, 통(通)하면 달(達)한다는 이치는 만고(萬古)의 진리이자 만유(萬有)의 순환하는 법칙이기도 한 것이다.

절처(絶處)에 봉생(逢生)이라는 말은 반드시 생(生)은 절처(絶處)에서 이루어진다는 사실을 말하는 것이다. 절(絶)과 생(生)은 과연 어떤 상태일까?

음양(陰陽)이 상교(相交)하기 이전의 상태를 절(絶)이라 말하고, 음양(陰陽)이 상교(相交)하여 교합(交合)을 하고 난 뒤면 봉생(逢生)이니, 이를 한 쌍의 남녀관계에서 예를 들자면, 남녀가 교제하기 이전에는 음(陰)은 음(陰)대로 양(陽)은 양(陽)대로 음양(陰陽)이 불상합(不相合)하는 상태여서 이를 절(絶)이라 한다면, 이후에 두 남녀가 교제하여 마침내 음양(陰陽) 교합(交合)을 하고 나면 그때엔 비로소 생(生)이 되는 것이다. 이러한 이치로 해서 절처(絶處)에 봉생(逢生)이란 말이 생겨나게 된 것이다.

다시 본론으로 환원(還元)하여, 건괘(乾卦)의 절벽(絶壁) 같은 순음지지(純陰之地)에 절처(絶處) 봉생(逢生)의 서기(瑞氣)가 트이기 시작한 것은 절기(節氣)의 조화(造化)이니, 소설(小雪) 대설(大雪)을 지나 문득 일양시생(一陽始生)의 동지절(冬至節)을 만나서 비로소 절처(絶處) 봉생(逢生)의 계기가 마련된 셈으로, 그래서 개문방(開門方)이 설정된 것이다.

그런데 개문(開門)은 경영(經營)과 개업등사(開業等事)에 쓰이지만, 크게 말하자면 천지개벽(天地開闢)에서 국가의 기틀을 일으키는 개국(開國)의 역사에 이르기까지, 모든 것이 양성적(陽性的)이고 행동적이어서 대지대업(大志大業)을 이룩하는 데는 절호의 기회이지만 타 분야에서는 부정적인 면도 있다.

물론 육친궁(六親宮)에는 붙는 족족 길(吉)하고, 특히 관록궁(官祿宮) 등에 개문(開門)을 만나면 가관(加官) 진직(進職)으로 극귀(極貴)를 누릴 수가 있지만, 그러나 재물궁(財物宮)에서는 개문(開門)을 보면 재(財)가 모두 흩어지고 만다.

그래서 [재성봉개즉(財星逢開則), 자재난취역산(資財難聚易散)]이라 한 것이다. 즉, [재물궁(財物宮)에 개문(開門)을 만나면 재물(財

物)이 모들기는 어렵고 흩어지기는 쉽다]는 뜻이다.
* 旼岡 註: 입시생이나 직장을 구하는 경우, 관궁(官宮)에 개문(開門)을 만나면 좋다.

休 휴문(休門) : 수(水)

휴문(休門)은 길문(吉門)이지만 휴(休)는 휴(虧 *이지러질 휴)와 통(通)하므로 노휴(老休), 또는 휴망(休亡)의 의미를 동시에 지니고 있다. 육친궁(六親宮)에 들면 부모궁(父母宮)은 길(吉)하지만 형제(兄弟)와 자손궁(子孫宮)에는 휴문(休門)이 들면 휴절(休絶) 및 휴망(休亡)의 뜻으로 돌아가서 흉(凶)으로 본다. 그러나 재물궁(財物宮)에는 휴문(休門)이 들면, [휴문최호취자재(休門最好聚資財)]라 하여 재물이 번창하게 된다.

그래서 용사(用事)에서는 구재(求財), 혼인(婚姻) 등사(等事)와 귀인(貴人)을 만나거나 초치(招致 *불러모음)함에는 더없이 길(吉)하다.
* 旼岡 註: 선인(仙人)의 휴문(休門)은 수양(심신수련), 속인(俗人)의 휴문(休門)은 휴양에 좋다.

* 旼岡 註: 팔문(八門)은 궁오행(宮五行)을 따른다.

두문(杜門)	경문(景門)	사문(死門)
상문(傷門)		경문(驚門)
생문(生門)	휴문(休門)	개문(開門)

木	火	土
木	土	金
土	水	金

제6절 사신론(四神論)

다. 팔괘론(八卦論)

팔괘(八卦)는 땅을 상형(象形)한 도형(圖形)이다. 그러므로 상지(象地)라 한다. 그리고 팔방(八方)은 인간이 살아가는 입지상(立地上)의 공간 단위를 가리키는 말이다.

사람이 산다는 것은 공간의 일우(一隅)를 점유하면서 동시에 시간을 소모하는 행위 자체를 말하는 것이니, 그러므로 인간과 팔방(八方)과의 공간적 관계는 인간이 살아가는 데 필수적이고도 원초적인 생존 근거지가 된다. 따라서 이해관계며 길흉(吉凶) 호부(好否)가 언제나 최대의 관심사요, 또한 첨예(尖銳)한 쟁점사항이었다. 원시인들은 지구의 역사를 개척해 내기까지 이 땅 위에서 많은 천적(天敵)들과 싸워 왔었고, 또한 사나운 맹수들과도 부단하게 싸워 온 이것이, 곧 인간과 지구의 투쟁사(鬪爭史)라 해도 지나치지 않을 것이다.

이렇게 싸우면서 얻어낸 생존의 체험을 통해서 땅의 변화와 하늘의 조화를 두루 깨우친 지혜로써 팔방(八方)이라는 공간에 얽힌 이해를 풀기 위해 길흉(吉凶)의 상형(象形)을 획(畫)하고, 또 이로 인하여 추길(趨吉) 피흉(避凶)을 할 수 있는 한 지표(指標)를 마련할 수 있게 해준 것이니, 그러므로 성현(聖賢)의 덕이 크심을 새삼 느끼게 한다.

이로부터 인간은 팔괘(八卦)라는 상의적(象義的)인 괘상(卦象)을 통하여 팔방(八方)에서 일어나는 갖가지 길흉(吉凶) 득실(得失)을 가려 낼 수가 있게 되었고, 그렇게 됨으로 해서 땅위에서의 공간적 삶이 정착되면서부터 훌륭한 문화를 꽃피우게 된 것이니, 우리 후손은 이러한 조상의 애덕(愛德)으로 인해 이 누리 위에서 지덕(知德)을 누리고 생존권을 형성하면서 살아갈 수가 있게 된 것이다.

다시 말해서, 팔괘(八卦)는 인간이 지역공간(地域空間)에 살면서 방위상(方位上)의 길흉(吉凶)을 스스로 판단하여 무한한 지덕(地德)을 누릴 수 있게끔 지표(指標)를 설정해 주기 위해 괘상(卦象)을 획(畫)한 것이다. 또한 그로 인하여 인간은 입지(立地)의 호부(好否)를 가늠하는 한 가지 기준점을 삼을 수 있게 된 것이다.

즉, 팔괘(八卦) 가운데 생기(生氣)와 천의(天宜), 그리고 복덕(福德)은 삼대(三大) 길괘(吉卦)로서 만사(萬事)에 개길(皆吉)이며 특히 길사(吉事)에 전용(專用)하고, 유혼(遊魂)과 귀혼(歸魂)은 길흉(吉凶)이 상반(上半)되니, 즉, 길문을 득(得)하면 길(吉)로 나타나고 흉문(凶門)을 봉(逢)하면 흉(凶)이라 단(斷)하므로 길흉(吉凶)을 가려 써야 한다.

또 절체(切體)는 소흉(小凶)하나 화해(禍害) 절명(絶命)은 대흉(大凶)하지만, 그 가운데서도 절명(絶命)이 가장 흉(凶)하고, 그다음이 화해(禍害)요, 또 그 다음의 흉(凶)은 절체(切體)다.

다음은 팔괘(八卦) [생기복덕(生氣福德)]별(別)로 그 성정(性情)과 작용(作俑)에 대해 각술(各述)해 보기로 한다.

생기(生氣)

생기(生氣)는 생명(生命)의 원동력이다. 인간이 태어남도 만물이 자생함도 모두 생기(生氣)가 있음으로 해서다. 또 애초에 지구가 생성된 것도 생기(生氣)의 소산이니, 생기(生氣)야말로 지구상에 서식하는 모든 생명체의 근원이 되는 것이다.

그러므로 생기(生氣)는 생문(生門)과 함께 가장 소중한 생명의 원천적 기(氣)로서 최상(最上)의 길격(吉格)으로 평가받는다.

하지만 생기(生氣)는 비록 최상의 길괘(吉卦)는 될지라도 그것은 한 시발(始發)을 알리는 신호에 불과하므로 그 효력은 미래지향적인 데 있다. 그러므로 당장에 어떤 결과나 승부수를 따내고자 한다면 너무 성급한 기대라 하겠다. 그리고 생기(生氣)의 길괘(吉卦)도 그것이 온전한 길(吉)이 되려면 문괘(門卦)의 배합(配合)이 되고난 뒤라야 한다.

생기(生氣)가 위력을 나타내는 것과, 작용에 있어서 길흉(吉凶)을 나타내는 것과는 별개의 것이 되기 때문이다.

괘(卦)는 항상 문(門)의 보조(補助)가 되므로 괘(卦)만의 길상(吉象)으로 길(吉)이라 단정하기는 어렵다. 문(門)과 괘(卦)는 군신(君臣)의 관계가 되기 때문에 길괘(吉卦)보다는 길문(吉門)이 중요하긴 해도, 그렇다고 신하(臣下)가 없는 군주(君主)도 정사(政事)를 함에 있어서 난감한 일이겠지만 군주(君主)를 못 만난 신하(臣下)는 아예 존재 가치마저 없게 된다. 그러므로 문괘(門卦)의 조화가 무엇보다 긴요(緊要)하다.

결국 길문(吉門)에 길괘(吉卦)를 만남이 최상이지만, 만약에 문괘(門卦)가 불합(不合)하여 문길(門吉)에 괘흉(卦凶)을 만났을 때와 괘길(卦吉)에 흉문(凶門)을 만났을 때의 길흉(吉凶)의 응(應)은 어떠할 것인가?

　문길(門吉) 괘흉(卦凶)은 선길(先吉) 후흉(後凶)이나 그 비율(比率)은 7:3이니, 즉 7은 길(吉)하고 3은 흉(凶)하다는 뜻이다. 반대로 괘길(卦吉) 문흉(門凶)일 때는 선흉(先凶) 후평(後平)이지만 그 비율(比率)은 길3(吉三) 흉7(凶七)로 나타난다.

* 旼岡 註: 생기(生氣)를 만나면 출산(出産)에 좋다.

宜　**천의**(天宜)

　천의(天宜)는 [천의(天意 *하늘의 뜻)]도 되고, 또한 [천의(天醫 *하늘의 의사)]도 되므로 생기(生氣) 못지않은 길괘(吉卦)가 된다. 그러므로 죄인(罪人)이 천의(天宜)를 만나면 사(赦)함을 입고, 병자(病者)가 천의(天宜)를 보면 무의이유(無醫而癒)라 하므로 의원이 없이도 병이 스스로 낫는다는 뜻이다.

　사람이 명궁(命宮)에 천의(天宜)를 타고나면 천성(天性)이 고지식하고 강한 고집이 있어 누구에게도 굽히지 않는 강한 의지를 갖고 있다.

　운로(運路)에 천의(天宜)를 보면 귀인(貴人)의 부름을 받는 수가 있으며, 또한 천의(天宜)는 제반(諸般) 길사(吉事)에 모두 응(應)하는 두 번째의 길괘(吉卦)다.

體　**절체**(切體)

　절체(切體)는 몸에 상해(傷害)를 입음이니 절체(切體)의 운(運)을 맞이하면 먼저 몸조심을 해야 하지만, 심하면 처상(妻喪)을 입기도 한다. 그러나 너무 심각하게 생각하고 두려움에 떨

필요는 없다. 설령 상해(傷害)를 입는다 해도 그리 깊게 입지는 않을 테니까 말이다.

또 그렇다고 몸에만 상처(傷處)를 입는 게 아니고 마음의 상처(傷處)도 입을 수가 있으니까 한쪽으로만 치우쳐서 생각할 필요는 없다.

우선 절체(切體)의 운(運)을 맞이했을 때는 과다(過多)한 여행(旅行)이나 산행(山行)을 피해야 하고, 또 사업 경영은 무리가 없게 순리로 해 나가야 한다. 너무 지나치게 욕심을 부리다가 잘못되어 도산이라도 하게 되면 그로 인한 마음의 상처가 클 테니까 말이다. 그리고 부부 간에 싸우거나 다투지 말아야 한다.

아무튼 절체(切體)가 비록 가벼운 흉(凶)이긴 해도 그 파급효과는 크며, 또 길사(吉事)는 어느 한 곳에도 응(應)하지 않음으로 해서 전흉(全胸)이나 다름없다.

* 旼岡 註: 명궁(命宮)이 흉(凶)한 경우에 절체(切體)를 만나면 상복(喪服)을 입을 수도 있다.

魂 유혼(遊魂)

유혼(遊魂)은 성장 후의 사회 첫 진출을 말하니, 이를 출사보국(出仕報國)이라 한다.

생기(生氣)를 받고 태어난 한 생명이 천의(天宜)의 과정에서 천성(天性)대로 행하려 드는 제멋대로의 유아 시절에서 엎어지고 넘어져서 생채기를 내곤 하던 그런 무의식적 본성지배 시대(本城支配 時代)를 거쳐, 비로소 이성적(理性的)으로 성장하여 사회에 첫발을 내딛는 장엄한 시기를 맞이하게 된 것이다.

여기서 잠깐 설괘법(設卦法)에 대한 개요를 설명하고 넘어가야 할 필요성이 있을 것 같다.

무릇 설괘법(設卦法)이란 대자연(大自然)의 소(消), 장(長), 성(盛), 쇠(衰)와 인생의 생로병사(生老病死)를 팔변법(八變法)의 과정에 따라 그 순환과정(循環過程)을 엮어 나가는 순서라 할 수 있겠다.

이제 한 생명이 고고지성(呱高之聲)을 울리면서 세상에 태어난 것은 첫 번째 변화인 생기운(生氣運)이며, 유아기(幼兒期)에 접어들면서 자기 천성대로 움직이고 행동하던 무의식적 자율행동에 의해 입은 가벼운 상처를 받아야만 했던 시기가 두 번째 변화인 절체운(切體運)이었다면, 이제 세 번째 변화기인 유혼(遊魂)에서는 장성후(長盛後)의 지성과 교양을 두루 갖춘 젊은이가, 거기에다 사회에 적응할 주무기인 전문지식까지 갖춘 채 보무(步舞)도 당당하게 사회의 첫발을 내딛는 유혼운기(遊魂運氣)를 맞아 출사보국(出仕報國)의 장지(壯志)를 펴고자 첫발을 내딛는 시기에 왔다.

그러나 이들 젊은이한테는 모든 것이 다 갖추어졌어도 단 한 가지 부족한 것이 있다면 그것은 경험이다. 일생을 통해 가장 소중한 이 경험은 두고두고 살아 나가면서 체험으로 얻어지겠지만, 그러나 그로 인해 지불해야 할 수업료는 엄청나게 비싼 것이다. 그러므로 이들이 출발하는 시점에서부터 부딪히는 시련이 만만치 않게도 앞을 가로막을 것이므로, 이러한 장애물들을 제거하는 데 소모해야 할 정열의 낭비와 경제적 지출도 만만찮을 것이다. 이 산적(山積)한 난제(難題)들은 다음의 다섯 번째 변화인 화해운(禍害運)에 가서 풀어 나가기로 하고, 이제 본론으로 되돌아가자.

사람이 유혼운(遊魂運)을 만나면 우선 변화가 뒤따른다. 이때에 주인공이 젊은 직장인이라면 직업에 관한 변동으로 승진, 이동 등의 변동이거나, 또는 신상에 따른 변화도 있을 것이니, 성인이 라면 치러야 할 의례(儀禮)로서 혼사(婚事) 등의 화려한 변화나 변신이 있을 것이지만 젊은이 모두에게 좋은 변화만을 기대하기 는 어려우므로 좋지 못한 변동도 따를 것이다.

변화의 주인공이 중년 이상의 계층이라면 대체로 주거(住居)에 관한 변동이거나 해외여행 등의 다채로운 변화나 변동도 맞이하 게 될 것이지만, 그러나 여기도 역시 좋지 못한 재액(災厄)도 따 르게 될 것이니, 예부터 이사(移徙)가 망사(亡舍)라는 말도 있으 니 말이다. 그러나 이때에 나타날 길흉(吉凶)에 대한 결과를 놓 고 길(吉)이냐 흉(凶)이냐로 판단하는 기준은 괘상(卦上) 얻어지 는 문(門)에 따라 달라지는 것이다. 즉, 문(門)이 길(吉)하면 길 (吉)한 변화변동이 될 것이고 문(門)이 흉(凶)하면 그 결과도 흉 (凶)으로 떨어지고 만다.

또 유혼운(遊魂運)을 맞이하는 주인공이 노인계층이라면 생(生) 의 노후(老後)에 져야 할 희비(喜悲) 쌍곡(雙曲)의 곡절 많은 변화 가 따를 것이다.

특히 요즘처럼 핵가족 시대에 겪어야만 하는 노인네들의 소외 된 삶에서 오는 고독과 허탈 속에서 외롭게 살아가야 할 변화의 운기(運氣)를 맞이한 늙은이들도 있을 것이고, 개중에는 행복한 여생을 꿈꾸면서 맞이하는 노인네들도 있을 것이지만, 그러나 제일 큰 변화변동은 생사유명(生死幽明)을 달리하는 이승에서의 마지막 변화가 될 것이다.

고대광실(高臺廣室) 좋은 집과 자엽(子葉) 손지(孫枝) 번성(繁盛) 한 후사(後嗣)들의 위무(慰撫)와 사랑을 뒤로한 채 만년(萬年) 유택(幽宅)으로 돌아가야만 하는 이 종결(終結)의 변화인 죽음의 세계! 슬프지만 가야 할 마지막 생사(生死)의 관문(關門)이기에 좋든 싫든 거쳐야 하는 이것이 생애의 마무리인 것을 어떠하랴!

이와 같은 수다(數多)한 변화와 곡절을 겪어야 하는 게 유혼운(遊魂運)이지만, 그러나 이러한 것들은 정작 변화의 예고 지표인 시작에 불과한 것이고 진정한 변동, 변화에 따른 본격적인 길흉(吉凶)과 희비(喜悲)는 다음 장(章)에서 오게 되니, 그것은 곧 화해운(禍害運)인 것이다.

* 旼岡 註: 유혼(遊魂)운에는 인사(人事)변동이나 직업(職業)변동이 올 수 있다.

화해(禍害)

화해(禍害)는 이승의 생애를 통해 마지막 맞이하게 되는 가장 큰 재난인 것이다. 사람은 누구나 이 고비를 넘어서야 다음의 복덕(福德)이라는 생애 최고의 잔칫상을 받게 되는 것이다.

아니, 어쩌면 화해(禍害)라는 시련은 축복의 잔칫상을 받기 위해 마련된 통관의례 절차라고도 할 수 있겠다.

그만큼 이 화해(禍害)의 진동폭(震動幅)은 큰 것으로서 이를 폭풍우에 비긴다면 적어도 경계경보쯤은 될 것이다.

그러기에 명운(命運)의 유년상(遊年上)에서나 당년(當年)의 연운(年運) 가운데서 화해운(禍害運)을 맞이했을 때는 우선 자신에게 전개될 제반(諸般) 상황을 면밀히 분석하고 검정하여서, 그것이 사업상의 문제이든, 아니면 가정사에 관한 문제이든 간에 수습에 만전을 기할 대비책을 세워 둠이 좋을 것이다.

화해운(禍害運)이 비록 용사상(用事上)에서는 아무런 쓸모가 없는 그저 어서 지나가기만을 바랄 뿐인 태풍의 눈과 같은 액운(厄運)이지만, 그러나 우리는 이러한 액운(厄運)을 통해서도 삶에 관한 교훈을 많이 받아야만 할 것이다. 인간은 언제나 시련을 극복하면서 향상의 단계를 뛰어넘을 수가 있기 때문이다. 그리고 [고진감래(苦盡甘來)]라는 옛말과 같이, 화해(禍害)라는 재난의 운을 지나고 나면 복덕(福德)이라는 행운이 오기에 말이다.

德 복덕(福德)

복덕(福德)은 생애 최고의 행운이자 마지막 만찬운(晚餐運)이기도 하다. 인생은 이 복덕운(福德運)을 고비로 하여 생(生)을 마감하는 절차의 관문인 절명(絶命)의 심연(深淵)으로 빠져들고 말기 때문이다.

그러나 갈 땐 가더라도 맞이해야 할 운(運)은 즐겁게 맞이하고 보는 것이 또한 삶의 참다운 자세가 아니겠는가. 그러므로 이 최후의 만찬상을 어디서부터 어떻게 먹어야 할는지도 약간은 고민거리가 될 수도 있을 것이다.

우선 복덕운(福德運)을 맞이한 사람의 마음가짐은 마치 추수기(秋收記)를 앞둔 농부의 심경이 되어, 자신이 뿌린 씨앗에 대해 얼마만큼 정성들여 가꾸었는지 한번 반성해 보면서, 거둬들일 추수의 수확에 대한 점검을 해 봄도 바람직한 절차일 것이다.

이 복덕(福德)이라는 운(運)은 누구에게나 마지막 찾아오는 행운의 지분일진데 아무런 마음가짐도 없이 차려진 상 앞에 앉아 향연(饗宴)만을 즐길 수는 없는 일이기에 말이다.

그러므로 복덕운(福德運)을 맞이한 사람은 용사(用事) 전반에 걸친 길사(吉事)에 두루두루 응(應)하는 이 행운의 마지막 기회를 획기적이면서도 효과적으로 운용(運用)해야만 할 것이다.

즉, 복덕운(福德運)은 뿌린 씨앗에 대한 추수의 운(運)이지 결코 새롭게 파종(播種)할 운(運)은 아니므로, 누구든지 자신이 이미 시작해 놓은 일에 대한 점검을 면밀히 함으로써 경영상의 문제점이 나타나면 이를 보완하고 조심스럽게 맞이해야만 실패가 없을 것이다.

다시 말해서 복덕(福德)의 운(運)은 추수의 운(運)이요 결산의 운(運)이지, 결코 새로운 약진(躍進)의 운(運)은 아니므로 결단코 새로운 경영의 시작이나 또는 기존사업의 무리한 확장 등, 위험 부담을 스스로 지지 않는 것이 옳다. 보름달이 아무리 밝다 해도 기울어져 가는 비운(悲運)의 달이요, 초승달이 아무리 초라하다 해도 이는 향상(向上)을 눈앞에 둔 승자(勝者)의 운(運)인 것이니, 그러므로 보름달에 지나친 기대를 걸지 말라는 교훈을 남기면서 복덕운(福德運)을 맞이한 사람도 진정 보름달과 같은 이 비극적 잔운(殘運)에다 지나치게 기대를 걸지 말라는 이야기를 남기면서 복덕운(福德運)을 띄워 보내는 고별사(告別辭)를 삼을까 한다.

아무튼 인생은 마지막 행운의 지분(持分)을 분배받는 이 복덕(福德)의 운(運)을 어떻게 맞이하느냐에 따라 생(生)의 마지막 마무리를 잘하느냐 못하느냐의 승패가 걸려 있다고 해도 과언은 아닐 것이다.

자, 우리는 이제 생(生)의 변화주기 가운데 여섯 번째 맞이하는 복덕(福德)의 주기운(週期運)을 맞이함에 즈음하여 오로지 안심입명(安心立命)의 경지(境地)에서 담담하게 맞이하고 미련없이 보내야 할 것이다.

그리고 서서히 절명(絕命)의 종운(終運)을 기다릴 수밖에 없는 상황에 놓여 있음도 함께 절감해야 할 때가 온 것이다.

* 旼岡 註: 복덕운(福德運)에서 신규 사업은 주의해야 한다.

命 절명(絕命)

절명(絕命)은 생(生)의 종말(終末)이다. [생자(生者)는 필멸(必滅)이요 회자(會者)는 정리(定離)]란 고인(古人)의 말을 무심코 들었던 그때가 오히려 행복했는지도 모른다. 아무튼 절명(絕命)은 천지(天地)가 적멸(寂滅)의 고요 속에 잠겨 드는 정적(靜寂)의 세계일 뿐, 이제는 영영 이승에로의 환생은 불가능한 저 머나먼 세계인 것이다.

사람이 모체(母體)라는 상징적 토양(土壤) 속에서 태어나서 실제적인 흙 속으로 들어가는 적멸(寂滅)의 운(運)을 맞이한 것이다.

그러나 우리는 이 절명(絕命)의 운(運)을 마치 자신의 생명(生命)이 지금 절명(絕命)의 벼랑에 떨어진 것처럼 생각할 필요는 없다. 이것은 다만, 자신의 유년운로(遊年運路)가 절명(絕命)에 와 있다는 것뿐이니 실제로의 절명감(絕命感)은 실감(實感)하지 않아도 된다.

하지만 또 한편으로 생각할 때, 이 절명(絕命)의 운(運)이 자신의 명(命)을 앗아가는 경우도 있으므로 예의주시해야 한다.

흔히 절명운상(絕命運上)에서 인패(人敗) 재패간(財敗間)의 많은 패해(敗害)를 입는 예가 허다하므로 혹시라도 피안(彼岸)의 불구경쯤으로 돌리지나 말라는 뜻이다.

그렇다면 우리는 이 절명(絕命)이라는 비극적 운(運)을 어떻게 감당해야 할지가 문제인 것이다.

복덕(福德)이 결실의 운(運)이요 추수의 운(運)이었다면 절명(絶命)의 운(運)은 만물의 생장(生長)을 중단시키는, 마치 오뉴월의 된서리 같은 그런 상태의 운(運)을 말한다. 그러므로 절명운(絶命運)은 만사가 중도지폐(中途之廢)를 입는 대액운(大厄運)이다.

돌이킴도 뉘우침도 몸부림도 마음 부림도 아무런 소용이 없는, 이 생명(生命)의 25시적(二十五時的) 현장에 선 채로, 경건하고 조용하게 절명(絶命)의 운(運)을 맞이하기로 하자.

* 旼岡 註: 절명운(絶命運)에서는 돈도 나가고, 사람도 나갈 수 있다.

귀혼(歸魂)

귀혼(歸魂)은 원시반본(原始反本 *처음 출발한 근본 원점으로 되돌아옴)이요, 회광반조(回光返照 *해가 지기 전 잠깐 하늘이 밝아짐)의 귀천적(歸天的 *사람의 죽음) 종언(終焉 *존재가 끝남)이다. 이를 가리켜 선가(仙家)에서는 [만법귀종 무기래(萬法歸宗 戊己來)]라 했고, 또한 [생지종(生之終)은 사(死)요 사지종(死之終)은 생(生)이다] 라고도 했다. 여기에서 각, 도(道), 종가(宗家)의 생사관(生死觀)에 관해 예를 들어 보기로 하자.

먼저 선가(仙家)에서는 [생사일여(生死一如)]라 하여 생(生)과 사(死)를 분리하지 않은 채 한 가닥으로 연결시켜서 보는 견해를 가지고 있고, 또 기독교에서는 [영생(永生)]이라 하여 인간 본래의 선천적 기능과 예지본능(豫知本能)을 회복시켜 보려는 노력이 엿보인다. 끝으로 불가(佛家)에서는 [불생불멸(不生不滅)]이라 하여 오로지 사생간(死生間)에 초연함을 보여주고 있다.

이와 같이 귀혼(歸魂)은 죽음이 아닌, 죽음의 마무리 작업인 것이니, 여기에서 다시 우리는 [이사접생(以死接生)]이라는 대자연의 섭리적 묘미를 깨우치면서 조용히 귀혼(歸魂)을 맞이하자.

이 귀혼(歸魂)의 운상(運上)에는 대체로 변동수(變動數)가 잦게 일어나는 것이 특징이다. 먼저 거론할 것은 이사문제다. 어쩐지 가택(家宅)이 동(動)하여 주거문제가 먼저 거론된다. 그리고는 여타(餘他)의 부동산 매매건도 자주 일어나곤 하는 것이 귀혼운(歸魂運)의 특색이다.

이때에 이상 높은 안목으로 주거문제들을 잘 해결하고 잘 꾸려 나간다면 다음의 절처봉생(絕處逢生)의 호운(好運)을 맞이할 수 있을 것이다.

실제로 여차(如此)한 운(運)이 왔을 때 여러 가지 가정상(家庭上)의 문제들이 돌출사(突出事)로 떠오르지만, 그러나 그것이 반드시 좋게만 해결되는 것은 아니다. 그 원인은 오직 문(門)의 길흉(吉凶) 여부에 달려 있는 것이다.

문(門)이 길(吉)하면 복(福) 받을 변동이 따르고, 문(門)이 흉(凶)하면 변동 뒤에 무수한 액운(厄運)이 따르게 되어, 결국에는 그로 하여금 집안이 망(亡)하는 수도 있다.

* 旼岡 註: 흉문(凶門)의 귀혼(歸魂)운에서 만난 사람과는 이별수가 발생할 수 있다.

* 眅岡 註:
[일명(一名) 생기복덕(生氣福德) 기법(起法) : 팔괘(八卦)]

손하절(巽下絶) ☴	이허중(離虛中) ☲	곤삼절(坤三絶) ☷
진하련(震下連) ☳		태상절(兌上絶) ☱
간상련(艮上連) ☶	감중련(坎中連) ☵	건삼련(乾三連) ☰

라. 팔장론(八將論)

구성(九星)이 명궁(命宮)의 수직신장(守直神將)이라면 팔장(八將)은 팔괘상(八卦上)의 수직신장(守直神將)이다. 그러나 그렇다고 해서 팔장(八將)이 아무런 역할을 안 하는 것도, 못하는 것도 아니다. 오히려 팔장(八將)은 주명(主命)의 내면적인 성격을 형성하는 데 깊은 영향을 끼치기도 하는 것이다. 다음은 팔장신(八將神)에 관한 해석이다.

| 直 | **직부**(直符) : 목(木)

직부(直符)는 귀신(貴神 *귀인의 신장)이며 만신(萬神)의 영수(領袖 *우두머리)로서 직부(直符)가 이르는 곳에는 백악(百惡)이 소산하(消散河)고 만신(萬神)이 자복(自服)하니 참으로 귀신(貴神)이다. 그러므로 명궁(命宮)에 직부(直符)가 있는 사람은 귀인(貴시)의 품격(品格)으로 점잖고 일체의 행위가 은중(隱重)하여 만인(萬시)의 신망과 존경을 받기에 손색이 없다.

그러나 비록 명국(命局)에 직부(直符)를 띠었다 할지라도 실격자(失格者)는 일생을 덧없이 보내야만 한다.

직부(直符)는 동방(東方)의 목신(木神)으로서 춘절(春節)에 태어나야만 시령(時令)에 부합(付合)이 되고, 또 관록궁(官祿宮)이 좋아서 관고(官高) 현달(顯達)할 사람이라야 부귀(富貴)를 누릴 수가 있고, 불연자(不然者 *관을 못 만난 자)는 불발(不發)이다.

* 旼岡 註: 여성의 명궁(命宮)에 직부(直符)를 만나면 사회생활을 하는 것이 좋다.

蛇 **등사**(螣蛇) : 화(火)

등사(螣蛇)는 동남방(東南方) 사화(巳火)의 정(精)으로서 구독(口毒)하고 독살(毒殺)스러워 남을 비방하기를 좋아하고 매사를 방해하기에 여념이 없는, 그런 사악한 신(神)으로 통한다.

그러므로 명궁(命宮)에 등사신(螣蛇神)을 만난 사람과 더불어 교섭을 하거나 거래를 할 적에는 먼저 상대방의 의중이 진실하지 못함을 간파하고서 대응해야 하며, 또 등사신(螣蛇神)을 명궁(命宮)에 지닌 사람은 이러한 속성에서 벗어나기 위해 각별히 수양(修養)하고 노력한다면 후천적으로 어느 정도 나쁜 속성은 개조가 되어 다만 근저(根底 *사물의 기초)에만 남을 뿐으로, 행동면으로나 언행으로 표면에 나타나지는 않을 수도 있다.

그러나 한편 등사신(螣蛇神)의 기질을 타고난 사람은 경쟁심이 강하고 남에게 지기를 싫어하므로 언제나 남에게 뒤질세라 저어한 나머지 부단히 노력하고 꾸준히 전진함으로써 자신의 목적을 성취하는 사람이니, 때론 입지전적(立志傳的) 인물로 성공사례를 남기는 경우도 있다. 이러한 점은 오히려 마음만 좋고 우유부단하여 일생에 단 한 가지도 이루지 못하고 세월만 허송한 사람보다야 낫지 않은가 말이다.

다만, 등사(螣蛇)의 속성이 갖는 결정적인 결함은 대인관계에서 감정의 형평(衡平)이 이루어지지 않는다는 점이다.

가령, 자신한테 호감을 나타내거나 잘해 주는 사람에게는 입속에 든 것도 꺼내 줄 정도로 과잉친절을 베풀지만, 반대로 조금이라도 자신의 비위를 거슬리게 한다거나 기분에 들지 않는 사람에게는 진종일 씹어대도 한이 안 찰 만큼 헐뜯고 흉보고 트집잡곤 하는 그런 병적인 편향성(偏向性)을 갖는 게 특질(特質)이다.

그런가 하면 또 어느 일면(一面)에서는 자기성찰(自己省察)도 부단히 할 줄 아는, 참으로 어이없는 이중성격자(二重性格者)가 곧 등사신(螣蛇神)의 속성을 타고난 사람이니 파행적(跛行的 *균형이 잡히지 않은)인 인간성의 소유자다.

그러나 명운상(命運上)에서가 아닌 운로상(運路上)에서 차(此) 신(神)을 만난 사람은 먼저 남의 간계(奸計)에 말려들지 않게 조심해야 하고, 구설(口舌)과 시비(是非)에 휘말리지 않게 매사를 명명백백하게 처신함이 액운(厄運)을 피할 수 있는 첩경(捷徑)이다.

특히 남자에게는 여난(女難)에 휘말릴 우려가 있고, 여자에게는 간정(姦情)으로 가정파탄이 일어날 수도 있다.

* 旼岡 註: 등사(螣蛇)는 방송계 등, 사교성을 필요로 하는 분야에서는 탁월한 친화력이 있다.
* 旼岡 註: 말을 많이 하는 일을 직업으로 삼으면 구독(口毒)한 면모가 어느 정도 완화될 수 있다.

陰 태음(太陰) : 금(金)

태음(太陰)은 서방(西方) 금신(金神)으로 숙살(肅殺)의 창검(槍劍)을 휘두르면서 파사(破邪 *사도를 타파함) 현정(顯正 *올바른 법리를 실천함)을 구현하기에 여념이 없는 정의로운 신장(神將)이다. 그러므로 차(此) 신장(神將)의 성정(性情)은 냉혹하리만큼 침착하고 예리하여서 진실을 파헤치기에 급급하고 불의(不義)와는 추호도 타협하지 않는 의로운 신(神)의 대명사로 통한다. 명국(命局)에 태음(太陰)을 가진 사람은 이와 같은 기질을 다분히 간직하고 있긴 하지만, 그렇다고 꼭 태음(太陰)의 성정이 그대로 나타나는 것이 아니라 길흉(吉凶)의 성정 간에 모두가 잠재적인 요인으로만 작용하면서 근저(根底)에 숨겨져 있는 게 사실이다.

또 여차(如此)한 성정이 많이 나타나고 적게 나타나는 것도 명궁(命宮)의 청탁(淸濁)에 따라 달라지고, 금기(金氣)가 왕(旺)한 자와 약(弱)한 자에 따라서도 차이가 난다.

태음신(太陰神)을 용사(用事)에 응용(應用)하려면 먼저 관송(官訟)이나 사송(詞訟)에 관해서인데, 이때에 태음신장(太陰神將)이 해당 용신상(用神上)에 나타나면 정의(正義)의 사도(使徒)라 불리므로 재판(裁判)은 사필귀정(事必歸正)이다.

하지만 반작용도 만만치 않다. 즉, 실격(失格)의 태음(太陰)을 만났을 때는 간계(奸計)를 부리고 사실을 은폐하기가 일쑤여서 진실을 규명하기에 어려움을 겪게 되고, 권모술수의 농간을 부려서 상대방을 궁지에 몰아넣기도 하기 때문이다.

단, 여인에게는 태음(太陰)을 흉(凶)하게 보니, 이는 사간(私姦)이나 사통(私通)으로 간주되어 음사(陰邪)로 보기 때문이다. 다만 재물궁(財物宮)의 태음(太陰)은 길(吉)로 보아서 성취(成就)라 하고, 구관(求官 *관을 구함)이나 구명(求名 *명성을 구함)에서도 길(吉)로 작용한다.

또한, 태음(太陰)은 육합(六合) 구지(九地) 등과 함께 삼은신(三隱神)에 속하여, 길문(吉門)과 삼기(三奇)를 함께 만나면 이를 입격(入格)이라 하여 크게 길(吉)한 것으로 본다. 그러나 삼은신(三隱神)이 실격(失格) 시에는 한갓 파행자(跛行者)에 불과하다.

* 旼岡 註: 태음(太陰)은 비밀유지를 필요로 하는 일에 좋다.
* 旼岡 註: 지략가로서의 재능을 보이기도 한다.

合 육합(六合) : 목(木)

육합(六合)은 화합과 타협의 신(神)이요, 조화(調和)의 명수다. 그래서 혼사(婚事)에서는 육합(六合)을 매파(媒婆)로 본다. 남녀 없이 명궁(命宮)에 육합(六合)을 만난 사람은 사교성이 뛰어나고 붙임성이 있다. 매사를 긍정적으로 감수(感受)하며 낙천적인 기질을 가지고 있어 언제나 그 성격은 밝고 명랑하다. 그리고 어려운 현안문제(縣案問題)에 부딪히거나 상대자와의 불협화음이 발생했을 때는 기꺼이 해결사 노릇이나 중재자 역할도 자처한다.

육합(六合)이 명궁(命宮)에 앉았거나 관록궁(官祿宮)에 앉은 사람들의 합당한 직업을 부과한다면 크게는 외교관(外交官), 작게는 해결사(解決士)나 조정관(調整官) 등이 최적격(最適格)일 것이다.

그러나 육합신장(六合神將)에게도 부정적인 측면이 있다. 그것은 곧 육합신(六合神)의 변득술이다. 따뜻한 인정을 풍기는 뒷면에는 싸늘한 냉소가 숨겨져 있고, 화사하게 웃는 그 입 언저리에는 서릿발 같은 독소(毒素)가 감추어져 있는 게 육합신장(六合神將)의 이중성이다.

마치 손으로는 환희의 찬가를 연주하면서도 입속으로는 장송곡의 만가(輓歌)를 부르는 듯한 이러한 육합(六合)의 양면성은 어쩌면 직업 외교관으로서의 자질을 나타내는 호재(好才)일는지는 몰라도, 개인 대 개인의 신뢰를 바탕으로 한 사회생활 면에서는 극단의 개인주의나 집단 이기주의로 변신할 우려가 다분하기 때문에 경계해야 할 대상이 아닐 수가 없다. 더욱이 곤명(坤命 *여성)의 육합자(六合者)는, [추성(醜聲 *남녀 사이의 추잡한 소문)이 파급만리(波及萬里)로되 수치(羞恥)를 모른다]라는 말이 전해 오듯, 육합(六合)은 또한 음란(淫亂)의 여신(女神)으로도 통(通)해져 있는 게 사실이다. 그러나 이러한 평결(評決)들은 형평성을 잃은 자못 여성경시적(女性輕視的) 풍조 속에서 조성된 합당하지 못한 편견임을 밝혀 둔다.

왜냐하면 이 세상에 어디 바람피우는 족속이 여자뿐이겠으며, 또한 바람 피운다고 해서 모두가 육합(六合) 대명(帶命)의 소유자이겠느냐 말이다.

아무튼 육합(六合) 대명자(帶命者)가 무정소의(無情少義 *정이 없고 의리가 적음)한 경우는 허다(許多)하므로 거짓 친절에 넘어가지 말아야 한다는 경고용 선언쯤은 하고 넘어가야 할 줄 안다.

태음조(太陰條)에서와 같이 육합(六合)도 삼은신(三隱神)이라 하여 문(門), 기(奇)를 공득(共得)하면 천상선인(天上仙人)과 다를 바가 없다 하므로, 이러한 경우를 입격자(入格者)라 이르는 것이다.

* 旼岡 註: 육합(六合)은 사람을 상대하는 일에 좋다.

陳 **구진**(勾陳) : 토(土)

구진(勾陳)은 중앙(中央)의 토신(土神)이다. 그의 성정(性情)은 암매(暗昧 *사리에 어두움)하고 음험(陰險)하여 실체가 불명(不明)한데다 매사 하는 일이라고는 심술을 부려 사람을 괴롭히는 일이니, 곧 인신(人身)을 구검(拘檢)하고 책벌(責罰)을 가(加)하는 그런 악행뿐이다. 그러므로 전형적인 흉신(凶神)에 속한다. 그러기에 할 수 있는 일이라고는 형사피의자(刑事被疑者)나 죄인(罪人)을 구검(拘檢)하고 책벌(責罰)하는 경찰이나 형리(刑吏) 등이 고작이고, 그 이외의 쓰이는 일은 없으니 되도록이면 나타나지 않는 게 위하는 일이 된다.

하지만 구진(勾陳)이 명궁(命宮)에 들고 입격(入格)을 한 사람은 또 다르다. 이때는 구진(勾陳)이 갖는 일반적인 속성과는 달리, 사람이 은인자중(隱忍自重 *마음속에 감추어 참고 견디면서 몸가짐을 신중하게 행동함)하고 매사에 신중하여 그야말로 남자 중에 가장 남자다운 호쾌남(好快男)이 될 수가 있다. 여기에 관록궁(官祿宮)이라도 길(吉)하고 보면 관고현달(官高顯達 *높은 관직을 얻고 입신 출세함)도 물론 기대할 수가 있다. 그러므로 애당초 직업을 경찰이나 군인 등 인신구속(人身拘束)을 본(本)으로 삼는 그런 쪽으로 나가는 것이 적격(適格)하고, 또 유년운로(遊年運路)나 당년운상(當年運上)에서 구진(勾陳)을 만났을 때는 관재(官災)를 겪을 수가 있으나 가벼우면 구설(口舌)을 겪는다.

雀 주작(朱雀) : 화(火)

주작(朱雀)은 남방(南方) 오화(午火)의 정(精)으로 하늘을 총괄하는 사천(司天)의 직(職)을 맡은 위엄(威嚴)의 신(神)이며, 또한 남방(南方)의 방위(方位)를 표징(表徵)하는 대표적 신장(神將)이다. 주작(朱雀)은 또한 문물을 상징하기에 문명의 위업을 상징하고, 한편으로는 여행을 주관하기도 한다.

[명궁(命宮)에 주작(朱雀)을 봉(逢)한 자(者)는 문장(文章)이 밝아 한림학사(翰林學士)가 되기에 넉넉하다]라고 했듯이, 명궁(命宮)에 주작(朱雀)을 봉(逢)한 자는 문장을 구사하는 능력이 뛰어나서 문명(文名)으로서 일세를 풍미하기에 넉넉하다.

하지만 주작신(朱雀神)에게도 안 좋은 측면이 있어 반드시 좋은 점만 나타나는 게 아니다. 첫째 구독(口毒)하여 오나가나 입이 화근(禍根)으로 구설(口舌)을 뒤집어쓰기도 하고 화란(禍亂)을 겪기도 하니, 그러기에 [구설화란(口舌禍亂)은 칠화(七火) 상(上)]이라고 했다.

* 旼岡 註: 연운(年運)에서 만난 주작(朱雀)은 구설(口舌)을 주의해야 한다.

虎 **백호**(白虎) : 금(金)

　백호(白虎)는 서방(西方)의 금신(金神)으로서 숙살(肅殺)을 전담하며, 음둔국상(陰遁局上)에 나타나 양둔국(陽遁局)의 구진(勾陳) 대용(代用)으로 쓰인다. 그러나 백호(白虎)는 살신(殺神)으로서 성정(性情)이 아주 고약한 악(惡)의 화신(化身)이다.

　이 희대(稀代)의 살신(殺神)이 주관하는 일이란 질액(疾厄)과 사상(死喪), 그리고 상해(傷害)와 파괴(破壞), 화란(禍亂)과 이별(離別) 등이다. 주로 인간사(人間事)에서 비극적인 요소만 맡아 전사(專司)하는 악취미(惡趣味)의 백호신(白虎神)은 붙는 자리마다 흉사(凶事)뿐이며, 더욱이 이 살신(殺神)이 주관하는 영역은 넓고도 넓어서 멀리 전 지구상의 도로망까지도 관장하고, 여행자의 일거일동(一擧一動)을 감시하면서 안위까지도 간여(干與)하고 있을 정도다.

　명궁(命宮)에 백호(白虎)를 띤 자는 성정이 흉폭스럽고 비정서적(非情緖的)이며 비논리적(非論理的)이다. 그러므로 매사를 비이성적(非理性的)인 물리적 방법으로 처리하려 든다. 단, 입격자(入格者)는 정의(正義)의 투사(鬪士)가 되기도 한다.

* 旼岡 註: 역마(驛馬)가 있는 백호(白虎)는 교통사고를 주의해야 한다.

武 **현무**(玄武) : 수(水)

　현무(玄武)는 북방(北方) 수신(水神)으로서 방위(方位)의 수호신(守護神)이 되기도 한다. 특히 음택(陰宅)에서는 좌처(坐處)의 수수(守數)로서 사세(四勢)에 해당한다.

　하지만 기문명리(奇門命理)에서는 이를 도신(盜神)으로 규정하므로 길신(吉辰)이 못 된다. 만약 도적을 만났을 때는 현무(玄武)

의 소재처를 찾아서 추적을 하면 포착이 가능하다는 판단을 내리기도 한다.

도심(盜心)은 본래 영리한 사람이 불로소득을 도모하는 데서 발단되는 것이니, 북방(北方) 수(水)는 그 속성이 지(智)를 상징하므로 이는 곧 영리함과 표리관계(表裡關係)라 하겠다.

같은 수(水)라 할지라도 왕약(旺弱)과 청탁(淸濁)에 따라 그 작용이 각이(各異)하다. 그러므로 명궁(命宮)에 수기(水氣)가 청정(淸淨)한 사람은 지혜(知慧)로 승화(昇華)가 되지만, 반대로 수기(水氣)가 태왕(太旺)한데 조화(調和)를 이루지 못하면 이때에는 우둔(愚鈍)한 쪽으로 기울게 된다. 이와 반대로 수기(水氣)가 태약(太弱)한데 부조화(不調和) 상태라면 이때는 전적으로 영리한 쪽으로만 기울어지고 마는 것이니, 이러한 경우를 가리켜 실격(失格)이라 한다.

그러나 현무(玄武)가 명궁상(命宮上)의 재궁(財宮)에 들 때는 대발(大發)하지만, 유년상(遊年上)이나 연운상(年運上), 또는 재점(財占)을 칠 때는 현무(玄武)를 도신(盜神)으로 보게 되므로 이때는 도둑을 경계하지 않으면 안 된다.

* 旼岡 註: 연운(年運)에서 만난 실격의 현무(玄武)는 도둑을 주의해야 한다.

地 구지(九地) : 토(土)

구지(九地)는 유장(幽藏 *깊이 감춰짐)하면서 아득히 깊은 곳을 가리킨다. 태음(太陰), 육합(六合)과 함께 삼은신(三隱神)의 하나로서 문기(門奇)를 득(得)하면 입격(入格)이라, 최대(最大)의 길신(吉神)으로 화변(化變)한다. 그러나 구지(九地)가 설령 입격(入格)을 못했다 할지라도 여타(餘他)의 흉신(凶神)처럼 전흉(全凶)의 신(神)으로 떨어지지는 않는다. 또한 흉(凶)도 길(吉)도 모두가 제한적인 것으로 나타난다.

먼저 길(吉)을 거론하자면 주객(主客) 간의 동정(動靜)에 있어서는 이주 객해(利主 客害 *가만히 있는 자는 이롭고 움직이는 자는 해롭다)라 평하므로 거동(擧動) 일체(一切)는 불리하고, 정수(靜守 *고요히 지킴)면 위길(爲吉 *길을 위함)인 고로 주(主)에 한해 길(吉)하다. 말하자면 구지(九地)가 나타났을 때는 거동 일체가 불리하므로 이를 기(忌 *꺼리다)하라는 뜻이 된다.

조가(釣歌)에서도 이르기를 [부선수자(夫善守者), 정어구지지하(靜於九地之下)]라 했다. 기문병법상(奇門兵法上)에서도 구지지하(九地之下)에서는 오직 방어만이 최상임을 말한 것이다.

또 구지지하(九地之下)에서 길(吉)한 대목은 매장(埋葬)과 취재(聚財), 그리고 은둔(隱遁), 차폐(遮蔽)나 비밀결사(秘密結社) 등에 속하니, 이러한 용사(用事)는 구지지하(九地之下)가 최적지(最適地)다.

즉, 재(財)를 거둬들이는 일과 일신상(一身上)의 위험이 닥쳤을 적에 이를 피하거나 몸을 숨기는 일이며, 그리고 장례(葬禮)를 거행할 때는 역시 구지지하(九地之下)가 최적지(最適地)라는 뜻이다.

그러나 부정적인 측면도 만만치는 않다. 그 예를 들자면 먼저 병점(病占)을 쳤을 때에 구지(九地)가 명궁(命宮)이나 일간(日干), 또는 시간궁(時干宮)에 나타나면 사망(死亡)이라 단(斷)하니, 구지(九地)는 땅속 깊은 곳을 가리키기 때문이다. 또 출행시(出行時)에도 구지(九地)를 보면 함정에 빠져들거나 모함에 걸려들 우려가 있고, 아니면 실로(失路 *길을 잃다)의 위험도 없지 않다.

인품을 논할 적에는 명궁(命宮)에 구지(九地)가 든 사람은 우선 무게가 있고 침착하며 또한 과묵하여 남자로서는 만점이지만, 그러나 너무 지나치게 신중하여서 결정적인 기회를 놓치는 수가 있고, 또 자신의 속마음을 전혀 나타내 보이지 않음으로써 대인 관계도 원만하지 못함은 물론이고, 사교적 면에 있어서는 타(他)의 경원(敬遠)을 자초하기가 일쑤여서, 그 점이 곧 결점이다.

* 旿岡 註: 흉운(凶運)의 구지(九地)는 죽음을 나타내기도 한다.

구천(九天) : 금(金)

구천(九天)은 하늘 끝까지라, 극원(極遠 *극히 멂)함을 가리킨다. 구지(九地)가 호정적(好靜的 *고요함을 선호)인 신장(神將)이라면 구천(九天)은 이와는 정반대로 호동적(好動的 *움직임을 선호)인 신장이다. 구천신(九天神)의 성정(性情)은 매사에 행동적이고 적극적이어서 잠시도 머무름을 싫어하는 극성(極性)투성이의 신장(神將)이기도 하다.

조가(釣歌)에서도, [부선공자(夫善攻者)는 동어구천지상(動於九天之上)]이라고 했으니, 말하자면 구천(九天)과 구지(九地)는 다 함께 기문전법(奇門戰法)에서 공수(攻守) 양면작전(兩面作戰)에 주효(奏效)하게 인용(引用)되었음을 알 수가 있다.

구천(九天)은 우선 성정이 거칠고 지나치게 행동적이어서 매사를 저질러 놓고 보는 저돌 맹진형(猪突 猛進形)의 신장(神將)이다.

그래서 명궁(命宮)에 구천(九天)을 만난 사람은 성질이 불과 칼 같고 날렵하기가 표범과 같아서 언뜻 접근하기가 힘들지만, 그러나 사귀고 보면 가장 화끈하고 의리 있는 사나이라 스스로 평을 내릴 것이니, 이 점이 곧 구천(九天)의 잠재적 본질이다.

용사(用事)에서는 우선 공세(攻勢)에 치중함이 이상적이므로 기업 경영면에서는 시장개척이나 사세확장(社勢擴張) 등의 청신호로 작용한다. 그러므로 매사를 기대(期待)보다는 진취적 행동에다 역점(力點)을 두는 편이 최의(最宜)한 방법이라 하겠다.

* 旼岡 註: 실격(失格)의 구천(九天)은 고집불통이 되어 매사를 독단적으로 처리하려 든다.

제7절 (第七節)
격국론 (格局論)

제7절(第七節) 격국론(格局論)

가. 72국(七十二局)

72국(七十二局)은 황석공(黃石公)의 신책(神策)으로서 황석공(黃石公)[행병응험신부경(行兵應驗神賦經)]이라는 제명(題名)으로 전해 오고 있다. 그러나 이는 모두 고대(古代)의 전쟁(戰爭)에서 쓰던 신술비책(神術秘策)들로서 현대인의 생활에는 한갓 상징적인 의미만을 가(加)해 줄 뿐 별로 활용성이 없어, 본고(本稿)에서는 생략한다. 이에 대해 알고자 하면 동기정해 1권(東奇精解 一券)에 설명이 되어 있으니 참고하기 바란다.

* 旼岡 註: 외격(外格)은 부록(318쪽)에 추가하였으니 참고 바람.

나. 48격(四十八格)

사십팔격(四十八格)은 강태공(姜太公)의 비책(秘策)이지만 이도 역시 현대인들한테 총체적으로 소요되는 부분은 아니기에 부분적으로 뽑아서 설명하기로 한다.

① 길격(吉格) 해설(解說)

사십팔격(四十八格) 가운데 길격(吉格)은 본시 십사격(十四格)뿐이지만 이것도 동기정해(東奇精解)에 전조(全條)가 수록되어 있기로, 본장(本章)에서는 그 중요한 대략(大略)만을 골라서 해설하기로 한다.

戊 **청룡회수격**(青龍回首格)
丙 갑가병(甲加丙)을 말한다. 그러나 실제로는 무가병(戊加丙)으로 나타난다. 이를 갑가병(甲加丙)으로 읽는 이유는 시주(時柱) 순수(旬首)가 갑자순중(甲子旬中)에 떨어졌을 때는 갑자(甲子) 무(戊)는 곧 육갑(六甲)인 갑자(甲子)가 되기 때문이다. 또 일명 군신회좌(君臣會座 *임금과 신하가 모여 앉음)라고도 하니 귀인(貴人)을 만나고 관직(官職)에 나아가는 일에 길(吉)하고, 여타(餘他) 제반용사(諸般用事)에도 모두 응하므로 대길격(大吉格)에 속한다.

丙 **비조질혈격**(飛鳥跌穴格)
戊 비조질혈격(飛鳥跌穴格)은 천반(天盤) 병기(丙奇)가 지반(地盤)의 갑자 직부상(甲子 直符上)에 앉는 것을 말한다. 이때에도 소모지사(所謨之事)가 모두 순성(順成)이지만 그 가운데서

특히 재물(財物)을 구하는 일이 제일 우선으로 응(應)한다. 여타(餘他) 용사(用事)에도 두루 길(吉)로 응(應)하지만 아무래도 차격(此格)의 대표적 응험(應驗)은 구재(求財)에 있다.

삼기득사격(三奇得使格)

천상을기(天上乙奇)가 갑술직부상(甲戌直符上)에 앉고, 천상병기(天上丙奇)가 갑자직부상(甲子直符上)에 앉고, 천상정기(天上丁奇)가 갑진직부상(甲辰直符上)에 앉는 때를 가리켜 삼기득사(三奇得使)라 한다.

이는 현군(賢君)이 덕망 있는 인재(人材)를 만나 선정(善政)과 덕치(德治)를 베푸는 것을 말한다. 그러므로 이 격(格)은 주객(主客)간의 화합(和合)을 도모하는 데 주효(奏效)하다.

가령, 산업현장에서 노사(勞使)가 단합대회를 열고자 할 때 이 격(格)이 떨어지면 노사단합(勞使團合)에 좋은 결실을 맺을 수가 있을 것이다.

또, 구직자(求職者)나 구인자(求人者)도 이 격(格)을 만났을 때는 적재적소(適材適所)로 주객(主客)이 맞아떨어지는 만족한 결과를 볼 수 있을 것이다.

삼기귀인승정전격(三奇貴人陞正殿格)

	丙·	
乙·		丁·

ㄱ. 을기귀인승정전격(乙奇貴人陞正殿格)
- 천상을기(天上乙奇)가 진궁(震宮)에 앉으면 을묘귀인(乙卯貴人)이 정전(正殿)에 오른 격(格)이 되고,

ㄴ. 병오귀인승정전격(丙午貴人陞正殿格)
- 천상병기(天上丙奇)가 이궁(離宮)에 앉으면 병오귀인(丙午貴人)이 정전(正殿)에 오른 격(格)이 되고,

ㄷ. 정기귀인승정전격(丁奇貴人陞正殿格)
- 천상정기(天上丁奇)가 태궁(兌宮)에 앉으면 정유귀인(丁酉貴人)이 정전에 오른 격이 된다.

 삼기귀인(三氣貴人)이 정전(正殿)에 오르게 되면 이때는 구관(求官)이나 구명(求名)에 관한 청탁을 함에 효험이 있고, 승진(昇進)이나 영전(榮轉 *더 높은 직위로 올라감) 등 관록(官祿)에 관한 일은 모두가 응(應)한다. 특히 귀인(貴人)의 소명(召命)을 받는다.

삼기상길문격(三奇上吉門格)

길문(吉門)	삼기(三奇)
開　休　生	乙　丙　丁
·　·　·	·　·　·

　을병정(乙丙丁) 삼기(三奇)가 개(開) 휴(休) 생(生) 삼길문(三吉門)을 만남이니, 이를 가리켜 유문유기(有門有奇)라 한다. 조가(釣歌)에 이르기를, 유문(有門)에 무기(無奇)는 가용(可用 *쓸 수 있음)이지만, 유기(有奇)의 무문(無門)은 물용(勿用 *쓰지 않음)이라 했다. 하나의 길(吉)을 100%로 볼 때, 유문(有門)의 무기(無奇)는 70%의 이익을 득(得)할 수도 있고, 유문(有門)의 유기(有奇)면 약 80%의 이익을 득할 수가 있다.

　그러나 100%의 이익을 득하려면 결국 삼은신(三隱神)의 음조(陰助)가 필요하다. 결국은 유문유기(有門有奇)의 삼은신(三隱神)을 봉(逢)했을 때 비로소 100%의 이익을 득하게 된다.

　삼은신(三隱神)은 팔장(八將)의 신장(神將)으로서 태음(太陰), 육합(六合), 구지(九地) 등의 음신(陰神)을 가리킨다. 그러나 인간사에 있어서 만족도, 만점(滿點)도, 그리고 최선의 결과도 있을 수가 없고 보면 소성(小成)에라도 만족할 줄 알아야 하고, 최선이 아닌 차선의 결과, 때로는 삼선(三善)의 결과에도 승복(承服)할 수 있는 마음의 여유가 정녕 필요한 것이다.

옥녀수문격(玉女守門格)

문(門)	기(奇)
生 ·	丁 ·

원의(原意)는 직사상(直使上)에 정기(丁奇)가 임(臨)함이니 육정옥녀(六丁玉女)가 영문(營門)을 수호(守護)함이라, 이때에는 어떠한 적군(敵軍)의 침투(浸透)도 적도(賊徒)의 잠입(潛入)도 불가(不可)함이니, 그야말로 집을 지키는 데는 최길(最吉)의 묘책(妙策)이라 할 수가 있겠다. 특히 여름철 휴가 시에는 차격(此格)에 해당하는 날을 잡아서 휴가를 떠난다면 도둑맞을 염려는 아예 없을 터이니 이보다 좋은 방법이 어디 있겠는가 말이다.

하지만 우리 동국기문(東國奇門)에서는 생문궁(生門宮)의 천반육의(天盤六儀)가 육정옥녀(六丁玉女)였을 때를 가리켜 옥녀수문격(玉女守門格)이라 하니, 그 의미와 작용은 전자와 다를 바가 없다.

② **흉격해설**(凶格解說)

흉격(凶格)은 34격(三十四格)에 달(達)하지만 그중에서 생활상(生活上)에 많이 반영되는 중요한 부분만 추려서 설명한다. 인생사(人生事)는 본시 흉다(凶多) 길소(吉小)라, 격(格) 또한 길(吉) 14에 흉(凶) 34로 이를 말해 준다.

패란격(悖亂格)

패란격(悖亂格)은 육병(六丙)이 사간상(四干上)에 나타나거나 사간(四干)이 육병상(六丙上)에 나타남을 말하며, 또 직부상(直符上)

에 육병(六丙)이 앉거나 육병(六丙)이 직부상(直符上)에 앉아도 패란격(悖亂格)이 된다.

패란격상(悖亂格上)에서는 위계질서(位階秩序)가 문란해지는 일종의 역모(逆謀)나 반란(反亂)의 시기가 옴을 말한다.

그러므로 자신의 명운상(命運上)에서, 또는 연운상(年運上)에서 이러한 운(運)을 만난 사람은 먼저 수하(手下)에 대한 단속을 단단히 해야 할 것이다.

예를 들어, 자기 회사의 임직원이 타 회사로 스카웃되어서 빠져나간다든가, 아니면 종업원이 뛰쳐나가서 같은 업종의 점포를 인근거리에 차려 놓고 고객을 뺏는다든지 하는 등의 일이며, 또한 노조(勞組)를 결성해서 업주(業主)를 괴롭히는 일도 있을 수가 있다.

또 가정 내에서의 일이라면, 자식이 부모의 뜻을 어기고 큰일을 저지르거나 하는 등, 여하간 수하(手下)에 관한 일들이 집중적으로 일어나는 운(運)이 곧 패란격상(悖亂格上)의 응(應)이다.

천망사장격(天網四張格)

사간(四干)이 육계상(六癸上)에 놓이거나 육계(六癸)가 사간상(四干上)에 놓일 때를 말하니, 이때는 한마디로 천지(天地)가 적막이라 하고, 주객(主客) 동정(動靜)을 살펴볼 적에는 객(客)은 일체 거동이 불가(不可)하고 주(主)는 오히려 이익을 득(得)할 수도 있다. 조가(釣歌)에 이르기를, [천망사장무주로(天網四張無走路), 일이망저유로통(一二網低有路通)]이라 하여 저궁(低宮)의 천망(天網)은 별로 두렵지 않음을 말해 주고 있다.

저궁(低宮)의 천망(天網)은 일(一), 이(二), 삼(三), 사궁(四宮)에

쳐진 천망(天網)을 말하며, 고궁(高宮)의 천망(天網)은 육(六), 칠(七), 팔(八), 구궁(九宮)의 천망(天網)을 말하니, 천망사장(天網四張)의 운(運)에 이른 사람의 대처방법이란 단지 거동을 삼가는 일뿐으로, 즉, 경영일체를 중단하고 조용히 관망(觀望)하는 길만이 위기를 모면하는 첩경(捷徑)이 될 수가 있는 것이다.

그러나 인품(人品)의 고하(高下)를 논할 때는 저격(低格)의 사람은 저하(低下)하고 고격(高格)의 사람은 고상(高尙)하다고 평한다. 그 이외로 용사(用事)에 응용할 길이란 거의 전무(全無)한 상태다.

지망차폐격(地網遮蔽格)

사간(四干)이 육임상(六壬上)에 앉거나 육임(六壬)이 사간상(四干上)에 앉는 것을 말하고, 또 직부(直符)가 육임상(六壬上)에 앉거나 육임(六壬)이 직부상(直符上)에 앉는 경우도 역시 동격(同格)에 속한다.

그 작용은 천망(天網)과 대동소이(大同小異)하지만, 다만 다른 점이 있다면 천망(天網)이 하늘에 드리워진 그물이라면 지망(地網)은 땅위에 펼쳐진 그물이라는 점뿐이다. 또 다른 점은 천망(天網)은 높을수록 흉(凶)하고 지망(地網)은 낮을수록 흉(凶)하다는 사실인 것이다.

주객(主客)의 동정(動靜)을 논할 적에 양자(兩者)가 모두 객(客)이 불리하다는 사실도 유사점이다.

명궁상(命宮上)이나 유년운(遊年運), 또는 연운(年運)에서 차(此)운(運)을 만났을 때 이에 대응하는 방법과 자세는 천망(天網)의 경우와 동일하다.

시묘격(時墓格)

을해시(乙亥時)에 을기(乙奇) 입건(入乾)하고, 병술시(丙戌時)에 병기(丙奇) 입건(入乾)하고, 정축시(丁丑時)에 정기(丁奇) 입간(入艮)하고, 계미시(癸未時)에 육계(六癸) 입곤(入坤)하고, 임진시(壬辰時)에 육임(六壬) 입손(入巽)하면, 이 모두가 시묘격(時墓格)이다.

시묘격(時墓格)이 오면 만사(萬事)가 휴의(休矣)다. 무엇이든 도모하고 경영하는 일체가 다 영(零 *영세하다)으로 돌아가고 만다. 그리고 일절 출입 거동을 삼가야 하니, 이는 시간(時干) 입묘(入墓)의 경우와 유사한 재난을 겪게 되고, 또 삼기(三奇) 입묘(入墓)의 경우와도 같은 일이 벌어지기 때문이다.

박제화의격(迫制和義格)

사실, 화(和) 의(義), 양격(兩格)은 길격(吉格)에 속하지만 네 가지를 한데 묶어서 한 가지 격(格)을 만들었기 때문에 길흉(吉凶)이 언제나 붙어 나오게 되어 있다.

박격(迫格)은 문극궁(門尅宮)이고 제격(制格)은 궁극문(宮尅門)을 말한다. 화격(和格)은 문생궁(門生宮)을 말하고 의격(義格)은 궁생문(宮生門)을 가리킨다.

박격(迫格)과 제격(制格)이 비록 흉(凶)하다 하나, 박격(迫格)은 주(主)가 흉할 뿐 객(客)은 무흉(無凶)이며, 제격(制格)은 객(客)이 흉(凶)할 뿐 주(主)는 무흉(無凶)하다. 길문(吉門)이 박제격(迫制格)을 만나는 것이 흉문(凶門)이 화의격(和義格)에 떨어짐만 같지 못하다는 조가(釣歌)의 해설이 있듯, 비록 길문(吉門)일지라도 박격(迫格)이나 제격(制格)에 떨어지면 흉문(凶門)이 화의격(和義格)을 만남만 같지 못하다는 뜻이다.

복간격(伏干格) / 비간격(飛干格)

　육경(六庚)이 일간상(日干上)에 떨어짐을 복간격(伏干格)이라 하고, 일간(日干)이 육경상(六庚上)에 앉는 것을 비간격(飛干格)이라 한다. 이들 양격(兩格)은 모두 대흉(大凶)하다. 특히 이 격(格)의 운(運)을 만나면 형제가 함께 낙뢰(落雷)를 맞는다고 하니, 더불어서 행하는 공동행위나 동업관계, 또는 형제간에 나란히 거니는 일 등은 매우 위험하고 흉(凶)하다.

육의격형격(六儀擊刑格)

壬癸 · 戊 · 庚 ·	辛 ·	己 ·

　육갑(六甲) 직부(直符)가 바탕의 지지(地支) 사이에서 형(刑)을 작(作)하는 것을 말한다. 즉, 무(戊)는 갑자(甲子)인데 갑자(甲子)인 자(子)가 진방(震方)의 묘상(卯上)에 앉으면 자형묘(子刑卯)하여 형(刑)이 되고, 기(己)는 갑술(甲戌)인데 곤방(坤方)의 미토(未土) 위에 앉으면 술미상형(戌未相刑)이 되고, 경(庚)은 갑신(甲申)인데 간상(艮上) 인방(寅方)에 앉으면 신형인(申刑寅)으로 역시 형(刑)이 되고, 신(辛)은 갑오(甲午)라 이궁(離宮)의 오상(午上)에 앉으면 오오(午午)는 자형(自刑)이 되고, 임(壬)은 갑진(甲辰)이고 계(癸)는 갑인(甲寅)인데 각각 손궁(巽宮)의 진상(辰上)에 임(壬)이 앉으면

진진(辰辰) 자형(自刑)이 되고, 사상(巳上)에 계(癸)가 앉으면 인사(寅巳) 삼형(三刑)이 된다. 이렇게 육의(六儀)가 격형(擊刑)에 떨어질 때에는 거동 일체를 피해야 할 뿐 아니라 모든 동작은 머물러야 하고, 단 한 발짝도 나아가지 못하는 위험성을 안고 있어, 그야말로 전전긍긍하는 상태에서 지내야 하니 흉격(凶格)이라기보다는 참으로 두려운 상태의 격(格)이다.

조가(釣歌)에서도 [육의격형삼기묘(六儀擊刑三奇墓), 차시거동가탄구(此時擧動可憚懼)]라 했으니, 즉 육의(六儀)가 격형(擊刑)에 떨어지고 삼기(三奇)가 입묘(入墓)를 했을 때에 거동을 하게 되면 크나큰 두려운 일이 벌어진다는 뜻이 된다.

명궁(命宮)에서나 유년(遊年), 또는 연운상(年運上)에서 이 격(格)을 만났을 때는 일체의 전진을 지양(止揚)하고 사태를 관망하면서 사후대책을 숙고(熟考)한 끝에 매사를 신중하게 결정함으로써 태풍일과후(颱風一過後)의 정적(靜寂)을 기다려 기사회생(起死回生)을 도모해야 한다.

삼기입묘격(三奇入墓格)

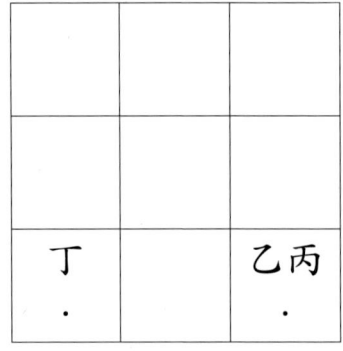

을기(乙奇)와 병기(丙奇)가 건궁(乾宮)에 도(到)하고, 정기(丁奇)

가 간궁(干宮)에 도(到)하면 각각(各各) 입묘(入墓)가 된다. 이때의 해설은 전조(前條) 육의격형(六儀擊刑)에서 밝혔듯이 엄청나게 흉(凶)하지만 천상(天上) 삼광(三光)이 빛을 잃은 상태라, 천지(天地)가 암흑으로 변함으로써 한치 앞도 구분이 불가능한 상태다. 그러므로 오직 침묵(沈黙) 속에서 정수(靜守 *조용히 지키다) 일변도(一邊倒)로 나가면 대란(大亂)은 물러가게 돼 있다.

오불우시격(五不遇時格)

이는 시간(時干)이 일간(日干)을 극(剋)하는 것으로서 일종의 모반행위(謀反行爲)에 속한다. 이의 형태는 양간(兩干)이 동처(動處)에 앉는 경우를 말하는데, 일명 [손광명(損光明)]이라 하기도 한다. 광명(光名)을 손(損)한다는 뜻은 자식(子息)을 잃는다는 말도 되므로 때에 따라서는 [상명지통(喪明之痛 *눈이 멀 정도로 슬프다는 뜻으로, 자손이 죽은 슬픔을 이르는 말)]을 겪을 수도 있다.

[용사수우시극일(用事須憂時剋日), 오불우시손광명(五不遇時損光明)]이라 하여 조가(釣歌)에서는 광명(光明)을 손(損)함을 강조(强調)한 것이니 용사전반(用事全般)에 걸쳐 흉(凶)이 응(應)함을 말한 것이다. 그러므로 차(此) 격상(格上)에서는 출행(出行)이나 거동(擧動)은 일체 금물인 동시에, 자손(子孫)에 관한 근심이나 수하(手下)에게 배신을 당하는 수가 있을 수 있고, 또 수하(手下)의 실수로 인해 책벌(責罰)이나 문책(問責)을 당하는 수도 있다.

庚	庚
癸	壬

대격(大格) / 소격(小格)

경가계(庚加癸)를 대격(大格)이라 하고 경가임(庚加壬)을 소격(小格)이라 한다. 또한 대격(大格)은 반음대격(返吟大格)이라 하고, 소격(小格)은 모산소격(耗散小格)이라 하기도 한다.

그러나 대격(大格)은 대인지명(大人之命)에게는 부귀발천(富貴發遷)이지만 소인지명(小人之命)에게는 풍전등화(風前燈火)다. 하지만 인격(人格)의 대소(大小)를 논할 때엔 대격(大格)의 사람은 국량(局量 *도량과 재간)이 넓고 큰 반면, 소격(小格)의 사람은 인품이 저소(低小)하고 졸렬함을 알 수가 있다. 단, 소격(小格)의 사람은 일시(一時)가 청빈(淸貧)하지만 소부(小富)는 가성(可成)이고, 대격(大格)의 사람은 매사를 확대지향적(擴大指向的)으로만 나가다가 실패를 거듭한다. 소격(小格)의 사람은 담력(膽力)이 약하므로 매사가 축소지향적(縮小指向的)이라 오히려 성공률이 높을 수도 있다.

乙辛 청룡도주격(靑龍逃走格)

을가신(乙加辛)을 말하니, 이는 재물(財物)이 손(損 *손해)함을 뜻한다. 그러므로 차격상(此格上)에서 무엇을 행(行)하고자 할 때는 돈을 미리 내보낸다면 도둑을 맞거나 손재(損財)를 겪는 일을 미리 피하게 될 수도 있는 것이다.

이러한 이치는 운세(運勢)를 역용(逆用)하는 방법인데 특히 흉운(凶運)일 경우에는 미리 액(厄)땜을 해둘 필요성이 있다. 즉, 삼년 고개 이야기처럼 한 번 넘어지면 삼 년밖에는 못 살지만, 그러나 여러 번 넘어지면 수(壽 *수명)를 연장한다는 고사(古事)를 원용(遠用)하는 이치도 되기 때문이다.

백호창광격(白虎猖狂格)
신가을(辛加乙)을 말하니 이를 가리켜 신망가파(身亡家破)라고 한다. 그러니까 몸 망치고 집안 망친다는 말이다.

하지만 양대격(兩大格: *청룡도주격과 백호창광격)이 꼭 확연하게 흉사(凶事)가 구분되어 나타나는 것은 아니다.

양격(兩格)이 모두 공통분모를 지니고 있어서 거의 두 가지가 동시에 일어나기도 하고, 또 경우에 따라서는 흉(凶)의 응사(應事)가 구분되어 일어나기도 한다.

이러나저러나 가장 조심해야 할 점은 교통사고이니 이로 인한 흉사(凶事)가 대부분이고, 더러는 경제적인 난관에 빠져서 헤어나지 못하는 경우도 무척이나 많다.

또 관재(官災)로 인한 인신구속(人身拘束)과 감방살이 등의 흉사(凶事)도 심심찮게 일어난다. 이 양대격(兩大格)은 34개의 흉격(凶格) 가운데 최대의 흉격(凶格)이니만큼, 이 격(格)이 닥쳤을 때는 여간 조심하지 않으면 안 된다.

특히 원행(遠行)을 삼가야 하고, 경제적인 문제에 관해서는 금전거래상에 허점이 없게 운용(運用)을 철저하게 해야 한다.

주작투강격(朱雀投江格)
정가계(丁加癸)를 말하니 참새가 연못에 빠진 형국(形局)이라, 먼저 감당하기 어려운 난처한 일이 일어나고 여난사(女難事)도 따른다.

또 관재(官災)나 사송(詞訟)도 일어날 수가 있고, 또 집안에서 사귀(邪鬼)가 발동하여 원인불명의 재난을 불러일으킬 우려도 없지 않다. 그러므로 치성(致誠)을 드리거나 사찰(寺刹) 등에 찾아가서 기도(祈禱)를 많이 하는 것도 액(厄)을 멸(滅)하는 방법 중의 하나다.

* 旽岡 註: 선가(仙家)에서 전해 오는 기문(奇門)의 우도(右道)에는 액운(厄運)을 소멸하는 옥추보경(玉樞寶經) 방편품(方便品)이 있다.

癸丁 등사요교격(螣蛇妖嬌格)

계가정(癸加丁)을 말한다. 주작투강(朱雀投江)과 대동소이(大同小異)하면서도 감도(感度)가 전자보다 훨씬 강하다. 운로(運路)에 이 격(格)을 만났을 때는 집안에 안택(安宅 *가택신에게 기원하는 방편)을 한 번 하는 게 좋다. 이 양격(兩格 * 주작투강격과 등사요교격)은 모두 뱀의 정화(精化)여서 요사스럽기가 이를 데 없다.

그리고 모든 일에 마(魔)나 사기(邪氣)가 끼어들지 못하게끔 집을 깨끗이 청소하고 신앙이 있으면 열심히 기도하는 것이 좋을 것이다.

丙庚 / 庚丙 형입태백격(螢入太白格) / 태백입형격(太白入螢格)

병가경(丙加庚)은 형입태백격(螢入太白格)이 되고, 경가병(庚加丙)은 태백입형격(太白入螢格)이 된다. 이 양격(兩格)은 모두 적래(賊來) 적거(賊去)의 기미(機微)를 포착하기 위해서 생겨난 격(格)이라 할 수가 있겠다. 즉, 전자가 적(賊)의 내의(來意)를 간파하기 위한 것이라면, 후자는 적(賊)의 퇴거(退去)를 살피기 위한 격(格)이다. 그러므로 양격(兩格)이 들어왔을 때는 반드시 도적(盜賊)의 침입이 있음을 생각해야 하고 이의 방지책을 강구하는 것이 가장 중요하다.

전격(戰格)

|庚|
|庚|

경가경(庚加庚)이니 쌍백(雙白)이 마주 부딪치는 게 꼭 마치 용호쌍박세(龍虎雙搏勢)라 하겠다. 주객간(主客間)에 모두 상처를 입고 피투성이가 되는 격(格)이다.

먼저 이웃이나 가까운 사이에 분쟁(紛爭)이 일어날 수가 있고, 관재(官災)도 물론 따를 수 있다. 명운(命運)에 이 격(格)이 있는 사람은 주객(主客)간에 언제나 불화쟁론(不和爭論)이 심하고 구설화란(口舌禍亂)도 끊이지 않는다. 또 부부간이나 형제간의 싸움도 자주 일어난다.

이 밖에도 거론할 만한 격(格)이 몇 가지 더 있지만, 그러나 생활면에 크게 부딪히는 것이 못 되므로 생략한다.

* 旼岡 註: 태청궁 청구태학당에서 개발한 기문둔갑 종합 프로그램에서는 48격과 외격을 구분하여 표시했으며, 각 격국의 해설은 풍선 도움말로 나타나 있다.

제8절 (第八節)
신살론 (神殺論)

제8절(第八節) 신살론(神殺論)

가. 십이운성론(十二運星論)

胞 **포운(胞運)**

포(胞)는 생명(生命)의 회태(懷胎) 이전을 가리킨다. 즉, 음양(陰陽)이 교합(交合)하지 않은 상태이니, 이 운(運)은 어떤 일의 시작을 알리는 예광탄(豫光彈)이라 해도 과언이 아닐 것이다.

매사(每事)를 준비하면서 시기를 기다리는 망중한(忙中閑)의 시기라고나 할는지. 아무튼 형체가 불분명한 마치 새벽녘과도 같은 운(運)이라서, 이를 농사꾼에 비(比)한다면 겨울의 농한기(農閑期)를 맞이한 농민들이 봄 농사를 위해 영농(營農)에 필요한 제반장비(諸般裝備)며 씨앗이며 두엄 등을 마련해 놓고 영농기(營農期)를 기다림과도 같은 시기라 할 수가 있을 것이다.

그러므로 이 운(運)을 맞이한 사람은 매사를 기다리고 준비하는 시기로 삼고, 서두르지 말고 차분히 때를 기다리는 마음자세가 가장 필요하다.

胎 **태운(胎運)**

태(胎)는 생명(生命)이 회태(懷胎)된 상태를 말하므로 마치 임신 초기 현상과도 같은 시기를 말한다.

동시에 이 운(運)은 파종(播種)의 시기를 가리킨다. 그러므로 이 운(運)을 만난 사람은 매사를 시작할 때라 생각하고, 천천히 시동을 걸어야 하는 시기가 온 것임을 알아야 한다. 그러나 절대로 서둘러서는 안 되고, 조급하게 무엇을 얻으려 해서도 안 된다. 최소한, 결실(結實)의 시기쯤은 기다릴 줄 알아야 한다.

養 양운(養運)

양운(養運)은 태기(胎氣)를 받은 하나의 생명(生命)이 체내(體內)에서 자라고 있는 과정을 말한다. 그러므로 태(胎) 양(養) 운(運)을 가리켜 유동무형(有動無形)이라 하니, 동(動)하기는 했어도 형체(形體)가 없음을 말한 것이다.

이 운(運)에 다다르면 매사가 진행 중이라는 생각을 갖고서, 태운(胎運)에 심은 곡식이나 추진한 일이 자라고 있는 중이라 생각하고, 성급하게 결실이나 결과를 보려 들지 말아야 할 것이다.

또, 자손궁(子孫宮)에 양(養)이 떨어지면 이때는 양자손(養子孫)을 두거나, 아니면 업둥이 자식을 데려오거나 하기에 좋다. 또 실질적으로 양손(養孫)이나 업둥이 자식을 두는 경우가 많다.

양운(養運)에서는 나무를 심거나 가축을 기르면 아주 잘 자라지만, 용사(用事)에 있어서는 응용(應用)의 폭은 그다지 넓지는 못하다.

* 旼岡 註: 일지(日支)에 양(養)을 가진 사람은 식물이나 동물 등을 가꾸고 키우는 것을 좋아한다.

生 장생운(長生運)

장생(長生)은 장성(將盛)함을 의미함이니 사람으로 말하면 성년(成年)에 이르렀다는 증거가 되고, 식목(植木)에게는 성장기를 지나서 결실기임을 알리는 시점인 것이다. 장성한 사람에게는 할 일들이 너무도 많은 법이다.

그리고 그 시기는 대략, 대학을 졸업하고 사회에 첫발을 내딛는 이십 대 초중반의 한창 정열이 넘쳐흐를 때를 말한다.

그러나 청년 시기란 무엇인가를 시작하는 운(運)이지, 결코 성공이 보장(保障)된 것도 아니요, 또, 많은 실패를 안고 있기도 하므로 겉으로는 대단히 왕성해 보이지만 실제로는 미완(未完)의 운(運)인 것이다.

또, 혹자(或者)는 장생운(長生運)을 가리켜 갓 태어난 아이에 비교하기도 하지만 그것은 사리(事理)에 맞는 이론이 못 된다. 만약에 태어남을 가리켜 장생(長生)이라 한다면 왕운(旺運)을 전성기로 볼 수밖에 없는데, 뒤이어 오는 쇠운(衰運)과 병(病), 사운(死運) 등이, 삼십 대에 이르러 온다는 이야기로 사람의 수명(壽命)을 절반도 안 되게 감소시키는 결과가 되기 때문이다.

그러므로 장생(長生)은 이십 대 초반의 사회에 첫발을 딛는 운(運)이란 표현이 가장 적절할 것이므로, 이때가 되면 사람이나 식목(植木)을 막론하고 성장을 일단 멈추고 결실을 시도하는 시기이니만큼, 장생운(長生運)을 만난 사람한테는 제2의 도약기(跳躍期)로 삼는 것이 가장 옳을 것이다.

浴 목욕운(沐浴運)

목욕(沐浴)은 패살(敗殺), 혹은 도화살(桃花殺)로서, 사람이 세상에 태어난 후로 아직껏 실패라는 것을 겪어 보지 못한 채 앞만 보고 달리던 젊은이한테 최초로 안겨다 주는 패배이다. 따라서 자못 당황하고 참혹한 심정이 들겠지만, 그러나 이 실패의 원인도 주로 주색잡기(酒色雜技) 등, 자신의 무절제한 사생활에서 비롯되므로 젊음이 발산하는 모든 욕정(慾情)이나 욕기(慾氣)를 어떻게 승화시키느냐에 따라 실패를 성공으로 이끌 수도 있고,

또 잘못하면 한순간의 실패가 영원한 인생의 패배로 끝나버릴 수도 있다. 그러므로 운(運)이 목욕운(沐浴運)에 와 있다면 먼저 자신의 주변부터 정리하고, 혹시 마음 한구석에라도 어떤 악연(惡緣)이 되살아나서 그로 인해 공든 탑이 무너지는 우(愚)를 범해서는 안 될 것이다.

더욱이 청춘남녀(靑春男女)가 혼사(婚事)를 앞두고 전역(前歷 *앞서의 경력)에 얽힌 이성(異性)간의 사연 때문에 혼사(婚事)가 깨어지는 불상사가 생겨서도 안 되므로, 먼저 철저하게 신변정리를 해야 할 것이다.

경전(經典)의 말씀에, 신(神)이 인간에게 안겨다 주는 시련 가운데 사람이 감당하지 못할 시련은 주지 않는다고 말이다.

과연 고(苦)가 다하면 흥(興)이 오고 흥(興)이 다하면 고(苦)가 오는, 그야말로 낙비교생(樂悲交生)하는 것이 인생사(人生事)가 아닌가 싶다.

* 旼岡 註: 목욕(沐浴)이 있으면 끼가 많아서 욕(浴)끼라고도 하며, 연예인에게 가장 자주 나타나는 끼 중 하나이다.

관대운(冠帶運)

장생(長生)이 사회진출의 시작이라면 관대(冠帶)는 성숙(成熟)을 의미한다. 본시 관대(冠帶)란 벼슬아치들이 입는 관복(官服)으로, 평민도 혼례식 때만은 입을 수 있도록 왕명(王命)으로 허락을 하였다.

그러므로 관대운(冠帶運)은 먼저 출사보국(出仕報國 *벼슬을 얻고 국가에게 얻은 은혜를 갚음)이라고 하는 게 가장 타당하겠다. 그다음에는 인륜대사(人倫大事)인 혼사문제(婚事問題)가 대두될 것이다.

사실 관대운(冠帶運)은 관념상으로는 좋을지라도 실제에 있어서는 별로 길사(吉事)에 응(應)하는 것은 없다. 그저 흉(凶)이 나타나지 않으니까 좋은 거라고 생각하면 될 것이다.
　굳이 관대운(冠帶運)의 용사(用事)를 말하자면, 관로(官路)에 나아가거나 혼사(婚事)를 치르는 시기로 삼는 것 외로는 별반 쓰이는 데가 없다.
* 旼岡 註: 관대운(冠帶運)에서는 취직이나 결혼에 좋다.

建　임관운(臨官運)

관대운(冠帶運)에서 출사(出仕)의 첫발을 디딘 관료(官僚)나 공직자(公職者)들이 임관운(臨官運)에서 관운(官運)의 절정을 이루니, 임관운(臨官運)을 만난 사람은 오직 관운(官運)에서의 진급, 그것도 마지막 승차(陞差)를 바라보는 기회라 여겨, 진퇴(進退)에 미련 없이 최선을 다해야 할 것이다.
　혹 어리석은 자가 있어서, 이 운(運)을 마치 마지막 치부(致富)의 기회인 양 착각을 하고서 옳지 않은 수단으로 이욕(利慾)을 챙기려다 평생 적공(積功)이 하루아침에 무너져 내리는 우(憂)를 범해서는 안 될 것이다.
[공수신퇴천지도야(功遂身退天地道也)]라고 한 옛 어른들의 말씀처럼, 할 일을 다 하고 물러서는 사람의 심경(心境)은 마치 창공일학(倉空一鶴)과도 같은 심경이어야 할 것이다.

旺　제왕운(帝旺運)

제왕(帝旺)이란 말은 왕운(旺運)이 십이운성(十二運星) 중에서 가장 왕성(旺盛)한 운(運)이라는 뜻이다. 그렇다. 왕운(旺運)이 가장 왕(旺)한 운(運)임에는 틀림이 없다. 그러기에 왕궁(旺宮)에는 공망(空亡)이 떨어져도 이를 인정하지 않고 비공(非空)이라 하는 이유가, 곧 왕운(旺運)을 입증하는 결과라 할 수 있겠다.

하지만 이 화려한 왕운(旺運)에서 무엇을 어떻게 해야 할지가 좀 망설여지지 않을 수 없다. 그것은 곧 정오(正午)의 태양(太陽)이며 십오야(十五夜) 보름달 같은 극성지운(極盛之運)이라서 미구(未久 *앞으로 오래지 않음)에 기울어지는 비운(悲運)을 안고 있다.

그러므로 왕운(旺運)을 맞이한 사람은 추수(秋收) 준비에 바쁜 농부들처럼 자신이 심고 가꾸어 온 경영의 결실을 거두어들일 준비를 해야 하고, 또 마지막 햇볕에 벼가 영글어 가듯, 왕운(旺運)이라는 이 막바지 운(運)이 가기 전에 생(生)의 승부를 결(決)할 각오를 새롭게 함으로써 생(生)의 말로(末路)에 후회가 없게 하고, 기업인이라면 경영의 결실에서 유종의 미를 거둘 수 있게 해야만 할 것이다.

하지만 이 왕운상(旺運上)에서는 절대로 신규로 하는 일은 대금기(大禁忌)임을 알아야 한다.

[오르막 시세장(時勢場)에는 가지 말고, 내리막 시세장(時勢場)에 가거라]라고 한 속담처럼, 왕운(旺運)이 아무리 화려하고 왕성한 운(運)이라 할지라도 그 운(運)은 극성(極盛)의 오르막 장세(場勢)의 운(運)이다. 이 오르막 장세(場勢)의 운(運)을 바라고 경영을 기도할 수는 없다.

남들은 이미 추수를 다 끝낸 들녘에 나가서, 혼자서 새삼 모를 심을 천치(天癡) 같은 농부(農夫)는 없듯이, 왕운상(旺運上)에서 남들은 모두 추수를 하여 결실을 점검하고 있는데 자신만이 홀로 경영을 기획한다면, 정녕 조금 전에 예를 들던 천치 같은 농부의

류(類)가 될 것이다. 왜냐하면 왕운(旺運)은 마치 추수 후의 공백기간(空白期間)과도 같이, 길고도 지루한 암운(暗雲)의 시기가 지속되기 때문이다. 즉, 쇠(衰), 병(病), 사(死), 묘(墓) 등의 운(運)이 그것인데, 이처럼 암울한 운세(運勢)가 장기간 이어지기 때문에 일절 새로운 경영이나 기획은 시도하지 말아야 한다.

쇠운(衰運)

쇠운(衰運)은 글자 그대로 쇠퇴의 운이다.
[극성즉패(極盛則敗)]라는 말이 있듯, 왕운(旺運)이라는 극성운(極盛運)이 지난 뒤는 반드시 쇠운(衰運)이 오기 마련이니, 쇠운(衰運)은 곧 망지초운(亡之初運)에 속한다.

하지만 어찌겠는가? 왕운(旺運)도 쇠운(衰運)도 모두가 대자연의 순환법칙인데 어느 누가 이를 부정하고 저항할 수가 있단 말인가?

그래서 불가(佛家)에서는 [제행무상(諸行無常)]이라는 말로서 인생의 덧없음을 노래하지 않았던가!

아무튼 가는 해와 지는 달을 막지 못하듯, 어이없이 흘러가는 세월에 실려서 덧없이 흘러만 가는 주락(澍落)의 인생을 바라보면서 한 가닥 감회(感悔)에 잠겨 볼 뿐으로, 대안 없는 게 인생사가 아니겠는가?

그러나 쇠운(衰運)을 맞이한 사람이라 하여 모두 다 늙은이는 아닐 것이므로 젊은이가 쇠운(衰運)을 맞았을 때에 각별히 대처할 방법이 있어야만 하겠다.

즉, 쇠운(衰運)은 운세(運勢)가 일단 쇠퇴했음을 알리는 적신호이니만큼 장차 다가올 병(病), 사운(死運)이 안겨다 줄 연쇄적인 패운(敗運)을 방지하지 않으면 안 될 것이다.

병운(病運), **사운**(死運), **장운**[葬運, 묘운(墓運)]

쇠(衰)하면 병(病)들고, 병(病)들면 죽고, 죽으면 자연계로 다시금 귀일(歸一)하는 이것이 만물의 소(消), 장(長), 성(盛), 쇠(衰)이자 인생의 생(生), 로(老), 병(病), 사(死)이다. 이제 만사를 자연에 귀장(歸葬)시킨 채 안심입명(安心立命)의 경지에 이르게 힘써야 할 것이다.

* **旼岡 註**: 사(死)나 묘(墓), 혹은 사묘(死墓)를 유년운에서 만나게 되면 질병, 사고 등의 위험한 일이 일어날 수 있다.

나. 십이신살론(十二辰殺論)

① 겁살(刦殺)

글자의 뜻대로라면 대단히 흉(凶)하겠지만, 그러나 그다지 무겁지는 않고 그저 진로(進路)에 장애를 가져올 뿐이다. 그러나 십이신살(十二辰殺)의 영향은 명국(命局)의 길흉(吉凶)에 따라서 차이가 크다. 즉, 길명인(吉命人)에게는 작용이 가볍고 흉명인(凶命人)에게는 그 작용이 크다.

* 旼岡 註: 겁살운(刦殺運)에서는 구설(口舌)이나 관재수(官災數)를 주의해야 한다.

② 망신살(亡神殺)

일명 관겁살(官刦殺)이라고도 하는데, 이는 겁살(刦殺)보다 훨씬 무겁다. 겁살(刦殺)이 진로(進路)에 장애를 줄 정도로 그친다면 망신살(亡神殺)은 파괴 정도로 그 힘이 미치고, 구체적으로는 관재수(官災數)나 구설수(口舌數) 및 손재수(損財數) 등이 따를 수 있다.

③ 중겁살(重刦殺)

이는 이중겁살(二重刦殺)을 말하며 그 작용이 망신살(亡神殺)보다 한층 강함을 알 수가 있다. 흉(凶)이 응(應)하는 범위는 망신살(亡神殺)과 비슷하지만 주로 가택(家宅)과 대주(代主)에게 그 화(禍)가 끼치는 점이 다르다.

④ **역마살**(驛馬殺)

역마(驛馬)는 주행(走行)의 신(神)이다. 그러므로 [무마난천(無馬難遷)]이라 했다. 즉, 역마(驛馬)가 없으면 변천(變遷)이 불가(不可)함을 말한 것이다.

* **旼岡 註:** 특히 요즈음 시대에서는 교통기관의 발달로 인하여 역마(驛馬)의 영향이 크다고 하겠다.

그렇지만 역마(驛馬)가 반드시 좋은 역할만 하는 것은 아니다. 왜냐하면 역마(驛馬)는 주행(走行)의 신(神)이라서 귀인(貴人)이 타면 귀인(貴人)의 행차(行次)를 돕고, 살인강도나 여타(餘他)의 흉악한 범죄자가 탔다면 범죄의 행각을 돕는 결과가 되기 때문이다. 고(故)로 고인(古人)은 역마(驛馬)를 보필(輔弼)에 비(比)하였다.

그러나 역마(驛馬)에는 편의적인 구분이 있다. 즉, 천마(天馬), 세마(歲馬), 일마(日馬)가 그것인데 세마(歲馬)는 주행(走行)의 폭이 일마(日馬)보다는 조금 넓다.

즉, 일마(日馬)가 가까운 지역을 일상적으로 활용(活用)하는 근거리용의 교통기관이라면, 세마(歲馬)는 타지역(他地域) 등, 다소 먼 거리를 오갈 때 쓰는 원거리용 교통기관이라 할 수가 있다.

* **旼岡 註:** 즉, 기문(奇門)에서의 역마(驛馬)는 주행의 폭에 따라 해석이 달라진다. 천마(天馬)가 하늘을 나는 비행기라면 세마(歲馬)는 고속버스나 ktx에 비유되고, 일마(日馬)는 일상적으로 활용하는 근거리용 교통기관인 지하철이나 시내버스 등에 해당한다고 할 수 있다.

또 흔히들 이사수(移舍數)가 있는가 없는가를 자주 묻는데, 그 질문에 대한 정답은 아무래도 가족들의 의사에 달린 거라고 하는 편이 훨씬 더 명답에 속할 것이다. 하지만 우리 역술계(易戌界)의 비뚤어진 풍속도(風俗圖)가 당사자들의 의사와는 무관하게 이사수(移舍數)의 유무(有無)부터 알고자 하는 통념이 있어서 이에 대한 논리적인 대응책은 있어야 하겠기에, 굳이 그 개요(概要)를 설명해 두기로 한다.

우선 일지(日支)와 중궁(中宮), 그리고 세지(歲支)에 역마(驛馬)가 동(動)했나를 보고, 그다음에는 유혼(遊魂)이나 귀혼(歸魂) 등의 유동신(遊動神)이 가택상(家宅上)에 나타났는가를 보는 것이 중요하다. 이때에 양자(兩者)가 비치면 이사수(移舍數)라고 한다. 그밖에 세효(世爻)가 충(冲)을 맞아도 이사수(移舍數)라 하고, 또 일진(一辰=日支宮)의 상하수(上下數)가 상비(相比)로 나타나도 이사수(移舍數)라 한다. 그러나 이사수(移舍數)도 발전적 징후(徵候)로 나타나는 경우와 그렇지 못한 경우가 있으니, 속설(俗說)로 이사가 망사(亡舍)라는 말도 있듯이, 이사 한번 잘못 가서 영영 망하는 수도 있다.

그런데 그 징후상(徵候上)에서 길조(吉兆)와 흉조(凶兆)를 보는 방법은 국(局)이 길(吉)하면 길조(吉兆)로 보고, 국(局)이 흉(凶)하면 흉조(凶兆)로 보면 대체로 맞아 떨어질 것이다.

또, 역마(驛馬)로서 주행(走行)의 목적과 주행(走行) 뒤에 오는 길흉(吉凶)의 징후(徵候)를 알아내는 방법이 있다. 즉, 그것은 역마(驛馬)가 길문(吉門)을 승(乘)했는지, 흉문(凶門)을 승(乘)했는지에 따라서 판단하면 된다. 물론 길문즉(吉門卽) 길조(吉兆)요, 흉문즉(凶門卽) 흉조(凶兆)다.

⑤ **삼재살**(三災殺)

삼재(三災)를 십이신살(十二辰殺)로 풀어보면 역마(驛馬), 육해(六害), 화개(華蓋)의 운(運)에 떨어진다. 그러나 이 삼재(三災)에 관해서는 어느 책자 속에도 어떤 고전(古典) 속에도 이에 관한 해설이 없을 뿐만 아니라, 소위 삼재론(三災論)에 관한 출처도, 근거도 희박하다.

그렇지만 삼재(三災)가 누구에게나, 시작하는 해는 역마운(驛馬運)이고, 묵는 삼재(三災)는 육해운(六害運)이고, 나가는 해의 세 번째 삼재(三災)는 화개운(華蓋運)에서다. 즉, 입삼재(入三災)는 역마운(驛馬運)에서이고 유삼재(留三災)는 육해운(六害運)에서이며 출삼재(出三災)는 화개운(華蓋運)에서다.

* **旼岡 註**: 십이신살(十二辰殺)의 조식법에서 삼재(三災)가 시작하는 운(運)은 역마운(驛馬運)인데, 예전의 농경사회에서는 역마(驛馬)가 나타나서 변동을 하게 되면 거의가 안 좋게 여겼을 것으로 보인다. 그래서 묵는 삼재(三災)인 육해운(六害運)에서 여섯 가지의 해(害)를 입는다고 본 것이고, 이렇게 해(害)를 입고 다음의 출삼재(出三災)에서는 화개(華蓋)로 떨어져 세속을 등지고 산 속으로 들어간다는 것이다. 즉 입삼재(入三災)는 역마운(驛馬運)에서이고 유삼재(留三災)는 육해운(六害運)에서, 출삼재(出三災)는 화개운(華蓋運)에서다.

그러나 부귀지명(富貴之命)에게는 복삼재(福三財)가 들어오고 빈천지명(貧賤之命)에게는 삼재(三災)로 인해 큰 화란(禍亂)을 만나고 만다. 그래서 삼재(三災) 팔난(八亂)이라 하는 것이다.

* **旼岡 註**: 허나 요즈음처럼 역마(驛馬)가 필요한 시대에는, 부귀자(富貴者)는 더욱 발천(發闡)을 하게 되므로 무조건 삼재(三災)를 만나면 안 좋다는 식의 해석은 의미가 없다고 할 수 있겠다.

⑥ **연살**(年殺)

연살(年殺)은 십이운성(十二運星)의 목욕(沐浴)과 함께 도화살(桃花殺)로 본다. 도화(桃花)란 본시 주색잡기(酒色雜技)로서 패가망신(敗家亡身)하는, 이른바 대패살(大敗殺)로 통한다.

연살(年殺)은 자칫 남녀 간에 흔히 있을 수 있는 애정문제로 인해 가정이나 직장, 또는 사업에 파장(波長)을 안겨다 주는 경우를 말하는데, 이를 확대해석 한다면 십악 대패살(十惡大敗殺)로도 통한다.

우선 이 살(殺)을 대동(帶同)한 운(運)을 만났을 때는 남자에게는 주로 여자문제가 복잡하게 생기고, 여자에게도 같은 문제가 대두된다. 그러므로 이러한 일로 인해 파멸을 자초하지 말아야 할 것이다. 특히 명궁(命宮)에 연살(年殺)을 만난 사람은 일생을 통해 주색잡기(酒色雜技)로 인한 패살수(敗殺數)가 따를 수 있어, 각별히 유의하고 조신(操身)해야 한다.

* **旼岡 註:** 연살(年殺)은 결혼을 앞둔 남녀들에게는 연애하기에 좋은 운이기도 하다.

⑦ **화개살**(華蓋殺)

화개(華蓋)는 고궁(庫宮)이며 장지(葬地)를 뜻한다. 그러므로 명궁(命宮)에 화개(華蓋)를 만난 사람은 어쩐지 양성적(陽性的)인 것보다는 음성적(陰性的)인 것에 더 치중하고, 화려한 중앙무대보다는 언제나 뒤쳐진 곳에서 외곬 인생을 살아가는 사람이거나, 수도입덕(修道立德)하는 도통군자(道通君子)나 아니면 학업에 정진하는 선비들에게는 화개운(華蓋運) 더없이 좋은 운(運)이 될 수도 있지만, 양성적(陽性的)인 위치에 있는 사람이거나 매사를 공세위주(攻勢爲主)로 살아가는 사람들한테는 덫이 되고 만다. 그러므로 [문관(文官)은 화개운(華蓋運)에서 대발(大發)하고, 무관(武官)은 화개운(華蓋運)에서 직위(職位)를 잃고 형장(刑場)으로 끌려간다] 고 평하고 있다.

다. 천을귀인(天乙貴人)과 일록(日祿)

貴 **천을귀인(天乙貴人)**

 귀인(貴人)이란 개념은 신분이 높은 사람이거나, 얼굴 생김이 괴기(怪奇)하거나, 또는 어떤 특정 지위에 있는 사람을 지칭하는 것이 아니라, 다만 자신에게 도움이나 이익을 제공하는 사람을 일컫는 말이니 너무 확대해석하지 말아야 한다.

 그러나 명궁(命宮)에 귀인(貴人)을 띤 사람은 어딘지 모르게 좀 비범(非凡)한 데가 있고 용모에서도 귀티가 풍기며 만인을 복속(服屬)시킬 수 있는 위엄(威嚴)을 갖추고 있다.

 이와 같이 자신의 명궁상(命宮上)에 귀인(貴人)을 띤 사람과, 그렇지 않고 유년(遊年)에서나 연운상(年運上)에서 귀인(貴人)을 만난 경우와는 상황이 다르기 때문에 귀인(貴人)에 관한 평도 다를 수밖에 없다.

 즉, 고언(古言)대로 [무귀자근천(無貴者近賤)]이란 말은 명궁(命宮)의 귀인(貴人)을 지칭하는 말이므로 이에 대한 평도 인격(人格)의 고매(高邁)함을 말할 뿐으로, 실제의 이해와는 자못 무관(無關)하다.

 그러나 유년운(遊年運)이나 연운상(年運上)에서 만난 귀인(貴人)이라면 먼저 귀인(貴人)이 희신(喜神)을 탔는가 기신(忌神)을 탔는가에 따라서 이해와 득실이 결정되는데, 물론 희신(喜神)을 탄 귀인(貴人)이라야 도움이 될 수가 있다. 그러나 귀인(貴人)이 기신(忌神)을 탔을 경우에는 도와주는 척하면서 도리어 해(害)를 끼치거나 사기(詐欺)를 치는 수도 있다.

祿 일록(日祿)

녹(祿)이란 사람이 살아가기 위해 절대적으로 필요로 하는 생명(生命)의 공급원이다.

그러므로 녹(祿)은 누구에게나 필요로 하는 소중함을 간직하고 있다. 그래서 [무록자난식(無祿者難食)]이라고 했는지 모른다. 그러나 녹(祿)이 없다고 해서 못 먹고 사는 것은 아니지만 녹(祿)이 어느 육신(六神)에 앉았는지에 따라서 직업궁(職業宮)을 선택하는 데 참고가 되는 것도 사실이다. 가령, 재궁(財宮)에 녹(祿)이 있으면 재록(財祿)을 먹고, 손궁(孫宮)에 있으면 근로록(勤勞祿)이나 기술(技術)을 배워서 선생(仙生)님이 아니면 기사(技士)님 소리를 듣고 살아야 한다는 뜻이다. 또 녹(祿)이 관궁(官宮)에 들면 관록(官祿)이고 인궁(印宮)에 들면 종신토록 은급(恩給)을 타먹고 살아간다.

* **旼岡 註**: 즉, 재궁(財宮)에 녹(祿)이 들면 장사를 해서 재록(財祿)을 먹고, 손궁(孫宮)에 녹(祿)이 들면 기술직을 하고, 관궁(官宮)에 녹(祿)이 들면 관록(官祿)을 먹고, 인수궁(印綬宮)에 녹(祿)이 들면 선생님 등을 하여 수강료나 급여를 타 먹고 살아간다는 뜻이다.

라. 천마(天馬)와 공망살(空亡殺)

천마(天馬)

천마(天馬)는 주행(走行)의 신(神) 가운데 그 폭(幅)이 가장 높고도 넓다. 즉, 고도(高度) 상공(上空)을 종횡무진으로 날아다니는 비행기(飛行機)가 곧 천마(天馬)에 해당하기 때문이다.

그러므로 해외여행이나 기타 외국에 나들이를 할 때면 언제나 그 운로상(運路上)에 천마(天馬)가 거론된다.

천마(天馬)가 공망(空亡)에 떨어졌을 때, 비행기 여행은 불리한 일이 생길 수도 있다.

공망살(空亡殺)

공망(空亡)은 무주공간(無主空間)에 떠돌아다니는 연고(緣故) 없는 귀졸(鬼卒)들이 주린 배를 채우기 위해 태어나는 사람들의 명궁(命局) 중 어디든지 달라붙어서 되는 대로 빨아먹고 덧붙여 살아가는 주린 객귀(客鬼)들이다.

이들 객귀(客鬼)들은 명부(冥府)에서는 아예 갓 태어나는 새 생명(生命)의 명국(命局)에 배치를 시켜서 살아가게 해준 것인데, 단 한 가지 특색은 이들 공망귀(空亡鬼)들은 재국(財局)에 앉았으면 재(財)를 빨아먹고, 관궁(官宮)에 앉았으면 관(官)을 빨아먹는, 그야말로 어디에 앉았든 간에 앉은 자리에서만 빨아먹을 뿐, 그 이외 일체 다른 해코지는 하지 않게끔 내린 엄한 명령을 명부(冥府)에서 받은 바라, 다른 뜻에서의 걱정은 하지 않아도 된다.

* **旼岡 註:** 공망살(空亡殺)이 있는 곳은 어떤 문제가 발생하는 요인이 되기도 한다.
* **旼岡 註:** 귀혼궁(歸魂宮)의 공망은 총공(總空)이라 하여 공망의 피해가 훨씬 더 크게 작용한다.
* **旼岡 註:** 기문둔갑 프로그램에서는 공망을 ○으로 표기하고, 총공은 ◉으로 표기하여 구분하기 쉽게 하였다.

제9절 (第九節)
육친론 (六親論)

제9절(第九節) 육친론(六親論)

육친(六親)이란 생자이친(生者二親), 극자이친(剋者二親), 화자이친(和者二親) 등의 육친(六親)을 말하니, 생자이친(生者二親)이란 부모(父母)와 자식(子息)이며, 극자이친(剋者二親)이란 관청(官廳)과 조상(祖上)을 말하고, 화자이친(和者二親)이란 기신(己身)과 형제자매(兄弟姉妹) 등을 말한다.

* 旼岡 註: 극자이친(剋者二親)은 관청과 조상 등의 관귀(官鬼)뿐 아니라 재효(財爻)도 들어간다.

가. 부모궁(父母宮)

부모(父母)는 세간(歲干) 세지(歲支) 및 정인(正印) 편인(偏印), 그리고 건궁(乾宮)과 곤궁(坤宮) 등을 통틀어서 지칭하니, 즉 세간(歲干)과 정인(正印), 그리고 건궁(乾宮)도 함께 부위(父位)로 보며, 세지(歲支)와 편인(偏印), 곤궁(坤宮)을 함께 모위(母位)로 본다.

[태백입건곤자(太白入乾坤者), 부모조년윤몰(父母早年淪歿)]이라고 한 조가(釣歌)의 말은 건(乾), 곤(坤) 양위(兩位)를 함께 부모위(父母位)로 본 증거가 된다. 그렇다면 이 가운데 부모(父母)의 정위(正位)는 어느 쪽이란 말인가? 인성(印星)일까? 세간(歲干), 세지(歲支) 일까? 아니면 건(乾), 곤위(坤位) 일까?

이 물음에 대한 해답은 세 가지를 다 부모위(父母位)로 보는 게 정답이긴 하지만, 그러나 상징적 위(位 *자리)가 있고, 실질적 위(位)가 있어, 이 가운데 부모(父母)의 정위(正位)는 정·편인(正·偏印)이 아닌 세간(歲干), 세지(歲支)임을 알 수 있다. 왜냐하면 정·

편인(正·偏印)의 위(位)가 기막히게 좋은 사람도 천애무연(天涯無緣)의 고아(孤兒)가 있는가 하면, 반대로 인성(印星)은 부실(不實)한데도 세간(歲干), 세지(歲支)가 좋은 사람은 부모여덕(父母餘德)이 좋음을 임상(臨床)을 통해서 많이 체험할 수가 있었기 때문이다.

즉, 일지(日支), 일간(日干), 기신(己身)이 세간(歲干), 세지(歲支)에 동궁(同宮)하고 문괘(門卦)와 격국(格局)이 길(吉)한 사람은 늦게까지 부모(父母)를 모시고, 또 여덕(餘德)도 두둑이 보면서 잘 사는 경우를 많이 보아 왔던 것이다.

아무튼 부모덕(父母德)이 좋은 사람은 세지(歲支), 세간(歲干)의 사신(四神)이 공길(共吉)하고, 유기(有氣)한 인성(印星)이 관인상생(官印相生)으로 기신(己身)을 비춰 줄 적에 부모(父母)가 유덕(有德)하다.

* 旼岡 註:
세간(歲干), 정인(正印), 건궁(乾宮) = 아버지
세지(歲支), 편인(偏印), 곤궁(坤宮) = 어머니

나. 형제궁(兄弟宮)

형제위(兄弟位)는 비견겁재(比肩劫財)와 함께 월간(月干), 월지궁(月支宮)을 통틀어서 보는 것이다. 그러나 형제덕(兄弟德)이나 복(福)의 유무(有無)는 부모와는 달라서 그들만의 복(福)이나 덕(德)일 뿐, 부모가 유력한 것처럼 자신의 복덕(福德)으로 이어지지는 않으니, 이 점이 부모궁(父母宮)과 다른 점이라 하겠다.

* 旼岡 註: 즉, 자신의 부모궁(父母宮)으로 부모복을 볼 수 있는 반면에, 형제복이 있느냐 없느냐의 유무는 부모와는 달라서 형제들이 잘살고 유력함은 그들만의 복(福)이나 덕(德)일 뿐, 자신의 형제궁에 나타난 것이 꼭 형제복으로 이어지는 것은 아니다.

다시 말하면, 부모덕(父母德)은 부모(父母)의 유력(有力)함이 곧 자신의 경제적인 부(富)의 몫으로 이어져서 실질적인 재산(財産)을 형성할 수 있는 예가 허다(許多)하지만, 형제덕(兄弟德)이나 복(福)은 그렇지가 못하여 형제운(兄弟運)이 아무리 좋게 나타나도 그것은 곧 형제 자신들만의 복(福)이요 덕(德)일 뿐, 그것이 곧 타형제(他兄弟)들의 복(福)이나 덕(德)으로 이어지지 않는다.

물론 그 가운데는 예외의 경우가 있을 수가 있어 형제덕(兄弟德)을 톡톡히 보면서 살아가는 사람들도 간혹 있지만, 그러나 대부분의 경우에는 그렇지가 못하여 잘사는 형제와 못사는 형제 사이의 반목(反目)만 짙어져 갈 뿐으로, 잘사는 형제의 부(富)나 귀(貴)가 형제우애(兄弟友愛)에는 아무런 도움도 주지 못함을 알 수가 있다. 그러므로 자신의 명궁(命宮)에 나타나는 형제운(兄弟運)부터를 객운(客運)이라 하는 이유가 거기에 있다.

형제들 가운데 남형제(男兄弟)와 여형제(女兄弟)를 구분하는 기준(基準)은 비견(比肩)과 월간(月干)은 함께 남형제(男兄弟)의 위(位)가 되고, 겁재(刧財)와 월지(月支)는 함께 여형제(女兄弟)의 위(位)가 된다.

덕(德)이야 보든 말든 간에 형제가 잘사는 경우는 어떠한 형태로 나타날까?

그것은 곧 부모(父母)의 경우와 마찬가지로, 첫째 효수(爻數)가 유기(有氣)하고 월간(月干), 월지(月支)가 공길(共吉)하면 형제 자신은 유력(有力)하다. 그러나 그것이 곧 자신의 복(福)이나 덕(德)으로 이어지는 것은 아니지만, 만일에 형제의 경제적 부(富)가 자신의 복(福)이나 덕(德)으로 이어지려면 운로상(運路上)에 어떤 연결 고리가 반드시 필요하다. 즉, 형효(兄爻)나 월간(月干), 월지효(月支爻)가 자신의 식상(食傷)을 생(生)해 주면 덕(德)을 보고, 또 재효(財爻)를 탈하지 않는다면, 이때에는 복(福)이나 덕(德)보다는 우선 형제(兄弟)가 자신에게 피해를 주지 않는 쪽이 된다.

또 한 가지 문제점은 자신의 명궁(命宮)에 정인(正印) 아닌 편인(偏印)이 투출(透出)했을 적에는 비겁(比刧)이 나타나지 말아야 하는데, 이때에 만약 비견(比肩)이 나타나 편인(偏印)을 독식(獨食)해 버린다면 형제는 잘살아도 자신은 평생을 고생하면서 살아가야 한다.

* 旻岡 註:
형제궁(兄弟宮) : 형효(兄爻)
월간(月干), 비견(比肩) = 형제(남자형제)
월지(月支), 비겁(比刧) = 자매(여자형제)

다. 부부궁(夫婦宮)

　부부궁(夫婦宮)을 정할 때에 건명자(乾命者 *남자)는 정재위(正財位)를 정처(正妻)로 삼고, 편재위(偏財位)를 편처(偏妻)로 삼는 반면, 곤명자(坤命者 *여자)는 정관위(正官位)를 정부(正夫)로 삼고, 편관위(偏官位)를 편부(偏夫)로 삼는다.

① 처덕(妻德) 있는 사람

　남자가 가진 복(福) 가운데 처복(妻福)이 차지하는 비중은 참으로 크다고 하겠다. 제아무리 천하(天下)를 주름잡는 영웅호걸(英雄豪傑)이라 할지라도 아내의 내조가 없이 성공한 사례는 일찍이 없었고 앞으로도 영원히 없을 것이다.
　그렇다면 남자의 처복(妻福) 유무(有無)는 어디에서 어떻게 나타날까? 그것은 곧 배우자의 명궁(命宮)뿐만이 아니라 남자 자신의 명궁상(命宮上)에도 나타나는 것이다. 즉, 자신의 명궁상(命宮上)에 있는 처재효(妻財爻)가 관성(官星)을 생(生)해 주고 관성(官星)은 다시금 인성(印星)을 통해 자신에게로 돌아와야 하는 것이다. 물론, 이때에 앞서서 세효(世爻)가 식상(食傷)을 통해 처재(妻財)를 생(生)해야 함도 금슬(琴瑟)이 좋을 수 있는 필수요건이라 하겠다.
　만약에 처재효(妻財爻)는 관성(官星)을 통해 관인상생(官印相生)으로 돌아오는데 자신은 처재(妻財)를 돌보지 않는다면, 이는 분명 처(妻)를 학대하는 결과가 되고 만다.
　이상의 요건은 다만 오행상(五行上)의 기능적인 요건만으로 처덕(妻德)의 유무(有無)를 이야기했지만, 외형상(外形上)으로도 중요한 요건이 더 있다. 그것은 곧 처재궁(妻財宮)에 나타난 사신

(四神)이 공길(共吉)하고, 격국(格局) 또한 길(吉)하며, 일지(日支) 또한 상생하(上生下) 하거나 하생상(下生上)하면 정말로 남들이 부러워하는 금슬(琴瑟) 좋은 부부(夫婦)가 될 수 있을 것이다.

② 처덕(妻德) 없는 사람

처덕(妻德)이 없는 경우도 여러 가지 유형이 있다.

우선 기능면(機能面)에서 처재효(妻財爻)가 역기능(逆機能)을 하는 예를 들자면, 처효(妻爻)가 관(官)을 생(生)해줘야 하는데 그렇지 못하고 오히려 인성(印星)을 극(剋)한다든가, 또는 처재효(妻財爻)가 관성(官星)을 생(生)하지만 주내(柱內)에 인성(印星)이 나타나지 않아서 연결이 안 되어 기신(己身)에게 전달되지 못한 채 오히려 관성(官星)이 기신(己身)을 극(剋)하고 마는 경우로, 두 가지 다 처덕(妻德)이 없는 경우이다. 전자의 경우는 처(妻)가 아예 역기능(逆機能)을 하는 예가 되고, 후자의 경우는 처(妻)가 순기능(順機能)을 했지만 그 뜻이 기신(己身)한테 전달되지 못하는 경우라 할 수가 있겠다.

그리고 외형상(外形上)으로 처복(妻德)이 부족한 유형으로는 우선 처궁(妻宮)이 충(冲)을 맞거나 공망(空亡)에 떨어졌을 때는 연(緣)이 박(薄)한 상(相)이 되겠고, 또한 흉문(凶門)이나 흉괘(凶卦) 등, 사신(四神)이나 격국(格局) 등이 모두 흉(凶)한 때를 예로 들 수가 있겠다.

처궁(妻宮)이나 기신궁(己身宮)에 연살(年殺)이나 목욕살(沐浴殺)을 타도 처(妻)가 음란(淫亂)하거나 자신이 바람둥이거나 해서 처궁(妻宮)이 산란(散亂)한 경우가 될 수가 있다.

③ 남편복(男便福) 있는 여자(女子)

남편복(男便福)이 있는가 없는가 하는 문제는 역시 여성 자신의 명궁(命宮)의 남편궁(男便宮)에서 판단해야 하는데, 남편복(男便福)이 있는 여자도 두 가지 유형이 있다. 첫째는 남편을 위해 최선의 내조를 아끼지 않은 가운데 남편의 사랑을 받으면서 복(福)을 누리고 살아가는 예가 있는가 하면, 또 한 예로는 자신은 남편을 위해 손가락 하나도 까딱하지 않았지만 남편복(男便福)은 독차지하고 살아가는 경우가 있다.

그렇다면 이 두 가지 경우가 사주(四柱)에서는 어떻게 나타나는가를 한번 검토해 본다면, 전자는 여성의 명궁(命宮)이 먼저 아생손(我生孫)에 손생재(孫生財)하고 재생관(財生官)하면, 관성(官星)은 다시금 인성(印星)을 매체로 하여 기신(己身)에게 대가(代價)를 지불해 주는 형식이 되므로, 이러한 유형은 마치 부부 애정의 한 표본을 보는 듯하여 흐뭇하기도 하려니와, 또한 남편복(男便福)을 누리는 여성 쪽도 당연한 귀결(歸結)로서 떳떳하고 당당할 수가 있어서 좋다.

그러나 후자의 예로는 여성의 명궁상(命宮上)에 식상(食傷)도 없고 재효(財爻)도 불투(不透)하여 아무런 역할도 없지만, 그러나 관성(官星)은 자생지(自生地)에 앉아서 스스로 인성(印星)을 생(生)해 관인상생(官印相生)을 시도함으로 해서 남편으로서의 모든 역할을 기꺼이 감수해 주니, 이는 곧 아내에게 따뜻한 애정을 바치는 형국(形局)이 된다. 이러한 유형(類形)의 명궁(命宮)을 타고난 여성은 참으로 남들이 부러워할 정도로 복(福)을 누리고 살아가는 셈이다.

남편복(男便福)의 유무(有無)를 명국(命局)의 외형면(外形面)에서

따져 본다면, 우선 관효(官爻)가 상수(上數)에서 생조(生助)를 받아야 하고, 또한 사신(四神) 및 격국(格局)과 신살(神殺)까지도 길(吉)할수록 좋다.

④ 남편복(男便福) 없는 여자(女子)

남편복(男便福)이 없는 유형에도 두 가지의 예가 있을 수 있으니, 그 한 가지 예로는 남편복(男便福)을 못 받는 그 자체가 한없이 억울한 경우를 말한다. 그도 그럴 것이 자신은 오직 남편만을 위해서 있는 힘, 없는 힘 다 바쳤는데도 오히려 학대와 배반을 당하고 보니 한없이 억울할 수밖에 없다. 다른 한 예는 여성으로서 남편에게 내조는커녕 눈곱만큼도 베풀어 준 일이라곤 없는 상황에서 남편에게 옳은 대접을 받지 못했거나 또는 버림을 받은 경우를 들 수가 있다. 이러한 결과는 일종의 인과응보(因果應報)와도 같아서 남편복(男便福)을 받지 못하는 편이 오히려 당연하게 여겨지는 결과가 되기도 하는 것이니, 이러한 현실적 명제가 명궁상(命宮上)에서는 과연 어떻게 나타날 것인지 한 번 검토해 보기로 하자.

전자는 여성의 명궁(命宮)에서 식신(食神)이 생재(生財)하고 다시금 재(財)가 관성(官星)을 생(生)해 주는데도 관성(官星)이 인성(印星)을 못 만나서 역습(逆襲)으로 돌아서는 경우를 말하니, 이때야말로 참으로 억울하다. 왜냐하면 여자는 남편을 위해 최선을 다했는데도 남편으로부터 돌아오는 반대급부(反對給付)는 학대나 배반 등, 참기 어려운 고통뿐일 적에, 이 얼마나 분하고 원통하겠는가 말이다.

다시 말하면, 여성의 명궁에서 아무리 식신생재(食神生財)하고 재생관(財生官)하여 모든 것을 관귀(官鬼)한테 다 바쳤어도 관귀(官鬼)가 인성(印星)을 불봉(不逢)하면 기신(己身)을 역습(逆襲)해 버리고 말며, 또한 관성(官星)이 인성(印星)을 만났다 할지라도 그 인성(印星)이 편인(偏印)일 때는 기신(己身)에게로 돌아오는 경우는 조건부(條件附)로 돼 있어서 아무 때나 기다릴 수가 없다.

즉, 관성(官星)이 편인(偏印)을 만났을 때는 조건에 부합할 적에만 기신(己身)한테로 돌아오게 되어 있다. 그 조건이란 첫째 비겁(比刼)이 동(動)하지 말거나, 둘째 식상(食傷)이 나타나지 말아야 하는 것 등이다. 왜냐하면 편인(偏印)은 가생(假生)인 기신(己身)을 생(生)하기보다는 진생(眞生)인 비화(比和)를 생(生)하거나, 비화(比和)가 없을 시에는 진극처(眞剋處)인 식신(食神)을 가서 극(剋)하는 것이 훨씬 더 가깝기 때문이다.

그래서 진정 억울하다는 뜻이 되는 것이지만, 그러나 그 반대의 경우는 같은 처지이면서도 팔자사연(八字事緣)은 다르다. 즉, 후자(後者)는 명궁(命宮)이 역기능(逆機能)으로 나타나기 때문이다. 명궁(命宮)의 역기능(逆機能)으로 볼 적에는 오히려 남편복(男便福)을 못 누리고 살아가는 것이 당연하다 못해 정상이 아닐까 하는 생각이 들기도 한다. 왜냐하면 흔히 정명학적(定命學的) 용어로서 전자의 예는 여인이 남편을 위해 [밥상을 차려다 주는] 형(形)으로 표현되는가 하면, 또한 후자의 경우는 밥상을 맛있게 차려 주는 예를 떠나서 자신이 남편을 위해 손가락 한 번 까딱하지 않은 채 도리어 식신(食神)을 통하여 관(官)을 극(剋)해 버린다거나, 또는 재성(財星)이 관성(官星)을 조(助)하기 전에 인성(印星)을 먼저 파극(破剋)해 버리는 행위 등인데, 이러한 행위를 하고서야 어찌 남편의 애정이나 경제적인 도움을 받고 살기를 기대하겠는가 말이다. 그러므로 오히려 학대나 구박이 당연하다는 생각이 든다.

부덕(夫德)이 없는 여인네들의 남편궁(男便宮)이나 기신궁(己身宮)을 외형상(外形上)으로 볼 때는 어떻게 나타날까? 물론 더러는 외형이 아주 좋으면서도 부부 사이가 나쁜 경우도 있지만, 그러나 대부분은 외형도 흉(凶)하고 불길(不吉)한 데다가 배우자의 기능마저도 역작용(逆作用)일 때에 파탄이 나는 예가 많다.

특히, 여성의 명궁(命宮)[일지궁(日支宮)]에 목욕(沐浴)이나 연살(年殺)을 타고 문괘(門卦)나 격국(格局) 등이 모두 흉(凶)하면, 설령 부부궁(夫婦宮)이 순기능(順機能)을 한다 해도 그것만으로는 원만하지 못하고, 또한 관궁(官宮)에도 동일한 경우라면 필연적으로 부부가 서로 사음(私淫)을 품게 된다.

또, 기신(己身) 상하(上下)가 충(冲)을 입었을 때는 하충상(下冲上)이면 악부지상(惡夫之相)이 된다. 관궁(官宮)도 충(冲)이나 극(剋)을 받으면 이와 같이 흉(凶)하다.

* 旼岡 註:
관(官), 귀(鬼), 경(庚) = 남편
재(財), 을(乙) = 아내

라. 자손궁(子孫宮)

부자지간(父子之間)은 천륜(天倫)이라서 생자이친(生者二親) 가운데 아생자(我生者)가 손(孫)이며, 육친(六親)으로는 식신(食神), 상관(傷官)이 곧 자손(子孫)이 된다.

그러므로 추명학상(推命學上)의 편재위부론(偏財爲父論)이나 관살위자론(官殺爲子論)은 원시(原始) 모계중심(母系中心) 시대의 만속(蠻俗)의 유풍(遺風)이다.

그래서 자손위(子孫位)를 논할 적에 식신(食神), 상관(傷官)과 시간(時干), 시지(時支)를 통틀어서 자식(子息)으로 보지만, 그 가운데 아들(子)과 딸(女)의 구분법은 또 명확하게 다르다. 즉, 상관효(傷官爻)와 시간(時干)을 남아손(男兒孫)으로 보고, 식신효(食神爻)와 시지(時支)를 여아손(女兒孫)으로 보기 때문이다.

① **자식복(子息福) 있는 사람**

자식복(子息福)이란 말부터가 옛날에 비해 개념적 차이가 없을 수 없다. 말하자면 대가족 제도 하에서 부모가 자식(子息)한테 기대했던 마음가짐과 요즈음의 핵가족 제도 하에서 부모가 자식에게 거는 기대심리는 확실히 다르다는 뜻에서 하는 말이다.

그러나 자식복(子息福)이라는 말이 갖는 보편적인 의미는 예나 지금이나 다를 바가 없다고 생각되며, 또한 이러한 기조(基調)가 정명학적(定命學的) 원론(原論)도 되는 것이다.

그러므로 자식덕(子息德)이란 도덕적인 규범이나 감상적인 자애론(慈愛論)에서 벗어나 정명학적(定命學的)인 역할론(役割論)에다 그 참의미를 부과시켜 보는 게 더 의미 있을 것 같다.

이렇게 새로운 정의를 내리고 보면, 결국 식상(食傷)의 역할론

(役割論)과 직결이 되는 것인데, 식상(食傷)의 역할 가운데 순기능(順機能)은 어떤 것이며 역기능(逆機能)은 또한 어떤 것인지를 밝혀낸다면 자식덕(子息德)의 유무(有無)도 자연히 밝혀지리라 믿어진다.

식상(食傷)은 생재(生財)를 하면 순기능(順機能)이 되고 극관(剋官)을 하면 역기능(逆機能)이 되니, 이는 남녀 모두에게 일단은 공통적으로 적용되는 이론이다. 즉, 여명(女命)에게는 식상(食傷)이 극관(剋官)을 하면 [극부지명(剋夫之命)]이라 하여 남편(男便)을 받들지 못한다. 그랬을 때에 자식(子息)의 위치는 어떠할는지? 옛말에 [남편덕(男便德)이 없으면 자식덕(子息德)도 없다]라는 말이 있지만, 아무튼 이러할 때는 자식(子息)이 비록 출천(出天) 효자(孝子)라 하더라도 그 자손(子孫)은 명분(名分)이 궁(窮)하다. 왜냐하면 모지부(母之夫)를 극(剋)했는 고로, 결국 자기의 부(父)를 극(剋)한 결과가 되기 때문에 결코 자식덕(子息德) 있다는 말을 하지 못한다.

곤명자(坤命者)로서 자식복(子息福)이나 덕(德)이 있으려면 식신(食神)이 생재(生財)를 하고 다시 재(財)가 생관(生官)을 할 때에 비로소 그 자식(子息)은 양친(兩親) 모두에게 효(孝)를 하는 결과가 되는 것이고, 그리고 다시금 손효상(孫爻上)에 임착(臨着)한 사신(四神)이며 격국(格局) 등, 모두가 길(吉)하다면 그야말로 금상(錦上)에 첨화격(添花格)이라 아니할 수가 없다. 또 한 가지 곁들이자면 시간궁(時干宮)마저도 결함이 없을 때에 자손운(子孫運)은 만점(滿點)이고, 또 복(福)도 한없이 누릴 수 있으리라 생각한다.

그러나 손효(孫爻)의 순(順), 역기능(逆機能)은 남녀가 약간 다른 점이 있다. 즉, 자식복(子息福)은 남녀 다 같이 순기능(順機能)에서 찾아야겠지만, 그러나 여자의 경우는 먼저 손(孫)이 재(財)를 생(生)하고 재(財)가 다시 관(官)을 생(生)할 때, 이것은 동시에 부창부수(夫唱婦隨)의 의미도 되므로 곤명자(坤命者)에게는 최대의 순기능(順機能)이라, 곧 자식복(子息福)과 직결이 되는 것이다.

건명자(乾命者)의 자식복(子息福)도 역시 그 초점은 순기능(順機能)에 두고 있으니, 먼저 식신생재(食神生財)를 한 다음에 재생관(財生官)하니, 이는 순기능(順機能)의 완성이자 또한 자손복(子孫福)의 표현도 되는 것이다.

그러나 그 의미는 남녀가 각기 다르다. 즉, 곤명자(坤命者)의 식신생재(食神生財)는 남편에게 올릴 밥상(床)의 식량(食糧)을 자손(子孫)으로 하여금 공급하게 함으로써 여인의 정성과 만족이 스며져 있다 하겠고, 건명자(乾命者)의 식신생재(食神生財)는 곧 자신의 처(妻)이자 자식(子息)의 모(母)에게 먼저 음식을 제공하게 함으로 해서 대리만족을 누리려 하는 것이니, 이는 부인(婦人)을 위하는 지극한 애정의 표현이 담겨져 있다고 하겠다.

그러나 극관지명(剋官之命)의 남성(男性)에게는 자식(子息)의 효(孝)를 바랄 수 있어도 극부지명(剋夫之命)의 여인(女人)에게는 자식(子息)의 효(孝)란 있을 수 없음을 보여주는 이것이, 부부지간(夫婦之間)의 정명학적(定命學的) 윤리론(倫理論)이기도 한 것이다.

② 자식덕(子息德) 없는 사람

이미 자식덕(子息德) 있는 사람에 관해 장황하게 설명을 했기에 자식덕(子息德) 없는 사람의 윤곽도 어느 정도 드러났으리라 믿어진다.

중요한 골자(骨子)를 말하자면 우선, 남녀 모두 식상효(食傷爻)의 역기능(逆機能)을 들 수가 있겠고, 그 다음에는 손효(孫爻)의 외형상(外形上)에 나타난 사신(四神)과 격국(格局) 및 신살(神殺) 등이 모두 흉(凶)한데 원인이 있으며, 또한 시간궁(時干宮)에 나타난 흉조(凶兆)도 한몫을 한다. 굳이 몇 가지 원인을 더 첨가해서 설명하자면, 자손효(子孫爻)나 시간궁(時干宮)이 공망(空亡)이나 휴망(休亡)에 들고, 또는 입묘(入墓)에 접어들 때도 절손(絶孫) 등의 흉(凶)이 따르고, 여타(餘他)의 흉조(凶兆)가 손효상(孫爻上)이나 시간궁(時干宮)에 나타나도 모두 흉(凶)하다.

자식복(子息福)이 없는 경우도 두 가지가 있다. 첫째는 있으면서도 박대를 당하거나 또는 애물단지 노릇을 하는 경우도 있고, 또 한 예로는, 아예 자식이 태어나지 않음으로써 자손에 관해 복(福)이나 덕(德)이 없는 게 아니라 자손 자체가 없는 경우도 있는 것이다.

어쨌거나 둘 다 자식복(子息福)이 없는 팔자(八字)임에는 틀림이 없다고 하겠다.

그러나 한 가지 문제시되는 점은 부모론(父母論)에서도 언급했다시피 식상(食傷)을 자손(子孫)의 정위(定位)로 볼 적에, 실제로 손효(孫爻)가 왕길(旺吉)한데도 자손(子孫)이 없는 경우와, 그와 반대로 명궁(命宮)에는 손효(孫爻)가 거의 투출(透出)하지 않았거나 투출(透出)했어도 공망(空亡)이나 휴망(休亡)에 떨어졌는데도 자식(子息)을 갖고 있는 사람이 있는 등, 자못 일반론(一般論)으로는 설명이 불가능한 한계점에 대해 어떻게 풀이할 수 있겠는가가 현안(懸案)이며 쟁점이라 할 수 있다.

이 문제에 관한 해답을 내리기에 앞서 우리는 사람의 실체를 한번 살펴볼 필요성이 있을 것 같다. 이 세상 수많은 사람 가운데는 정말 이해하기 어려운 외형(外形)이나 신체적 구조를 갖고 태어난 사람들도 간혹 있다. 우선 기형적인 사람을 제외하고라도, 외모는 흡사 여자로 생겼는데도 생리구조는 어엿한 남자로 태어난 여성적인 남성이 있는가 하면, 또 이와는 반대로, 외양(外樣)은 어디를 보나 헌헌장부(軒軒丈夫)답게 생겼는데도 내용은 여자인 예도 허다하다.

이처럼 조물(造物)이 창조한 피조물(被造物) 가운데서도 이와 같은 규격이탈(規格離脫)의 돌연변이가 생기는 현상을, 우리 정명학적(定命學的) 원리에서도 외면할 수 없는 현상임을 잊어서는 안 되겠다.

그러므로 간혹 팔자(八字) 밖의 자식이 태어나기도 하는가 하면, 때로는 분명 팔자(八字)에 있는 자식인데도 태어나지 않는 예도 있어서, 이른바 선천적인 팔자부도론(八字不渡論)도 심심찮게 대두되고 있음을 알 수가 있겠다. 그러나 이러한 선후천적(先後天的) 한계론(限界論)이 비단 부모 자식운(子息運)에만 국한된 것은 아니고 보면, 제반(諸般) 육친궁(六親宮)에 모두 이와 같은 한계점은 있을 수 있겠기에, 여사(如似)한 예(例)의 명운(命運)에 부딪혔을 시에는 그 한계성이 어떤 육친궁(六親宮)에 나타나던 간에 한 가지 공통점은 찾을 수가 있을 것이다.

즉, 팔자(八字)에 자식이 없거나 연박(緣薄)한 사람인데도 실제로 자식이 태어나서 키우고 있는 부모가 있다면 이들 부모한테는 자식이 애물단지이거나, 아니면 있어도 없는 것이나 다름없는 그런 몹쓸 자식이 될 것이고, 반대로 팔자(八字)에 있는 자식이 태어나지 않았을 경우에는 자기의 친자(親子)는 없어도 어떤 사람이 자식노릇을 해줄 사람이 있음을 많이 보아온 것이다. 이러한 현상이 생겨나는 원인을 분석해 본다면, 그 요인은 선천적인 것과 후천적인 것으로 양분(兩分)하여 설명할 수 있겠다.

먼저 선천적인 원인으로는, 남녀는 반드시 짝을 이룬 뒤에 생산(生産)을 하게 되어 있는데, 이때 서로 만나는 배우자들 간에 아무리 공통된 조건하에서 결합을 한다고 할지라도 팔자(八字)의 이질적 요소를 완전히 해소하기는 불가능하므로, 이로 인한 양자(兩者)의 육친운(六親運)이 각이(各異)한데서 빚어지는 불가피적인 원인이라 하겠다.

즉, 부계(父系)의 명운상(命運上)에는 자식이 5형제(五兄弟)인데 모계(母系)의 명운상(命運上)에는 자손효(子孫爻)가 없을 수도 있고, 또 부계(父系)보다 더 많을 수도, 더 적을 수도 있을 것이다. 따라서 이들 부부가 합작으로 자식을 낳는다 할지라도 양계(兩系)의 팔자상(八字上) 자식이 모두 출현할 수는 없으므로 해서 생겨나는 불가피한 현상이, 자신의 자식한테도, 또는 자기 부모의 자식운(子息運)인 형제한테도 두루 나타날 수가 있기 때문에 육친(六親) 모두가 이 선천적인 한계상황에 걸려들고 말게 된다.

끝으로 후천적인 부도론(不渡論)이란 이른바 가족계획에 의한 산아제한 때문인 것이니, 이는 시대적 추세를 반영한 것으로서, 또한 뛰어넘을 수 있는 상황이 아닌 것이다.

* 旼岡 註:
시간(時干), 상관(傷官) = 아들
시지(時支), 식신(食神) = 딸

마. 재물궁(財物宮)

　흔히들 재물궁(財物宮)은 처궁(妻宮)과 함께 보는 게 상례(常例)로 알고 있지만, 그러나 엄연히 재물궁(財物宮)은 각과(各果)를 설(設)해야만 육친궁(六親宮)의 숫자와 순서가 맞아 떨어진다.

　재물궁(財物宮)이라고는 하지만 실제에 있어서 재물(財物)은 꼭 재(財)가 길(吉)해야 많아지는 것도 아니다. 물론 재물(財物)이 많으려면 우선 재(財), 손(孫)이 왕길(旺吉)해야 되겠지만 보다 중요한 것은 명궁(命宮)의 일국(一局)이 원상통기(圓狀通氣)가 되느냐 하는 것과, 그것이 안 되면 관인상생(官印相生)이라도 돼야만 재물(財物)을 적취(積聚)할 수가 있다. 그리고 진정으로 큰 재물(財物)은 인성(印星)에 있는 것이고, 재손효(財孫爻)를 통해 재(財)를 취하고자 함은 다만 일용(日用) 소모량을 충족시키는 것에 불과할 뿐이고, 정말 거재(巨財)는 인효(印爻)에 달린 것이다.

　그러므로 재(財), 손(孫)이 설령 부실하다 할지라도 원상통기(圓狀通氣)에 인효(印爻)가 왕길(旺吉)하고 관(官)과 더불어 교생(交生)하면 부(富)는 자연 적취(積聚)가 될 수 있는 것이다.

　하지만 부(富)에도 여러 가지 종류가 있다. 청부(淸富)가 있는가 하면 탁부(濁富)도 있고, 또 부(富)를 이룬 과정과 방법상으로도 여러 가지 분류로 나눌 수 있다.

　그래서 농부(農富)와 상부(商富)가 다르고, 공부(工富)와 기예부(技藝富)가 또한 다르다. 농부(農富)란 일종의 근로록(勤勞祿)으로써 이룩한 부(富)를 말하며, 상부(商富)란 상양록(商量祿)을 바탕으로 하여 이룬 부(富)이니, 곧 상업(商業)으로써 부(富)를 이룩한 예가 되고, 공부(工富)란 수공(手工)으로써 부(富)를 이루었으니, 이는 기예록(技藝祿)으로 성공한 사례가 되기도 한다.

물론 이 밖에도 관록(官祿)을 미끼로 하여 이룩한 부(富)도 있을 수가 있지만, 그러나 그것은 정당한 방법에 의해 이룩한 부(富)가 못 되고, 일종의 토색부(討索富)로서 보편적인 부(富)와는 범주를 달리한다.
  우리나라 재벌(財閥)들의 부(富)를 이룬 경로와 과정을 정확히는 알 수가 없지만 몇몇 재벌총수들의 밝혀진 치부기(致富記)를 토대로 분석해 본다면, 고(故) 이병철 씨(李秉喆 氏), 김우중 씨(金宇中 氏)나 럭키 금성(金星)의 총수 등은 모두 다 철저한 상양록(商量祿)으로써 치부(致富)를 한 예가 되고, 현대 그룹의 총수인 고(故) 정주영 씨(鄭周永 氏)처럼 근로록(勤勞祿)에서부터 시작하여 상양록(商量祿)으로 옮겨가면서 성공한 사례도 있어서, 일종의 입지전적(立志傳的) 성공사례라고도 할 수 있는 것이다.
  어쨌거나 치부(致富)를 한 사람들, 즉 재벌들의 사주명리(四柱命理)는 거의가 다 권력지향형(權力指向形)의 명국(命局)으로서, 이른바 정경유착(政經油着)의 경로(經路)가 아니고서는 부(富)를 형성할 수 없음을 입증해 주고 있는 것이다.
  그러나 이 과정이 물론 도덕적인 시비(是非)나 논란의 대상(對象)은 될지언정, 재생관(財生官)하는 부(富)의 생리(生理)를 적나라하게 드러내 보이는 좋은 예증적(例證的) 자료가 되는 것은 틀림이 없다.
  권력지향형(權力指向形)의 명국(命局)이란 곧 관료형(官僚形)의 명국(命局)과 대동소이(大同小異)한 것으로서 거의가 다 원상통기(圓狀通氣)가 아니면 관인상생(官印相生)으로 돌아가는 성공사례의 범주에 속함을 알 수가 있겠다. 그러므로 부(富)는 반드시 정치권력과 밀착하지 않으려야 않을 수 없는 게 부(富) 자체의 생리

(生理)이자 재벌들의 기질이기도 한 것이니, 정경간(政經間)의 물의(物議)는 어느 나라, 어느 시대를 막론하고 정도의 차이는 있을지라도 그 사회가 안고 있는 공통의 쟁점이기도 하다.

하지만 [대부재천(大富在天), 소부재근(小富在勤)]이란 말은, [대부(大富)는 하늘이 내고, 소부(小富)는 사람이 만들어 내는 것]이라는 결론이고 보면, 부자(富者)는 하늘이 내는 것으로서 아무나 탐(貪)할 바 못 됨을 알아야 한다. 그저 [소부재근(小富在勤)]이라는 교훈에 한 가닥 희망을 걸고 열심히 살아가면 소부(小富)는 가취(可取)이니, 명궁(命宮)이 아무리 험악한 사람일지라도 한 가지 일에 최선을 다한다면 작은 성공은 가능하다는 것이 정명학(定命學)의 가르침이기도 한 것이다.

바. 관록궁(官祿宮)[직업궁(職業宮)]

[천생만민(千生萬民), 필수기직(必須其職)]이라 하였으니, 사람은 누구나 소정(所定)의 직업(職業)이 있어 그 직(職)에 일생을 바치면서 자신의 생계는 물론, 가솔(家率)의 생계도 함께 부담하면서 이중의 고통을 치르면서도 그것을 삶의 보람으로 여기면서 살아가고 있다.

그러나 우리 주변을 돌아보면 무소지인(無所之人), 즉 소업(所業) 없는 사람들도 많이 있음을 알 수가 있다. 혹 그들 가운데는 직업이 없는 그 자체가 직업인양 하면서, 그래도 잘 먹고 잘 살아(?)가는 아리송한 부류들도 많으니 세상은 참 요지경 속이다.

직업(職業)의 종류(種類)

명국(命宮) 가운데서 적성에 걸맞은 직업을 찾아내기 위해서는 먼저 명국(命局)을 칠대권역별(七大圈域別)로 분류할 필요가 있다. 칠대권역별(七大圈域別) 분류는 다음과 같다.

제1권역(第一圈域) 상관격(傷官格)

상관격(傷官格)에도 두 가지 종류가 있다. 극관형(剋官形)과 조관형(助官形)이 그것이다. 그러나 극관형(剋官形)의 상관격(傷官格)에는 아무런 직업도 직장도 갖지 못하는 폐단이 있어, 이는 아무짝에도 쓸모가 없는 무위도식자(無爲徒食者)가 아니면, 천하의 반골(反骨)로 낙인이 찍힌 폐인(廢人)이 되고 만다.

하지만 조관형(助官形)의 상관격(傷官格)도 직업이 일정하지는 않아서 관(官), 인(印)이 왕성(旺盛)할 때에는 관로(官路)로 나아가서 주로 사정관직(司正官職)에 종사하게 되고, 관(官), 인(印), 손

(孫)을 모두 갖춘 사람이라면 학자나 교수 등, 교육계의 직종으로 나아감이 좋다.

그러나 관(官), 인(印)이 연결되지 못한 채 관(官), 인(印)은 세(勢)가 약하고, 반면에 재(財), 손(孫)이 왕성(旺盛)한 명국(命局)이라면 전문직종으로서 의사(醫師)나 약사(藥師) 등의 치귀지직(治鬼之職)이 좋으나, 또한 재효(財爻)는 명맥뿐인데 손효(孫爻)가 과왕(過旺)하여 관(官)을 견제하고 있을 때는 언론계나 변호사, 계리사(計理士), 변리사(辨理士) 등의 자유직이 좋다.

제2권역(第二圈域) 관인상생격(官印相生格)

관(官), 인(印)이 상생(相生)함도 성공사례의 세 번째 조건에 해당한다. 재(財), 손(孫)은 미약한 채 관인상생(官印相生)하는 명국(命局)은 우선 청(淸)하다. 그래서 목민관(牧民官)[=행정관(行政官)]으로 적격하고, 또 청백리(淸白吏) 기질이 있는 만큼 깨끗한 정신으로 대민봉사(對民奉仕)를 할 수가 있다.

뿐만 아니라, 평생을 학문을 위해 바치는 청렴(淸廉)한 학자형도 이러한 명국(命局)에서 나온다.

하지만 여기에 만약 왕재(旺財)가 나타나서 관(官)을 생(生)한다면 이러한 명국(命局)은 기질이 전혀 달라진다. 말하자면 기(氣)가 중탁(重濁)해져서 공직에 임하더라도 투철한 사명감이나 봉사정신보다는 이권이나 챙기고 탐재위학(貪財爲虐)이나 일삼는, 전형적 탐관오리형의 인물 될 수밖에 없다.

제3권역(第三圈域) 식신생재격(食神生財格)

식신생재(食神生財)하는 명국(命局)의 사람들은 대개 생활환경에 따라서 생업이 정해지기가 일쑤여서 굳이 권역별(圈域別) 특색을 말하자면, 근로록(勤勞祿)이나 상양녹권(商量祿圈)에 종사하는 직종군(職種群)에 해당한다고 볼 수가 있겠다.

이들이 만약 농어촌(農漁村) 사람들이라면 농작물을 경작하거나, 아니면 수산업(水産業)이나 어업(漁業)에 종사하게 될 것이고, 도시에 사는 사람들이라면 상업에 종사하거나, 아니면 각종 근로직에 종사하게 될 것이다. 이 가운데서도 각자의 명국상(命局上) 오행(五行)을 참작하여 업종선택 등의 세분화를 시도할 수가 있겠지만, 대체로 구분하자면 이 정도가 가능할 것이다.

제4권역(第四圈域) 손다재약(孫多財弱)에 관인불투격(官印不透格)

[무관(無官), 무인수격(無印受格)]

명국(命局)이 온통 손(孫)만 왕(旺)한데 재성(財星)도 미약(微弱)하고 관(官), 인(印)이 애당초 투출(透出)하지 않은 경우를 말하니, 이러한 유형은 이른바 제도권역(制度圈域)에 진입을 하지 못한 채 평생 자유업(自由業)에 종사하게 된다. 말하자면 수공업(手工業) 종사하면서 평생을 외곬으로 정진하는 사람들의 예가 여기에 해당한다.

제5권역(第五圈域) 재생관귀격(財生官鬼格)

명국(命局)이 무손(無孫), 무인(無印)으로 편고(偏枯)한 가운데 재(財), 관(官)만 투출(透出)하여 재생관(財生官)으로 끝나 버리는 상태를 말하는데, 이때에는 장사[상업(商業)]를 한다면 본전도 못 건지는 꼴이 되고 다른 생업도 일절 안 되니, 오직 직장에서 미관말직(微官末職)으로 근무하거나, 아니면 기업체에 들어가서 수

위직(守衛職)이나 경비직종(警備職種)에 종사하는 게 상책인데, 그게 싫다면 도농(都農)을 불문(不門)하고 날품팔이 등을 하고 살아가야 한다.
* 旼岡 註: 즉, 승진이 필요하지 않은 곳에 들어가서 월급이나 받는 직업이 적당하다.

제6권역(第六圈域) 원상통기형(圓狀通氣形)

이른바 무소불능(無所不能)이요, 하사불성(何事不成)의 다복(多福)한 군상(群像)들이 벌이는 호화무대(豪華舞臺)와도 같은 명국(命局)들로서, 칠대권역(七大圈域) 가운데서 제일 첫 번째 가는 형국(形局)에 속한다.

따라서 이들 권역(圈域)에 속하는 군상들에게는 아무런 직업상의 고충도 있을 수 없다. 그 가운데 관(官)이 좀 왕(旺)하면 관록(官祿)이나 관직생활이 좋고, 관성(官星)은 약(弱)한데 인성(印星)만 왕길(旺吉)한 명궁(命宮)을 가진 사람은 학계(學界)로 나아감이 좋다.

아무튼 이들 명궁(命宮)을 가진 자들은 제일급(第一級)의 행복권(幸福圈)에 속하는 사람들로서, 이들은 평생을 살아가는 데 별다른 고충도 없고 직업적인 난관도 없다. 원상통기자(圓狀通氣者)의 명국(命局)을 가리켜 [무기지명(無忌之命)]이라 하는 이유가 여기에 있는 것이다.

이들 명국자(命局者)들에게는 출장입상(出將入相)도 가능할 뿐 아니라 기업인으로 출발하여 재벌로 성공할 수도 있다. 또 한 가지, 이들 재벌 명궁(命宮)의 공통적 특징은 권력지향형(權力指向形)에 이유가 있다. 재벌총수들의 명국(命局)을 볼 것 같으면 대부분이 권력지향형(權力指向形)으로 나타나기 때문에, 소위 정경유착(政經油着)의 고리를 쥐고 있는 당사자들이기도 하다.

제7권역(第七圈域)
충국(冲局), 원진국(怨嗔局) 및 형파국격(刑破局格)

충국(冲局): 충국(冲局) 바탕의 명국자(命局者)들은 일정한 직업을 갖기가 어렵다. 충국(冲局) 바탕의 명국자(命局者)는 고정적인 직업(職業)을 가질 수가 없다는 이유가, 심리적 변동 때문이다. 즉, 한 가지 일에 정진하여 승부를 걸어 보겠다는 그러한 끈덕진 근성이 부족한 것이, 이들 명국(命局)[특히 금목충국(金木冲局)] 자들의 특징이다.

그저 매사를 속전속결로 해치우고서 거금(巨金)을 손아귀에 넣으려는 투기심(投機心) 때문인 것이다.

그러므로 이들에게 알맞은 직업이란 어느 현장에 가서 일당(日當) 인부로 일하는 게 생계방법을 위한 최선책인데, 그러나 대부분의 충국 바탕의 명국(命局)을 가진 자들은 통이 크고 투기성(投機性)과 모험심이 강해서 뭐든지 파헤치고 깨트리는 등, 새로운 세계나 미래지향적인 꿈을 가지고 있어서 현실적응이 어려운 만큼, 굴신(屈身)이나 신분비하(臣分卑下)를 무릅쓰면서까지 되는 대로 살아가려고는 하지 않는다. 그러므로 매사 하는 족족 실패로 끝나 버리는 십모구패지인(十謀九敗之人)이 되고 말지만, 그래도 할 일은 있다. 이들이 할 일이란 철거반원(撤去班員) 노릇이다.

그러나 충국(冲局) 바탕의 명국자도 입격자(入格者)는 다르다. 이들에게는 실패라는 것이 항다반사(恒茶飯事)만은 아니다. 즉,

기신(己身)을 비롯한 동처(動處)가 비충지(非冲地)인 화토(火土) 상생지(相生地)에 앉은 사람은 실패의 연속타자가 아닌, 성공의 홈런도 가끔은 날릴 수 있는 기록보유자가 나올 수가 있다.

원진국(怨嗔局): 원진국(怨嗔局)의 명국자(命局者)들도 문제가 있는 인물들이다. 충국(冲局)의 위력이 급성적(急性的)인 파괴력을 지녔다면, 원진국(怨嗔局)은 만성적(慢性的)인 파괴력을 지녔다고 할 수가 있겠다. 그 엄청난 파괴력은 무엇을 파괴한단 말인가? 그것은 곧 자기 명운(命運)에 대한 파괴력을 나타내는 것이다.

한마디로 말해서 이들에게는 조금도 호운(好運)이라는 게 없이 매사가 빗나가기만 하고, 또한 시의(時宜)를 놓치기가 항다반사(恒茶飯事)여서 언제나 남보다 한 발짝 늦게 출발하는 꼴이 되어 기회를 놓치곤 하는 게 원진국(怨嗔局)의 명운자(命運者)들이다. 그래서 붙여진 별명이 [아차! 인생(人生)]이다. (* 旼岡 註: [공자가 비단옷 입고 밤길 걷기]라는 별명도 있다) 또 한 가지 문제는 인덕(人德)이 너무도 없다는 것이다. 언제나 남을 위해 실컷 일해 놓고도 인사는커녕 원망만 듣기 일쑤여서, 아예 이들이 가져야 할 직업은 원성을 듣고 미움받는, 그러한 류의 직(職)이 적격할 것이다. 말하자면 경찰직(警察職)이나 세무직(稅務職), 또는 소방서원(消防署員)이나 신문기자(新聞記者) 등의 직(職)이 가장 적절한 천직이라 할 수가 있겠다.

형파국(刑破局): 형파국(刑破局)의 명국자(命局者)들도 별반 예외일 수는 없다. 본시 형파국자(刑破局者)를 가리켜 [비귀즉천(非貴卽賤)]이라 했으니, 차(此) 명국자(命局者)들은 귀(貴)하게 못 살거

든 천(賤)하게 살아야 한다는 뜻이다. 그러나 입격자(入格者)는 행권(行權)으로서 위권(威權)을 떨치고 부귀(富貴)를 누리지만, 실격자(失格者)는 용살지직(用殺之職)에 종사하면서 분수껏 사는 것이 제격이다. 그러나 용살자(用殺者)의 생리(生理)가 터무니없이 뜻만 높아가지고 자기 분수도 알지 못한 채 무조건 신분상승만 도모하려는 허욕(虛慾) 때문에 참담한 실패의 연속만을 되풀이하게 하는 것이다.

행권자(行權者)는 극귀지명(極貴之命)이라, 그 신분이 위로는 만인지상(萬人之上)도 될 수가 있고 아래로 치자면 일인지하(一人之下)에 이를 수도 있는 고귀한 신분을 누릴 수가 있다. 그러나 용살자(用殺者)야 어디 그런가? 본시 천직(賤職)에 종사해야 마땅하기로 옛날 표현대로라면 갖바치가 가장 알맞고, 또한 백정(白丁)도 알맞지만, 그러나 농(農), 상(商), 공부(工夫)도 천직(賤職)이기는 마찬가지였어도, 그렇다고 용살지직(用殺之職)은 아닐 수 있는 게 농(農), 상(商), 공직(工職)이다.

이들을 현대적 감각으로 표현하라면 곧 도규(刀圭)를 쓰는 의사(醫師), 또는 침봉(針峰)을 쓰는 장인(匠人) 등이 모두 용살자(用殺者)가 되고, 또한 건설현장에 종사하는 사람이나 공사장 인부 등은 모두가 용살직(用殺職)에 종사하는 사람들이니, 이들은 적어도 자신의 직(職)을 천직(天職)으로 여겨야 할 것이다.

* 旼岡 註: 형파국(刑破局)이 입격을 하면 행권자는 극귀지명(極貴之命)이 되어 그 신분이 위로는 만인지상(萬人之上)이요, 아래로는 일인지하(一人之下)에 이를 수도 있는 고귀한 신분을 누릴 수가 있다.
* 旼岡 註: 옛날에는 용살직(用殺職)이 천직(賤職)에 많이 속했으나, 요즘 시대에는 오히려 용살직이 더 잘 살거나 대접받는 경우가 흔하다.

사. 유년궁(遊年宮)

　유년운(遊年運)은 사람의 명운(命運)을 선후천(先後天)으로 나누는 데 있어서 분수령(分水嶺)이 되기도 하고, 또한 부귀빈천(富貴貧賤)과 길흉화복(吉凶禍福)을 구분 짓는 표준점이 되기도 하므로, 곧 선천명국(先天命局)으로는 부귀빈천(富貴貧賤)을 보고, 후천운로(後天運路)로는 길흉화복(吉凶禍福)을 보는 유년운(遊年運)이야말로 생(生)의 마지막 기대를 걸어 볼 수도 있는 유일한 희망봉(希望峯)이라 할 수도 있겠다.
　그러므로 유년(遊年)이 지나갈 때마다 운세(運勢)의 변화를 잘 파악해야 하며, 또한 유년(遊年)이라고 하여 언제나 좋은 운(運)만이 찾아드는 것은 아니기에 누구나 좋은 쪽을 기다리는 사람한테는 희망봉(希望峯)이 될 수도 있겠지만, 그러나 그것이 반드시 길운(吉運)으로 맞아 떨어진다는 확신이 없는 이상, 실제로 길운(吉運)으로 나타날 수 있는 확률은 복권당첨의 확률과도 맞먹을 것이다. 그러므로 유년상(遊年上)에 지나친 기대를 거는 것은 실망만을 안겨 줄 뿐이다.
　하지만 또 한편, 주중(柱中)의 오기(五氣)가 전혀 불통(不通)일 때, 다만 희망을 걸어 볼 곳이라고는 유년궁(遊年宮)뿐이므로, 그래서 걸어 보는 기대가 크다는 것이다. 또한 실제로 사회의 저명인사(著名人士)들이나, 또는 사업적으로 성공한 사람들 가운데는 유년(遊年) 통기(通氣)를 만나서 성공한 예가 허다하므로, 유년운로(遊年運路)야말로 참으로 소중한 인생의 마지막 관문을 넘는 교두보(橋頭堡)임을 잊어서는 안 된다.
　어쨌건 유년(遊年)의 흐름이 연속 길운(吉運)으로 15, 16년, 20여 년, 심지어는 30년 가까이 뻗는 경우도 있어, 그때에 생(生)의 성공은 가능한 것이다.

* 旼岡 註: 기문국(奇門局)에서 홍국수(洪局數)의 지반수(地盤數)는 1세부터 45세까지의 유년운(遊年運)에 해당하고, 천반수(天盤數)는 46세부터 90세까지의 유년운(遊年運)에 해당한다.

기문강좌(奇門講座)

제1장 기초조식편(基礎造式篇)

제34대 전맥자 수봉 이기목(粹峯 李奇穆) 저(著)

제35대 전맥자 민강 손혜림(旻岡 孫憲琳) 편저(編著)

원저자 서문(序文)

 세월(歲月)이 흐름에 따라 마음도 달라지고, 마음이 달라짐에 따라 모든 사물(事物)을 접(接)하는 방법(方法)도 달라져 가고 있다. 그래서 [성인(聖人)도 종시속(從時俗)]이란 말이 생겼나 보다.
 내 고색(古色)이 창연(蒼然)한 사학류(斯學類)를 가지고 평생(平生)을 살아오면서 수(數)많은 후인(後人)을 지도(指導)해 오면서도 내 나름대로의 전수방법(傳受方法)을 일방적(一方的)으로 써 왔지만, 언젠가부터 그 방법(方法)이 먹혀 들어가지 않는구나 하는 생각을 갖게 되었다.
 [새 술은 새 부대에 담으라]는 말이 진리(眞理)라면, [헌 술은 헌 부대에 담아야 한다]라는 말도 동시(同時)에 진리(眞理)여야 할 텐데, 어찌 전자(前者)는 맞는 말로 받아들여지고 후자(後者)는 턱없는 소리로 배척(背斥)을 당(當)해야만 옳은가 말이다.
 이 기막힌 모순논리(矛盾論理) 앞에서 혼자 고민(苦悶)하고 저항(抵抗)하곤 하다가, 끝내 마음을 고쳐먹기로 작정(作定)하고 말았다.
 [비록 헌 술일망정 먹는 방법(方法)이 예와 다르면 새 부대에 담아야 한다]고 말이다.
 그래서 생각해 낸 것이 [좀 더 쉽고 편리(便利)하게 가르쳐 보자] 하는 새로운 방법(方法)의 궁리(窮理)였다. 결국(結局) 글쓰기

를 싫어하는 수강생(受講生)들 앞에서 언제까지나 칠판(漆板)에 써 놓은 글씨만, [그것도 한자(韓字)투성인 것을] 팔이 아프도록 베껴 써라! 하고 강요(强要)할 수 없다는 절실(切實)한 생각에서 발생(發生)한 새로운 학습방법(學習方法)이, 곧 교재(敎材)의 세분화작업(細分化作業)이었다.

이상(以上)과 같은 고충(苦衷)을 안고 만들어 낸 것이 이 새로운 교재(敎材)이니만큼, 여러분의 학습(學習)에 배가(倍加)의 효율(效率)이 있었으면 좋겠다는 생각에서, 몇 자 허두(虛頭)에 적어 본다.

병자년(丙子年) 음력(陰曆) 구월(九月) 십칠일(十七 日)
저자(著者) 수봉 이기목(粹峯 李奇穆) 근식(謹識)

기문강좌(奇門講座)
제1장 기초조식편(基礎造式篇) ····· 209

원저자 서문 ····· 211

제1절(第一節) 연국조식법(煙局造式法) ····· 215
가. 육의삼기(六儀三奇) 붙이는 법(法) ····· 216
나. 지반육의(地盤六儀) 붙이는 법(法) ····· 221
다. 천반육의(天盤六儀) 붙이는 법(法) ····· 231
라. 구성(九星) 붙이는 법(法) ····· 236
마. 팔장(八將) 붙이는 법(法) ····· 239

제2절(第二節) 홍국조식법(洪局造式法) ····· 243
가. 홍국수(洪局數) 포국법(布局法) ····· 244
나. 설괘법(設卦法) ····· 249
다. 화기팔문(花奇八門) 붙이는 법(法) ····· 255
라. 육친부법(六親付法) ····· 266
마. 유년운(遊年運) 계거법(計居法) ····· 268

제3절(第二節) 제신살부법(諸神殺付法) ····· 271
가. 십이운성(十二運星) 붙이는 법(法) ····· 272
나. 십이신살(十二辰殺) 붙이는 법(法) ····· 277
다. 공망(空亡) ····· 280
라. 천마(天馬) ····· 281
마. 천을귀인(天乙貴人) ····· 282
사. 일록(日祿) ····· 284

제4절(第四節) 오국 설국법(五局 設局法) ····· 287
가. 연국설국법(年局設局法) ····· 288

나. 월국설국법(月局設局法) ·· 290
다. 일국(日局) 및 시국(時局) ······································ 292

제5절(第五節) **삼원력 사용법**(三元曆 使用法) ············ 295
가. 표준시(標準時)의 정립법(定立法) ························ 296
나. 초신접기법(超神接氣法) ·· 299

부록 ·· 307
기문둔갑 포국설명 ·· 308
기문둔갑 기초지식 ·· 313
태청궁청구태학당 역대 전맥자 ·································· 332
기문둔갑 프로그램의 종류 ·· 334
태청궁 청구태학당 강의안내 ······································ 338
태학당 출판물 안내 ·· 344

제1절 (第一節)
연국조식법
(煙局造式法)

제1절 (第一節) 연국조식법 (煙局造式法)

연국(煙局)은 천지반(天地盤) 육의삼기(六儀三奇)와 구성(九星), 팔장(八將)을 가리킨다. 연국조식(煙局造式)은 구궁(九宮)이라는 공간(空間) 위에 육의삼기(六儀三奇)라는 시간(時間)이 종횡무진(縱橫無盡)으로 착종(錯綜)되어 가는 과정이 곧 기문조식(奇門造式)의 과제인 것이다. 이 과제의 맨 첫 순서가 육의삼기(六儀三奇)를 붙이는 법인 것이다.

* 眇岡 註: 구궁도(九宮圖)와 십이지방(十二支方)

구궁도(九宮圖)

四	九	二
三	五	七
八	一	六

십이지방(十二支方)

辰	巳	午	未申
卯			酉
寅	丑	子	亥戌

가. 육의삼기(六儀三奇) 붙이는 법(法)

육의(六儀)는 무(戊), 기(己), 경(庚), 신(辛), 임(壬), 계(癸)를 말하고, 삼기(三奇)란 을(乙), 병(丙), 정(丁)을 말하니, 이상의 육의삼기(六儀三奇)를 천지반(天地盤)에 걸쳐 붙여 나간다. 그 방법은 음양둔(陰陽遁)에 따라, 양둔(陽遁)에는 순행(順行)하고 음둔(陰遁)에는 역행(逆行)하게 되며, 삼기(三奇)는 음양둔(陰陽遁)을 가릴 것 없이 육의(六儀)가 가는 방향대로 정(丁)·병(丙)·을(乙)의 순서로만 붙여 나가면 된다.

음양둔(陰陽遁)의 기준은 생월(生月)의 절기(節氣)를 쫓아 구분된다. 일주(日柱)가 동지절(冬至節)에서 망종절(芒種節)까지는 양기(陽氣)가 사령(司令)을 하므로 양둔절(陽遁節)이라 하고, 하지(夏至)에서 대설절(大雪節)까지는 음기(陰氣)가 사령(司令)을 하니 음기(陰氣)가 주관(主管)하게 되므로, 양순음역(陽順陰逆)의 순서에 따라 구궁(九宮)을 순역(順逆)하게 되는 것이다.

육의삼기(六儀三奇) 가운데 갑자(甲子) 무(戊)가 선행주자(先行走者)가 되는 것은 정(定)한 이치(理致)지만, 그런데 문제는 이 선행주자(先行走者)인 갑자(甲子) 무(戊)가 구궁(九宮)의 어느 곳에 맨 먼저 앉게 되는가, 하는 순위가 정해지지 않으면 안 된다는 것이다.

그러므로 이 순위의 기준을 정하기 위해서는 먼저 일주(日柱)를 삼원(三元)으로 분류해야 할 필요가 있다. 다시 말하면, 육십갑자(六十甲子) 간지(干支)를 삼원(三元)[상원(上元), 중원(中元) 하원(下元)]별로 분류하는 법인데, 이때에 상원(上元)은 천원(天元)이라 하여 하늘을 표상(表象)하고, 중원(中元)은 인원(人元)이라 하여 사람을 형용(形容)하며, 하원(下元)은 지원(地元)이라 하여 땅을 형상(形象)한다.

일주(日柱)를 삼원(三元)으로 분류하는 구체적인 방법은, 천간(天干)의 갑(甲)과 기(己)가 중심(中心)이 되어 갑기(甲己)의 단원(團員)에 해당하는 간지중(干支中)에서 갑자(甲子), 갑오(甲午), 기묘(己卯), 기유(己酉)를 상원부두(上元符頭)라 하니, 매개(每個)의 부두(符頭)마다 네 개의 부속간지(部屬干支)를 거느리고 있어, 상원부두(上元符頭)에 종속(從屬)하는 부속간지(部屬干支)는 도합 20개(二十個)가 된다.

상원간지(上元干支) 20개(二十個)
갑자(甲子) - 을축(乙丑) 병인(丙寅) 정묘(丁卯) 무진(戊辰)
갑오(甲午) - 을미(乙未) 병신(丙申) 정유(丁酉) 무술(戊戌)
기묘(己卯) - 경진(庚辰) 신사(辛巳) 임오(壬午) 계미(癸未)
기유(己酉) - 경술(庚戌) 신해(辛亥) 임자(壬子) 계축(癸丑)

중원간지(中元干支) 20개(二十個)
갑인(甲寅) - 을묘(乙卯) 병진(丙辰) 정사(丁巳) 무오(戊午)
갑신(甲申) - 을유(乙酉) 병술(丙戌) 정해(丁亥) 무자(戊子)
기사(己巳) - 경오(庚午) 신미(辛未) 임신(壬申) 계유(癸酉)
기해(己亥) - 경자(庚子) 신축(辛丑) 임인(壬寅) 계묘(癸卯)

하원간지(下元干支) 20개(二十個)
갑진(甲辰) - 을사(乙巳) 병오(丙午) 정미(丁未) 무신(戊申)
갑술(甲戌) - 을해(乙亥) 병자(丙子) 정축(丁丑) 무인(戊寅)
기축(己丑) - 경인(庚寅) 신묘(辛卯) 임진(壬辰) 계사(癸巳)
기미(己未) - 경신(庚申) 신유(辛酉) 임술(壬戌) 계해(癸亥)

이상은 육십갑자(六十甲子) 간지(干支)를 삼원간지별(三元干支別)로 분류해 놓은 실례도(實例圖)이다. 그러나 이를 실용(實用)하기 위해서는 삼원분류(三元分類)의 도표를 일일이 보지 않으면 응용하기 어려우므로, 이를 빨리 운용(運用)하기 위해서는 보다 빨리 활용할 수 있는 방법이 있다. 그것이 곧 장중속심법(掌中速尋法)이다.

다음의 그림에서처럼 장중(掌中)에 고정된 십이지방(十二支方)의 해당일지(該當日支) 부위에 무지(拇指)를 올려놓고 일간(日干)부터 짚어 나가기 시작하여 십간(十干)을 역(逆)으로 세어 나가다 보면 갑(甲)이나 기(己)가 반드시 나타나게 되는데, 그때에 일단 셈을 멈춘다. 그리고 우선 갑(甲)과 기(己) 중(中)에 어느 쪽이 먼저 나타났는가를 살펴봐서, 갑(甲)이 먼저 나타났으면 갑(甲)이 부두(符頭)가 되고, 기(己)가 먼저 나타났으면 기(己)가 부두(符頭)가 된다. 예를 들어 갑(甲)이 자오궁(子午宮)에 떨어졌거나 기(己)가 묘유궁(卯酉宮)에 떨어졌으면 이때는 해당일지(該當日支)가 상원(上元)이 되고, 만일 갑(甲)이 인신궁(寅申宮)에 떨어졌거나 기(己)가 사해지(巳亥地)에 떨어졌다면 이때는 중원(中元)이 된다. 또 갑(甲)이 진술궁(辰戌宮)에 떨어졌거나 기(己)가 축미궁(丑未宮)에 떨어졌다면 이때에는 하원(下元)이 된다.

[장중속심도(掌中速尋圖)]

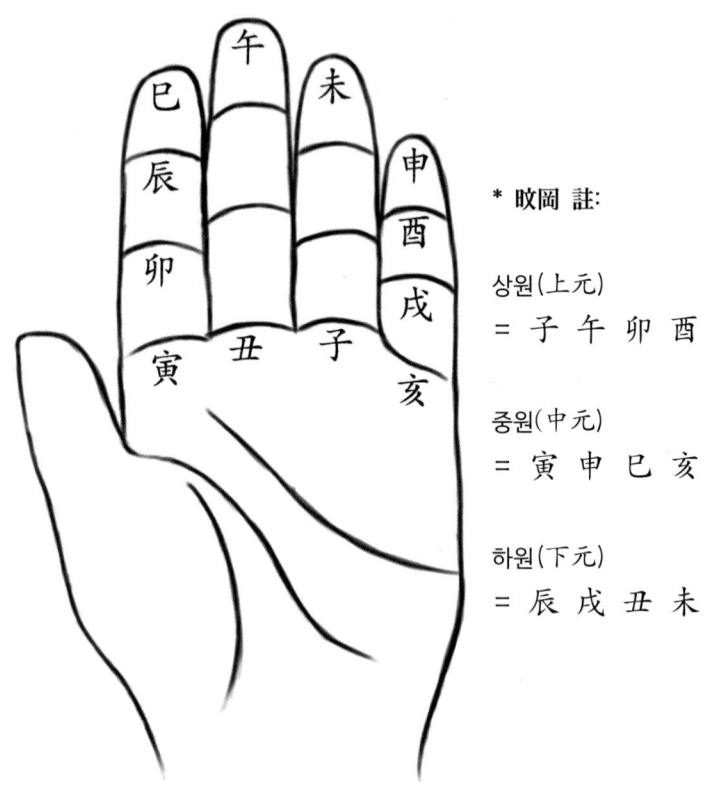

* 旼岡 註:

상원(上元)
= 子 午 卯 酉

중원(中元)
= 寅 申 巳 亥

하원(下元)
= 辰 戌 丑 未

　　도표(圖表)의 장중속심도(掌中速尋圖)에서 계유일주(癸酉日柱)라 가정을 하면, 유상(酉上)에다 일간(日干)인 육계(六癸)를 올려놓고 십간(十干)을 역(逆)으로 짚어 나가니, 계(癸), 임(壬), 신(辛), 경(庚), 기(己)하여 갑(甲)보다 기(己)가 먼저 떨어지게 된다. 자세히 보면 기(己)가 사상(巳上)에 떨어지므로 기사(己巳)가 부두(符頭)가 되어, 결국 계유일주(癸酉日柱)는 중원간지(中元干支)로 분류됨을 알 수가 있겠다.

나. 지반육의(地盤六儀) 붙이는 법(法)

일주삼원(日柱三元)을 가리는 방법을 알았으면 이제 지반육의삼기(地盤六儀三奇)를 붙이는 방법을 실제로 공부해 보기로 하자.

예(例)의 장중속심법(掌中速尋法)에서 계유일주(癸酉日柱)의 삼원분류(三元分類)가 중원(中元)으로 판정이 났으므로 일단 그렇게 알아 두기로 하고, 그다음의 문제는 계유일주(癸酉日柱)는 중원(中元)이지만 어느 달, 어느 절상(節上)의 중원(中元)이냐에 따라 중원(中元)의 국수(局數)가 달라지므로 절기삼원(節氣三元)의 국수(局數)도 알아야만 한다.

왜냐하면 일주간지(日柱干支)의 상(上) 중(中) 하원(下元)은 만고불변(萬古不變)이지만, 그러나 24절기(二十四節氣)의 삼원국수(三元局數)는 각(各) 절(節)마다 다르기 때문이다.

다음은 24절후별(二十四節候別) 상(上) 중(中) 하원(下元)의 삼원국수(三元局數)다.

손(巽)			이(離)			곤(坤)		
입하 立夏	소만 小滿	망종 芒種	하지 夏至	소서 小暑	대서 大暑	입추 立秋	처서 處暑	백로 白露
四一七	五二八	六三九	九三六	八二五	七一四	二五八	一四七	九三六
진(辰)						태(兌)		
곡우 穀雨	청명 淸明	춘분 春分				상강 霜降	한로 寒露	추분 秋分
五二八	四一七	三九六				五八二	六九三	七一四
간(艮)			감(坎)			건(乾)		
경칩 驚蟄	우수 雨水	입춘 立春	대한 大寒	소한 小寒	동지 冬至	대설 大雪	소설 小雪	입동 立冬
一七四	九六三	八五二	三九六	二八五	一七四	四七一	五八二	六九三

　이상에서 보는 바와 같이 24절후상(二十四節候上)의 삼원국수(三元局數)가 모두 다 다른 것만은 아니다. 오히려 상당수가 중복되어 있어, 우선 중복된 삼원수(三元數)를 절기별(節氣別)로 열거해 보기로 하자.

동지(冬至) 경칩(驚蟄) 일칠사(一七四)
대한(大寒) 춘분(春分) 삼구육(三九六)
청명(淸明) 입하(立夏) 사일칠(四一七)
하지(夏至) 백로(白露) 구삼육(九三六)
대서(大暑) 추분(秋分) 칠일사(七一四)
한로(寒露) 입동(立冬) 육구삼(六九三)

24절후(二十四節候)의 삼원국수중(三元局數中) 중복된 수치를 빼고 나면 결국 12가지로 줄어들고 만다. 그러나 이 12종의 국수(局數)를 종횡(縱橫)으로 활용함으로써 칠십이원(七十二元)의 기적변화(氣的變化 : 氣적인 변화)를 자아내게 하니, 여기서 말하는 삼원수(三元數)는 곧 구궁(九宮)의 기본수(基本數)를 말한다. 즉, 1(一)은 감(坎) 1(一)이고 2(二)는 곤(坤) 2(二)다.

3(三), 4(四), 5(五), 6(六), 7(七), 8(八), 9(九)의 수치도 진궁(震宮)에서 이궁(離宮)까지의 궁수(宮數)를 지칭하는 것이다. 그렇다면 어떻게 해서 이들 궁수(宮數)가 24절기(二十四節氣)의 삼원수(三元數)로 차용(借用)됐는가를 알아보는 것도 매우 중요한 일일 것 같다. 이를 알기 위해서는 먼저 순역삼진법(順逆三進法)의 원리를 알고 넘어가야 한다.

선선도조(先仙道祖)가 학문의 원리를 도출해 낼 때는 선험적(先驗的) 입장에서 격물치지(格物致知)하는 이치를 통해서 이룩해 낸 것이다. 그러나 우리 후학(後學)들은 이러한 선험적 이치나 원리를 알 길이 없다.

다만, 경험과 임상(臨床)을 통해서만이 어떤 사물의 이치를 가까스로 깨닫게 되는 것이다.

순역삼진법(順逆三進法)의 원리 또한 이러한 범주에서 벗어나지 못한다. 그런데 문제의 순역삼진법(順逆三進法)은 여타(餘他)의 순역법(順逆法)과는 방향이 맞지 않는다. 즉, 지반육의(地盤六儀) 순역구궁(順逆九宮)이라든지, 또는 직부팔장(直符八將)의 순역팔괘(順逆八卦)와는 그 순역(順逆)의 방향이 다른 것이다.

이 말은, 여타(餘他)의 순역법(順逆法)이 대체로 양순음역(陽順陰逆)으로 돌아가게 돼 있는 것이 원칙인데 반해, 유독 순역삼진법(順逆三進法)만은 양역음순(陽逆陰順)으로 돌아가기 때문에 하는 말인 것이다.

　순역삼진법(順逆三進法)은 절기삼원(節氣三元)의 국수(局數) 기산법(起算法)이다. 즉, 동지상원(冬至上元)은 1(一)이 되는데 어째서 중원(中元)은 7(七)이 되며, 또 하원(下元)은 4(四)가 되는가, 하는 의문을 풀기 위해서는 무엇보다도 순역삼진법(順逆三進法)을 알아야 한다는 말인 것이다. 그렇다면 또 한 가지 의문점이 생기는데, 그것은 상원수(上元數)의 선정문제(選定問題)인 것이다.

　일괘당(一卦當) 삼입절(三入節)이 배당되어 이십사절기(二十四節氣)가 좌전순환(左戰循環)하는데, 매(每) 궁(宮)마다 초입절(初入節)이 있고 재입절(再入節)과 삼입절(三入節)이 각각 있으니 이 가운데 이지(二至)[동지(冬至), 하지(夏至)], 이분(二分)[춘분(春分), 추분(秋分)], 사립(四立)[입춘(立春), 입하(立夏), 입추(立秋), 입동(立冬)]을 일컬어 초입절(初入節)이라 하고, 다음에 오는 절기(節氣)는 재입절(再入節), 세 번째 오는 절기(節氣)를 삼입절(三入節)이라 한다. 예를 들면 감궁(坎宮)의 초입절(初入節)은 동지(冬至)가 되고, 소한(小寒)은 재입절(再入節), 다시 대한(大寒)은 삼입절(三入節)이 되는 것과 같이, 여타(餘他)의 궁(宮)도 이와 같이 하여 초(初), 재(再), 삼입절(三入節)의 순서가 정해진다.

　그런데 매(每) 궁(宮)마다 초입절(初入節) 상원수(上元數)는 순역삼진법(順逆三進法)을 쓰지 않고서도 정해지는 방법이 있으니, 곧 해당궁(該當宮)의 원수(元數)를 사용하기 때문이다. 비교하건대 사람이 장자(長者)에게 대통(大統)을 물려주는 것과 마찬가지로, 매(每) 궁(宮)의 초입절(初入節) 또한 그 궁(宮)의 장자(長者)와 같기 때문에 그와 같은 특권을 누릴 수가 있게 되는 것이다.

　이 초입절(初入節)의 상원수(上元數)를 근거로 하여 재입절(再入節)과 삼입절(三入節)부터는 그 상원수(上元數)와 중원수(中元數), 그리고 하원수(下元數)를 각기 알기 위해서는 이른바 순역삼진법(順逆三進法)을 사용하지 않으면 이해가 되지 않을 것이다.

　여기에서도 또 한 가지 짚고 넘어가야 할 문제는 차절상(次節上)의 상원수(上元數)를 정하는 방법인데, 이때도 역시 순역삼진법(順逆三進法)이 아닌 방법을 쓴다. 초입절(初入節)이 상원수(上元數)를 해당 괘상(卦上)에서 물려받아서는 이를 다시 차절(次節)의 상원수(上元數)에다 가감(加減)을 시키는 방법인데, 양둔절상(陽遁節上)에서는 일수씩(一數式)을 가산(加算)해 주고 음둔국(陰遁局)에서는 일수씩(一數式)을 감(減)해 준다.

　예를 들면, 동지상원(冬至上元)이 1(一)인데 소한상원(小寒上元)은 2(二)가 되고, 다시 대한상원(大寒上元)은 3(三)이 되며, 또 하지상원(夏至上元)은 9(九)가 되는데 소서상원(小暑上元)은 8(八)이 되고 대서상원(大暑上元)은 7(七)이 되니, 이때에는 일수씩(一數式)을 감(減)해 주는 결과가 된다.

　그러고 보면 순역삼진법(順逆三進法)의 쓰임새는 그다지 폭 넓은 편은 못 되지만, 그래도 퍽 요긴한 방법임을 알 수가 있겠다. 즉, 초입절(初入節) 및 재입(再入), 삼입절(三入節)의 상원수(上元數)는 모두 궁괘(宮卦)의 기본수(基本數)로서 안배(按配)하는 형식을 취했다. 다만, 매(每) 절(節)의 중(中), 하원수(下元數)만을 알기 위(爲)해 이 방법[순역삼진법(順逆三進法)]을 쓰는 꼴이 되고 말았지만, 아무튼 무척 편리한 방법임에는 틀림이 없다.

　순역삼진(順逆三進)의 활용실례도(活用實例圖)는 다음 장(章)에서 참고하기로 하고, 여기서는 우선 이론전개(理論展開)부터가 더 필요할 것 같아 먼저 설명하기로 하면, 즉 동지중원(冬至中元)이 7(七)이 되고 하원(下元)이 4(四)가 되는 이유는, 이 법(法)의 활용방도를 모르고서는 알 길이 없다.

가령, 동지중원(冬至中元)이 어째서 칠국(七國)이 되는지에 관해서 다음의 도표(圖表)를 통해 설명하면 다음과 같다.

동지중원(冬至中元)이 일국(一局)이니까 감일궁(坎一宮)에서부터 첫발을 역순(逆順)으로 옮기면 이상(離上)이 되고, 다음 두 번째 발을 옮기면 간상(艮上)이 되고, 세 번째 자취를 옮기면 태상(兌上)이 되므로, 태(兌)는 7(七)이니 동지중원(冬至中元)은 곧 7(七)이 된다.

그 다음은 동지하원(冬至下元)이니 어째서 사국(四局)이 되느냐인데 이도 역시 마찬가지 이론이다. 즉, 태칠궁(兌七宮)서 다시 역(逆)으로 세 발짝 옮기면 손사궁(巽四宮)이 나오게 되어 있다.

순역삼진법(順逆三進法) 도표(圖表)

↓동지 중원 칠국(冬至 中元 七局)

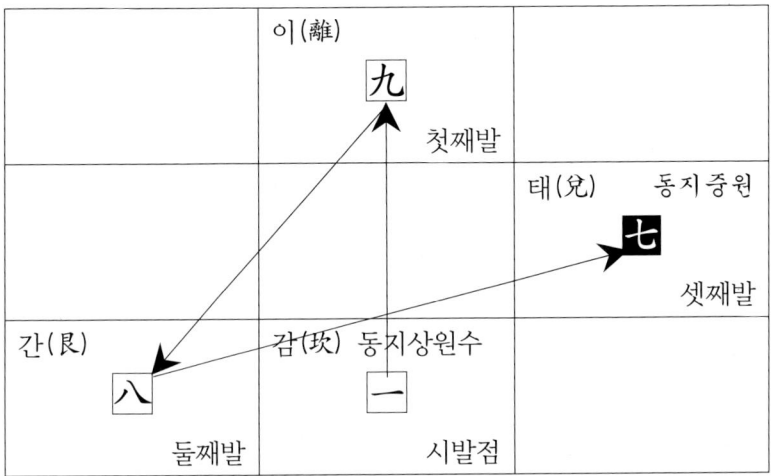

↓동지 하원 사국(冬至 下元 四局)

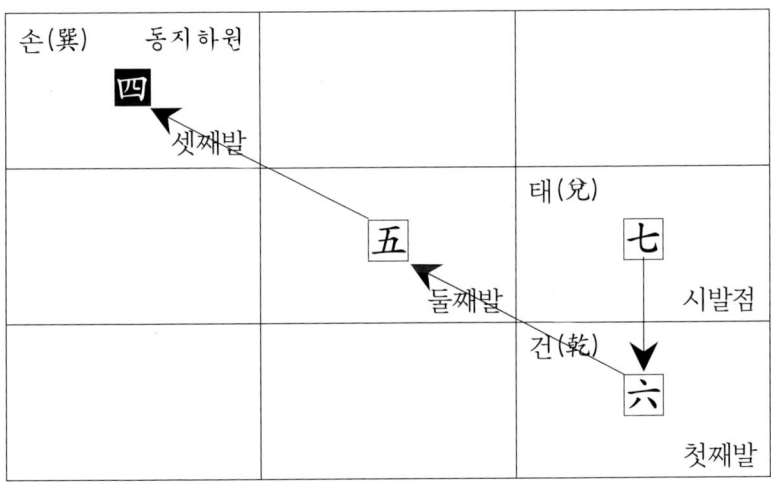

제1절 연국조식법(煙局造式法)

그럼 이제부터 소위 순역삼진법(順逆三進法)에 관한 이론적 근거를 제시해 보기로 하겠다.

기문총요가(奇門總要歌)에 이르기를 [⋯삼재변화작삼원(三才變化作三元), 팔괘분위팔둔문(八卦分爲八遁門)⋯]이라고 했는데, 첫 절의 삼재변화작삼원(三才變化作三元)이라는 구절이 곧 순역삼진법(順逆三進法)의 이론적 근거의 바탕이 된다. 즉, 순역(順逆)으로 세 발자국을 옮겨 가는 것은 삼재(三才)의 변천주기(變遷週期)를 말한다. 삼재(三才)는 천(天) 인(人) 지(地)를 가리키는 말로서, 제일보(第一步)는 천변(天變)의 징후(徵候)요, 제이보(第二步)는 인변(人變)의 조짐(兆朕)이며, 제삼보(第三步)는 지변(地變)의 응후(應候)라 하겠으므로, 최소한의 변화에 있어서도 이 삼재변이(三才變異)의 과정을 거쳐야만 운신(運身)이 가능한 것이다.

그런데 여기서 또 한 가지 풀고 넘어가야 할 문제가 있다. 그것은 왜 하필이면 양역음순(陽逆陰順)의 순역삼진법(順逆三進法)을 써야 하는가 하는 의문인 것이다.

계절이 사시순환(四時循環)함에 있어서 춘생하장(春生夏長: 봄에는 싹을 틔우고 여름에는 성장)의 추수동장(秋收冬藏: 가을에 거둬들이고 겨울에 저장)함은 곧 음양이기(陰陽二氣)가 번갈아 가면서 사령(司令)을 하기 때문이다.

즉, 춘하(春夏)는 양기(陽氣)가 사령(司令)을 하고, 추동(秋冬)에는 음기(陰氣)가 사령(司令)을 함으로 해서, 만물은 봄에 나서 여름 동안 자라다가 가을이 되면 성장을 멈추면서 결실을 하게 되고, 겨울이 되면 결실된 곡식이나 과실종류들을 모두 따서 저장을 하게 된다.

이와 같이 만물을 나고 자라게 하는 힘은 양기(陽氣)가 맡아서

하고, 결실하고 갈무리하는 힘은 음기(陰氣)가 맡아 해야 할 고유의 권한이라 하겠다.

이와 같이 나고 자라게 하는 기(氣)를 자생(滋生)의 기(氣)라 하고, 결실하고 갈무리하기 알맞은 기(氣)를 숙살(肅殺)의 기(氣)라 한다고 함은 오행명리가(五行命理家)의 기초지식이라 할 수 있다. 그러나 천도(天道)의 대의(大義)가 만물(萬物)을 화육(化育)함에 그 뜻을 두느니만큼 자생(滋生)의 양기(陽氣)는 필수적(必須的) 기(氣)라 하겠으나, 숙살(肅殺)의 음기(陰氣)는 방편적(方便的) 기(氣)에 불과하므로 음기(陰氣)는 고작 필요악적(必要惡的) 가치로밖에 인정하지 않는다. 그러므로 천지(天地)의 화육지기(化育之氣)는 양기(陽氣)가 주(主)가 된다.

양역음순(陽逆陰順)의 순역삼진법(順逆三進法)을 쓰는 이유는 다음과 같다. 감일궁(坎一宮)은 일양(一陽)이 시생(始生)하는 곳이라, 절기(節氣)따라 좌전(左戰)해 간 음양(陰陽)의 기(氣)가 본향(本鄕)을 찾아오려면 양기(陽氣)는 역행(逆行)을 해야만 감일궁(坎一宮)에 빨리 닿을 수가 있게 되고, 음기(陰氣)는 순행(順行)을 해야만 더 가깝게 닿을 수가 있기 때문이다.

모인(某人)의 명국(命局)이 양둔일국(陽遁一局)에 갑오일(甲午日) 경오시(庚午時)라고 한다면, 이의 지반육의(地盤六儀)는 다음과 같다.

이와 함께 음둔국(陰遁局)의 실례(實例)를 들어보기로 하자. 하지상원(夏至上元)의 음둔구국(陰遁九局)을 예로 들었다.

예제 : 동지상원(冬至上元) 양둔
일국(陽遁一局)
갑오일(甲午日) 경오시(庚午時)

辛	乙	己
庚	壬	丁
丙	戊	癸

예제 : 하지상원(夏至上元) 음둔
구국(陰遁九局)
을사일(乙巳日) 경진시(庚辰時)

癸	戊	丙
丁	壬	庚
己	乙	辛

다. 천반육의(天盤六儀) 붙이는 법(法)

천반육의(天盤六儀) 붙이는 법은 지반(地盤)과 달라서 시주순수(時柱旬首)를 가려내야 하고, 동시에 시간(時干)의 낙재처(落在處)를 찾은 다음, 순수(旬首)를 시간궁(時干宮) 위에 올려놓는 것으로써 비롯된다.

그런데 지반육의(地盤六儀)는 반드시 음양(陰陽)을 쫓아 순역(順逆)을 하지만 천반육의(天盤六儀)는 그렇지가 못하다.

다시 말하면, 천반육의(天盤六儀)는 순수(旬首)와 시간(時干)과의 간격(間隔)을 쫓아 좌전(左轉)이든 우전(右轉)이든 가리지 않고 가까운 곳으로 옮겨가게 되어 있다.

다음은 천반육의(天盤六儀)를 붙이는 실제 예를 들어 보기로 한다.

예제 : 동지상원(冬至上元) 양둔일국(陽遁一局)
    갑오일(甲午日) 경오시(庚午時)

丙辛	庚乙	辛己
旬首 戊 時干 庚	壬	乙丁
癸丙	丁戊	己癸

해설(解說) : 경오시(庚午時)는 순수(旬首)가 갑자무(甲子戊)가 된다. 이를 붙여 나가는 방법(方法)은 순수(旬首)를 시간(時干) 위에다 올려놓는다고 했으므로, 감상(坎上)의 순수(旬首) 무(戊)가 진상

(震上)의 시간(時間)[경(庚)] 상(上)에 올리면, 다음 간의(干儀)는 순수(旬首)가 쫓아간 방향을 따라서 본래의 대오(隊伍)를 이탈하지 않은 채, 천반(天盤)에 가서도 지반육의(地盤六儀)가 바뀌지 않은 채 원위치를 지키면서 천반(天盤)을 정립해 나간다. 이는 마치 강강술래를 할 때에 몇 바퀴를 돌아 본래의 방향은 바뀌어도 대오(大悟)는 흩어지지 않는 이치와 같은 것이다.

예제 : 하지상원(夏至上元) 음둔구국(陰遁九局)
　　　　을미일(乙未日) 경진시(庚辰時)

庚癸	辛戊	乙丙
丙丁	壬	己 時干 庚
戊 旬首 己	癸乙	丁辛

해설(解說) : 경진시(庚辰時)는 갑술순(甲戌旬)에 들어 있어 간방(艮方)의 기(己)가 곧 순수(旬首)가 되고, 시간(時干)인 경(庚)은 태방(兌方)에 앉아 있어서 간방(艮方)의 순수(旬首)가 태방(兌方)의 시간궁(時干宮)을 쫓아 앉게 된다. 여타(餘他)의 간의(干儀)도 모두 순수(旬首)의 방향 따라 지반(地盤)의 대오(隊伍)대로 배열되니 곧, 을가병(乙加丙)하고 신가무(辛加戊)하며 경가계(庚加癸)하고 병가정(丙加丁)하며 무가기(戊加己)하고 계가을(癸加乙)하며 정가신(丁加辛)하니, 이로써 천반육의(天盤六儀)가 배포된 셈이다.

천반육의(天盤六儀) 부법상(付法上)에서는 가장 중요한 문제가 시주순수(時柱旬首)를 찾아내는 방법인 것이다. 이를 위해서는 역시 장중속심법(掌中速尋法)을 활용하는 것만이 이상적인 방법이 된다.

장중속심법(掌中速尋法)을 통해서 시주순수(時柱旬首)를 가려내는 방법은 역시 간단하면서도 대단히 편리함을 알 수가 있겠다.

[장중속심도(掌中速尋圖)]

천반육의(天盤六儀) 양둔일국(陽遁一局)의 갑오일(甲午日) 경오시(庚午時)의 경우를 예로 들어 본다면, 235쪽의 장중속심도(掌中速

尋圖)의 손바닥 그림 중의 장지(長指)에 위치한 오(午)자리에다 무지(拇指)를 올려놓고 시간(時干)인 경(庚)에서부터 십간(十干)을 역(逆)으로 읽어 나가면, 오상(午上)의 경(庚), 사상(巳上)에 기(己), 진상(辰上)에 무(戊), 묘상(卯上)에 정(丁), 인상(寅上)에 병(丙), 축상(丑上)에 을(乙), 자상(子上)에 갑(甲), 하여 갑자순중(甲子旬中)에 경오(庚午)가 들어 있음을 알 수가 있겠다.

한 가지 유의할 것은 장중속심법(掌中速尋法)을 활용할 때는 반드시 무엇이 문제의 핵심이 되는지를 알아야 한다는 점이다. 즉, 오자원(五子元)을 찾는 법에 있어서는 지지(地支)의 자상(子上)에 천간(天干)의 오양간중(五陽干中)에 하일간(何一干)이 닿는가를 보아야 하므로, 이때의 핵심은 지지(地支)의 자(子) 자리에 갑무임(甲戊壬), 병경자(丙庚子) 중에서 어느 천간(天干)이 앉는가에 따라서 자원(子元)이 정해지는 것이므로 이때의 핵심처(核心處)는 자(子)가 된다. 또 지반육의(地盤六儀) 부법시(付法時)에는 반드시 일주삼원(日柱三元)이 문제가 되므로 이때는 갑(甲)과 기(己)가 자오묘유(子午卯酉) 인신사해(寅申巳亥) 축진미술(丑辰未戌) 중, 어느 지지(地支)에 앉는가를 찾아내면 되므로 이때의 핵심은 갑(甲)과 기(己)가 된다.

마지막으로 시주순수(時柱旬首)를 찾는 방법에 있어서는 무조건 천간(天干)육갑(六甲)이 어느 지(支)에 앉는가를 찾아내야 한다.

첫머리의 양둔일국(陽遁一局)의 갑오일(甲午日) 경오시(庚午時) 순수(旬首)를 찾아내는 방법을 자세히 검토해 보면 문제해결의 요령이 날 것이다.

음둔국(陰遁局)의 예에서 을미일(乙未日) 경진시(庚辰時)의 경우도 마찬가지로, 장중(掌中)의 진(辰)자리에 무지(拇指)를 올려놓고 경(庚)부터 역법(逆法)하면, 필경에는 갑간(甲干)이 술상(戌上)에 놓이게 되어 갑술순중(甲戌旬中)의 시주(時柱)임을 알게 된다.

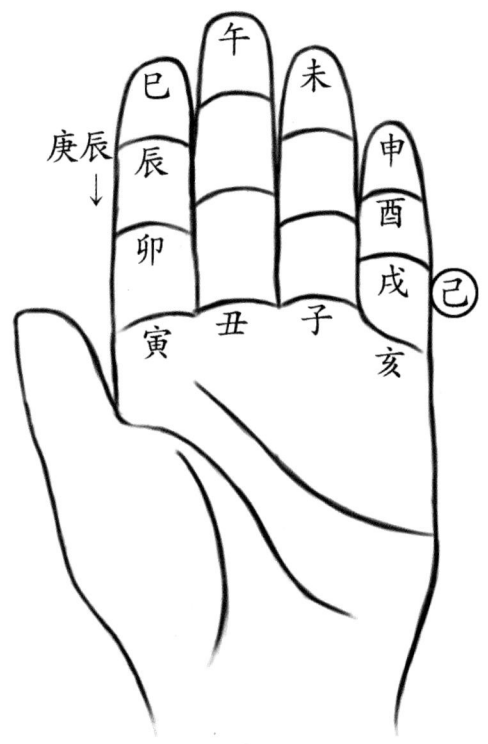

라. 구성(九星) 붙이는 법(法)

구성(九星)이란?

천봉성(天蓬星), 천임성(天任星), 천충성(天冲星), 천보성(天甫星), 천영성(天英星), 천예성(天芮星), 천주성(天柱星), 천심성(天心星), 천금성(天禽星)등 아홉 개(九個)의 구성(九星)이다.

이를 구궁(九宮)의 정위치(定位置)로 보면 다음과 같다.

천보성 天甫星	천영성 天英星	천예성 天芮星
천충성 天冲星	천금성 天禽星	천주성 天柱星
천임성 天任星	천봉성 天蓬星	천심성 天心星

[구성팔문(九星八門) 및 이십사절후도감(二十四節候圖鑑)]

손(巽) 동방목(東南木)			이(離) 남화(南火)			곤(坤) 서남토(西南土)		
두문 杜門	천보 天甫		경문 景門	천영 天英		사문 死門	천예 天芮	
입하 立夏	소만 小滿	망종 芒種	하지 夏至	소서 小暑	대서 大暑	입추 立秋	처서 處暑	백로 白露
四一七	五二八	六三九	九三六	八二五	七一四	二五八	一四七	九三六
진(辰) 동목(東木)			중앙토(中央土)			태(兌) 서금(西金)		
상문 傷門	천충 天冲					경문 驚門	천주 天柱	
곡우 穀雨	청명 清明	춘분 春分		천금 天禽		상강 霜降	한로 寒露	추분 秋分
五二八	四一七	三九六				五八二	六九三	七一四
간(艮) 동북토(東北土)			감(坎) 북수(北水)			건(乾) 서북금(西北金)		
생문 生門	천임 天任		휴문 休門	천봉 天蓬		개문 開門	천심 天心	
경칩 驚蟄	우수 雨水	입춘 立春	대한 大寒	소한 小寒	동지 冬至	대설 大雪	소설 小雪	입동 立冬
一七四	九六三	八五二	三九六	二八五	一七四	四七一	五八二	六九三

 구성(九星)을 붙이는 법은 먼저 순수(旬首)가 어느 궁(宮)에 앉 았는지에 대해서 살펴보지 않으면 안 된다. 즉, 순수(旬首)가 소

도(所到)한 궁(宮)의 지반성(地盤星)이 직부[直符: 구성(九星) 중의 선행주자(先行走者)]가 되므로, 이 직부(直符)가 순수(旬首)를 따라 시간(時干) 낙재궁(落在宮)으로 가서 먼저 자리를 잡으면 여타(餘他)의 성(星)은 음양둔(陰陽遁)을 가리지 않고 좌전(左戰)하여 팔괘정방(八卦定方)에 앉게 된다.

가령, 양둔삼국(陽遁三局)의 갑오일(甲午日) 경오시(庚午時)의 경우라면 구성낙국(九星落局)의 예는 다음과 같다.

[예제 : 양둔 삼국 갑오일 경오시(陽遁 三局 甲午日 庚午時)]

丙 逢 己	癸 任 丁	戊 冲 乙 旬首
辛 心 戊	庚(禽)	己 甫 壬
壬 柱 癸	乙 芮 丙	丁 英 辛

마. 팔장(八將) 붙이는 법(法)

(1) 팔장(八將)이란?
팔장(八將)의 명칭(名稱)은 다음과 같다.

직부(直府), **등사**(騰蛇), **태음**(太陰), **육합**(六合), **구진**(勾陳), **주작**(朱雀), **백호**(白虎), **현무**(玄武), **구지**(九地), **구천**(九天)이다.

그런데 팔장부법(八將符法)은 음, 양둔(陰, 陽遁)의 구분이 있어서 양둔(陽遁)에는 팔괘(八卦)를 순행(順行)하면서 이상에 열거한 팔장명(八將名)을 붙여 나가되, 직부(直符) 신장(神將)을 구성직부(九星直符) 자리에 먼저 붙이고는 차례대로 돌아간다.

그러나 음둔(陰遁)에 한해서는 팔괘(八卦)를 역행(逆行)하면서 구진(勾陳) 대신(代身) 백호(白虎)를, 주작(朱雀) 대신 현무(玄武)를 사용(使用)한다.

(2) 팔장(八將) 붙이는 법
직부(直府) 신장(神將)을 구성직부(九星直符) 자리에 먼저 붙인 다음, 양둔(陽遁)은 순행(順行)하고 음둔(陰遁)은 역행(逆行)하여 차례대로 붙여 나간다.

* 眄岡 註 : 팔장(八將)은 양둔(陽遁)과 음둔(陰遁)에 따라, 각각 다음과 같다.
- 양둔(陽遁) (시계방향) : 직부(直府), 등사(騰蛇), 태음(太陰), 육합(六合), 구진(勾陳), 주작(朱雀), 구지(九地), 구천(九天)
- 음둔(陰遁) (반시계방향) : 직부(直府), 등사(騰蛇), 태음(太陰), 육합(六合), 백호(白虎), 현무(玄武), 구지(九地), 구천(九天)

[예제 : 양둔 삼국 경오시(陽遁 三局 庚午時)]

丙己	逢地	癸丁	任天	戊乙	冲直
辛戊	心雀	庚		己壬	甫蛇
壬癸	柱陳	乙丙	芮合	丁辛	英陰

다음은 음둔국(陰遁局)의 예를 들어보기로 하겠다.

음둔(陰遁)에서는 양둔(陽遁)과 다른 점이 두 가지가 있다. 하나는 팔괘(八卦)를 우전(右戰) 역행(逆行)하는 것이고, 다른 하나는 구진(勾陳)과 주작(朱雀) 대신(代身)에 백호(白虎)와 현무(玄武)를 쓴다는 점이다.

[예제 : 음둔 삼국 무자일 무오시(陰遁 三局 戊子日 戊午時)]

丁乙	心天	庚辛	逢地	壬己	任武
癸戊	柱直	丙		戊癸	冲虎
己壬	芮蛇	辛庚	英陰	乙丁	甫合

다음으로 알아둬야 할 문제는 복음(伏吟)에 관한 것이다. 즉, 순

수(旬首)와 시간(時干)이 동일한 간의상(干儀上)에 놓일 때를 말하니, 이때에는 천지반(天地盤) 육의삼기(六儀三奇)가 모두 다 제자리에 앉게 된다.

복음(伏吟)에는 다음과 같은 종류가 있다.

가. 정복음(正伏吟) - 갑자순중(甲子旬中) 갑자시(甲子時) / 갑술순중(甲戌旬中) 갑술시(甲戌時) / 갑신순중(甲申旬中) 갑신시(甲申時) / 갑오순중(甲午旬中) 갑오시(甲午時) / 갑진순중(甲辰旬中) 갑진시(甲辰時) / 갑인순중(甲寅旬中) 갑인시(甲寅時)

나. 반복음(半伏吟) - 갑자순중(甲子旬中) 무진시(戊辰時) / 갑술순중(甲戌旬中) 기묘시(己卯時) / 갑신순중(甲申旬中) 경인시(庚寅時) / 갑오순중(甲午旬中) 신축시(辛丑時) / 갑진순중(甲辰旬中) 임자시(壬子時) / 갑인순중(甲寅旬中) 계해시(癸亥時)

다. 별격복음(別格伏吟) - 순수(旬首)가 입중(入中)하고 시간(時干)이 곤궁(坤宮)에 앉았을 때와, 시간(時干)이 입중(入中)하고 순수(旬首)가 곤궁(坤宮)에 앉았을 때도 역시 복음(伏吟)이 되니, 이러한 상태의 복음(伏吟)을 가리켜 별격복음(別格伏吟), 또는 불규칙복음(不規則伏吟)이라고도 한다.

복음국(伏吟局)에는 천지반(天地盤) 육의삼기(六儀三奇)와 구성팔문(九星八門) 등이 모두 다 제자리에 앉아 있어 이를 천지적막(天地寂寞)이라고도 하나, 동국기문(東國奇門)에서는 화기팔문(花奇八門)을 씀으로 해서 홍국수(洪局數)와 문(門)이 복음(伏吟)에 걸리지 않음으로써 복음(伏吟)의 피해가 그다지 크지 않다. 그저 약간의 제한이 있을 뿐이다.

예제 : 복음(伏吟)의 실례(實例)

1. 정복음(正伏吟)
양둔일국 갑자일 갑자시
(陽遁一局 甲子日 甲子時)

辛辛	乙乙	己己
庚庚	壬	丁丁
丙丙	戊戊 (旬首 時干)	癸癸

2. 반복음(半伏吟)
양둔일국 갑자일 무진시
(陽遁一局 甲子日 戊辰時)

辛辛	乙乙	己己
庚庚	壬	丁丁
丙丙	戊戊 (旬首 時干)	癸癸

3. 별격복음(別格伏吟) - 1
양둔오국 정묘시
(陽遁五局 丁卯時)

乙乙	壬壬	戊丁 (旬首 時干)
丙丙	戊	庚庚
辛辛	癸癸	己己

4. 별격복음(別格伏吟) - 2
양둔삼국 갑신시
(陽遁三局 甲申時)

己己	丁丁	庚乙 (旬首)
戊戊	庚 (時干)	壬壬
癸癸	丙丙	辛辛

제2절 (第二節)
홍국조식법 (洪局造式法)

제2절 (第二節) 홍국조식법 (洪局造式法)

홍국조식(洪局造式)은 홍국수(洪局數)를 산출(算出)하여 입중포국(入中布局)한 다음, 설괘(設卦)와 화기팔문(花奇八門)을 붙임으로써 일국(一局)의 완성을 기(期)하게 하는 절차를 말한다.

가. 홍국수(洪局數) 포국법(布局法)

홍국수(洪局數)를 산출(算出)하기 위해서는 천간(天干)과 지지(地支)의 기본수치(基本數値)를 정하게 되는데 다음과 같다.

천간(天干):

甲	乙	丙	丁	戊	己	庚	辛	壬	癸
1	2	3	4	5	6	7	8	9	10

지지(地支):

子	丑	寅	卯	辰	巳	午	未	申	酉	戌	亥
1	2	3	4	5	6	7	8	9	10	11	12

이상의 숫자는 육갑(六甲)의 기본수치(基本數値)로서 홍국산출(洪局算出)의 근거가 된다. 가령, 신미년(辛未年) 경인월(庚寅月) 병오일(丙午日) 갑오시(甲午時)의 사주(四柱)가 있다면, 이의 홍국산출(洪局算出) 방법은 다음과 같다.

```
1   3   7   8
甲  丙  庚  辛
午  午  寅  未
7   7   3   8
```

이렇게 사간(四干) 사지상(四支上)에다가 기본수치(基本數値)를 매겨 놓고, 사간(四干)은 사간(四干)대로 합산(合算)하여 구구공제(九九控除)한 후에 잔수(殘數)로서 중궁상수(中宮上數)를 삼고, 사지(四支)는 사지(四支)대로 합산(合算)하여 다시 구구공제(九九控除)한 후에 잔수(殘數)로서 중궁(中宮)의 지수(支數)를 삼는다.

이때에 산출법(算出法)은 되도록이면 간략한 암산법(暗算法)을 쓰는 것이 빠르고 편리하다. 그러므로 이의 속산(速算)을 위해서는 알아둬야 할 방법이 있다. 즉, 천간(天干)을 계산할 때에는 갑계(甲癸)를 다 같이 일(一)로 계산하고 임(壬)은 아예 공(空)으로 처리해 버린다. 그리고 지지(地支) 또한 같은 방법으로 약법(略法)을 쓰면 자(子) 유(酉)는 일(一)로, 축(丑) 술(戌)은 이(二)로, 인(寅) 해(亥)는 삼(三)으로 산정(算定)하고 신(申)은 아예 없애 버린다.

이렇게 약법(略法)으로 계산을 하면 한결 빨리 계산할 수가 있다.

그럼 전장(前章)의 사주(四柱)로서 홍국수(洪局數)를 산출(算出)하여 입중포국(入中布局)해 보기로 하자.

| 8
辛
未
8 | 7
庚
寅
3 | 3
丙
午
7 | 1
甲
午
7 | 一
七 |

七 一	二 六	九 九
八 十	一 七	四 四
三 五	十 八	五 三

제2절 홍국조식법(洪局造式法)

* 旼岡 註: 사례 예시 및 설명
* 홍국수 산출법 사례 설명

2	+2	+9	+9
乙	乙	壬	壬
酉	未	寅	辰
10	+8	+3	+5

→ 22/9 → 4(四)가 남음 → 천반수(天盤數)

→ 26/9 → 8(八)이 남음 → 지반수(地盤數)

cf. 합쳐서 나온 숫자가 9가 안 될 경우 : 합수를 그대로 기입한다.
    합쳐서 나눈 나머지가 0인 경우 : "9"를 기입한다.

四	九	二
	↑+1 역행(逆行)	
三	五 ㅁ四 천반(天盤) ㅁ八 지반(地盤)	七
	↓+1 순행(順行)	
八	一	六

十二	五七	二十
一一	四八	七五
六六	三九	八四

←지반수 八, 천반수 四를 조식한 경우

홍국포국(洪局布局)에 있어서 한 가지 유념해야 할 점은 지반(地盤) 오변국(五變局)에 관해서다. 다시 말하면, 오변국(五變局)에 한해서는 여타(餘他)의 예와 달리, 중궁(中宮)의 지반오수(地盤五數)가 출건(出乾)해야 함과 동시에 십수(十水)를 불용(不用)한다. 그렇게 되면 결과적으로는 중궁(中宮)의 모든 수치가 구궁(九宮) 본연의 기본수치대로 안배되는 것이다.

 이러한 별례법(別例法)을 쓰는 이론적 근거는 다음과 같다.

 중궁(中宮)의 오토(五土)는 군왕(君王)의 위(位)로서 오토(五土)가 중궁(中宮)을 벗어나는 상황은 마치 군왕(君王)이 변방(邊方)을 순시(巡視)함과 같은 뜻이 되고, 동시에 오토(五土)가 중궁(中宮)으로 돌아온 것은 변방(邊方)을 순시(巡視)하던 군왕(君王)이 환궁(還宮)을 하는 것과 같은 뜻이 되므로, 여타(餘他)의 제반수치(諸般數値)도 본위치로 돌아와야 군신(君臣)이 함께 정위치(定位置)로 돌아온 결과가 되는 것이다.

 그러나 오변국(五變局) 별례법(別例法)은 지반(地盤) 오토(五土)의 경우에만 적용될 뿐, 천반(天盤) 오토(五土)의 경우는 여타(餘他)의 변국(變局)과 다름이 없다.

[오변국(五變局) 별례법(別例法) 포국예시]

一四	六九	三二
二三	五五	八七
七八	四一	九六

나. 설괘법(設卦法)

[일명(一名) 생기복덕(生氣福德) 기법(起法) : 팔괘(八卦)]

손하절(巽下絶) ☴ 장녀(長女)	이허중(離虛中) ☲ 중녀(中女)	곤삼절(坤三絶) ☷ 노녀(老女:母)
진하련(震下連) ☳ 장남(長男)		태상절(兌上絶) ☱ 소녀(少女)
간상연(艮上連) ☶ 소남(少男)	감중연(坎中連) ☵ 중남(中男)	건삼연(乾三連) ☰ 노남(老男:父)

설괘(設卦)를 하는 것은 먼저 인명(人命)의 유년주기(遊年周期)를 여덟 단계로 분류하여 인간의 영고성쇠(榮枯盛衰)를 대자연(大自然)의 변리(變里)를 통해 조감(鳥瞰)해 보기 위한 방편의 하나다.

이를 위해서는 먼저 다음의 팔괘(八卦) 명칭을 알아야 하고, 또한 대유년(大遊年)의 순서도 알아야 한다.

대유년(大遊年)의 순서는 일상생기(日上生氣), 이중천의(二中天宜), 삼하절체(三下切體), 사중유혼(四中遊魂), 오상화해(五上禍害), 육중복덕(六中福德), 칠하절명(七下絶命), 팔중귀혼(八中歸魂)의 순(順)이 된다.

일상생기(日上生氣)란 말은, 첫 번째로는 상효(上爻)가 변하여 생기(生氣)가 된다는 뜻이고, 이중천의(二中天宜)는 두 번째는 중효(中爻)가 변하여 천의(天宜)가 된다는 뜻으로서, 매괘(每卦)의 변화과정을 알려주는 신호의 뜻이기도 한 것이다.

다음에는 팔괘(八卦)의 괘상(卦象)을 알아야 한다.

감중연(坎中連), 곤삼절(坤三絶), 손하절(巽下絶), 진하련(震下連), 건삼연(乾三連), 태상절(兌上絶), 간상연(艮上連), 이허중(離虛中), 등이다.

설괘(設卦)를 하는 방법은 중궁(中宮)의 지수(地數)로써 변화의 시원(始源)을 삼으니 즉, 중궁(中宮)에 일수(一數)가 앉았다면 감상(坎上)의 시괘(始卦)가 되는 것이다.

그러므로 일상생기(日上生氣)하면 감중연괘(坎中連卦)의 상효(上爻)가 변하여 생기(生氣)가 된다는 뜻이 되고, 감중연괘(坎中連卦)의 상효(上爻)가 변하면 곧 손하절괘(巽下絶卦)가 되므로 생기괘(生氣卦)는 바로 손하절괘(巽下絶卦)가 된다.

다음 이중천의(二中天宜)는 손하절괘(巽下絶卦)의 중효(中爻)가 변하면 간상연괘(艮上連卦)가 되고, 이허중괘(離虛中卦)에서는 절체(切體)가 되고, 사중유혼(四中遊魂)은 이허중괘(離虛中卦)의 중효변(中爻變)에서 생(生)하니까 건삼연괘(乾三連卦)가 유혼괘(遊魂卦)가 되고, 오상화해(五上禍害)는 건삼연괘(乾三連卦)의 상효변(上爻變)에서 생(生)하므로 태상절괘(兌上絶卦)에서 화해(禍害)가 되고, 육중복덕(六中福德)은 태상절괘(兌上絶卦)의 중효변(中爻變)에서 일어나니 진하련괘(震下連卦) 복덕괘(福德卦)요, 칠하절명(七下絶命)은 진하련괘(震下連卦)의 하효변(下爻變)에서 생기므로 곤삼절괘상(坤三絶卦上)이 곧 절명괘(絶命卦)가 되며, 팔중귀혼(八中歸魂)은 곤삼절괘(坤三絶卦)의 중효변(中爻變)인 고로, 감중연(坎中連)이 귀혼처

(歸魂處)가 된다.

　다음의 일변국(一變局) 설괘(設卦)의 설례도(設例圖)를 참고하기 바란다.

[제일변국(第一變局)의 생기(生氣) 복덕(福德) 기예(起例)]

손하절(巽下絶) ☴ 생기(生氣)	이허중(離虛中) ☲ 절체(切體)	곤삼절(坤三絶) ☷ 절명(絶命)
진하련(震下連) ☳ 복덕(福德)	제일변국 (第一變局)	태상절(兌上絶) ☱ 화해(禍害)
간상연(艮上連) ☶ 천의(天宜)	감중연(坎中連) ☵ 귀혼(歸魂)	건삼연(乾三連) ☰ 유혼(遊魂)

* 旼岡 註: 팔괘 대유년(八卦 大遊年)의 순서와 명칭은 다음과 같다.

일상(一上) --- 생기(生氣) 氣
이중(二中) --- 천의(天宜) 宜
삼하(三下) --- 절체(切體) 體
사중(四中) --- 유혼(遊魂) 魂
오상(五上) --- 화해(禍害) 害
육중(六中) --- 복덕(福德) 德
칠하(七下) --- 절명(絶命) 命
팔중(八中) --- 귀혼(歸魂) 歸

다음으로 생각해야 할 문제는 홍국(洪局)의 지반(地盤)은 구변국(九變局)인데 팔괘상(八卦上)에서 어떻게 구변국(九變局)을 처리할 수 있느냐 하는 문제인 것이다.

이것을 처리하기 위해서는 역시 오변국(五變局) 별례법(別例法)이 적용된다. 즉, 사변국(四變局)과 오변국(五變局)을 한데 묶어, 다 같이 손궁(巽宮)에서 변화를 일으키는 것이다.

이의 이론적 근거는 선천(先天)은 사손풍(四巽風)이요, 후천(後天)은 오손풍(五巽風)이 되는 것에 있다. 즉, 선후천(先後天)의 연고지(緣故地)를 쫓아서 사오변국(四五變局)이 함께 손괘상(巽卦上)에서 변괘(變卦)를 하게 되는 것이다.

다음 사오변국(四五變局)의 예를 참고하기 바란다.

[예제 : 사오변국(四五變局) 생기복덕(生氣福德) 기례(起例)]

손하절(巽下絶) ☴ 귀혼(歸魂)	이허중(離虛中) ☲ 복덕(福德)	곤삼절(坤三絶) ☷ 천의(天宜)
진하련(震下連) ☳ 절체(切體)	사오변국 (四五變局)	태상절(兌上絶) ☱ 유혼(遊魂)
간상연(艮上連) ☶ 절명(絶命)	감중연(坎中連) ☵ 생기(生氣)	건삼연(乾三連) ☰ 화해(禍害)

* 旼岡 註:

1) 중궁(中宮) 지반수(地盤數)가 일(一)인 경우

氣	體	命
德	八一↓	害
宜	歸	魂

2) 중궁(中宮) 지반수(地盤數)가 이(二)인 경우

宜	魂	歸
害	九二↗	德
氣	命	體

3) 중궁(中宮) 지반수(地盤數)가 삼(三)인 경우

體	氣	害
歸 ←	一三	命
魂	德	宜

4) 중궁(中宮) 지반수(地盤數)가 사(四), 또는 오(五)인 경우

巳,火 歸 ↖	德	宜
體	九 四,五	魂
命	氣	害

5) 중궁(中宮) 지반수(地盤數)가 육 (六)인 경우

害	命	體
宜	六六	氣
德	魂	歸

6) 중궁(中宮) 지반수(地盤數)가 칠 (七)인 경우

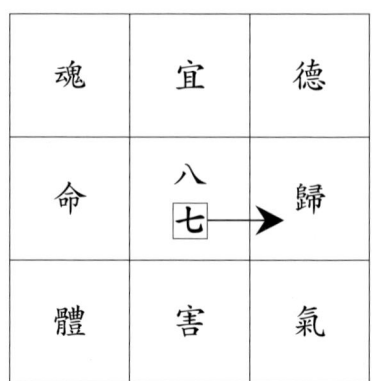

7) 중궁(中宮) 지반수(地盤數)가 팔 (八)인 경우

命	害	氣
魂	九八	體
歸	宜	德

8) 중궁(中宮) 지반수(地盤數)가 구 (九)인 경우

德	歸	魂
氣	一九	宜
害	體	命

다. 화기팔문(花奇八門) 붙이는 법(法)

杜	景	死
傷		驚
生	休	開

* 旼岡 註:
← 팔문(八門)의 정위치(定位置)

　화기팔문(花奇八門)은 일가팔문(日家八門)이니, 시가팔문(時家八門)과는 구분이 된다.
　시가팔문(時家八門)을 직사팔문(直使八門)이라고도 하는데, 이는 중국식 기문(奇門)에 전용되는 유형이다.
　이에 반해, 화기팔문(花奇八門)은 일가팔문(日家八門)이라고도 하며 동국기문(東國奇門)의 고유 형식으로서 중국류와는 체제가 전혀 다르다.
　따라서 이 화기팔문(花奇八門)을 붙이기 위해서는 일주(日柱)의 오자원(五子元) 분류법을 알아야 한다. 오자원(五子元)이란 갑자(甲子), 병자(丙子), 무자(戊子), 경자(庚子), 임자(壬子)를 말하며, 일주(日柱)의 육십간지(六十干支)를 자원별(子元別)로 분류하면 모두가 이 오자원(五子元)의 범주 속에 들게 된다.
　그런데 화기팔문(花奇八門)의 기본사형(基本四形 : 기본 네 가지 유형)은 절기(節氣)의 음양(陰陽)과 자원(子元)의 종류에 따라 구분된다. 이를 자원별(子元別)로 분류하면, 결국 갑무임자(甲戊壬子 : 甲子, 戊子, 壬子)와 병경자원(丙庚子元 : 丙子元, 庚子元)으로 나뉘게 된다. 즉, 일주(日柱)가 양둔(陽遁)이고 자원(子元)이 갑무임자원(甲戊壬子元: 甲子元, 戊子元, 壬子元)에 속하면 이는 제1형(第一形)이 되고, 일주(日柱)가 양둔(陽遁)인데 자원(子元)이 병경자(丙庚子)에 속하면 이때에는 제2형(第二形)이 된다. 또한 일주(日柱)가 음둔(陰遁)인데 자원(子元)이 갑무임자원(甲戊壬子元)이면 이때에는 제3형(第三形)이 되고, 다시 일주(日柱)가 음둔(陰遁)인데 자원(子元)이 병경자(丙庚子)라면 제4형(第四形)이 된다. 갑무임자(甲戊壬子)와 병경자원(丙庚子元)이 자원(子元)의 기처(起處)가 각기 다르다. 즉, 갑무임자(甲戊壬子)는 간상(艮上)에서 자원(子元)을 기(起)하고, 병경자원(丙庚子元)은 감상(坎上)에서 기자원(起子元)한다. 다시 시구(詩句)로 정리하면 다음과 같다.

제1형(第一形) 일주양둔(日柱陽遁) 갑무임(甲戊壬)은 간(艮), 태(兌), 손(巽), 이(離), 감(坎), 건(乾), 진(震), 곤(坤)

제2형(第二形) 일주양둔(日柱陽遁) 병경자(丙庚子)는 감(坎), 건(乾), 진(震), 곤(坤), 간(艮), 태(兌), 손(巽), 이(離)

제3형(第三形) 일주음둔(日柱陰遁) 갑무임(甲戊壬)은 간(艮), 곤(坤), 진(震), 건(乾), 감(坎), 이(離), 손(巽), 태(兌)

제4형(第四形) 일주음둔(日柱陰遁) 병경자(丙庚子)는 감(坎), 이(離), 손(巽), 태(兌), 간(艮), 곤(坤), 진(震), 건(乾)

* 旼岡 註:
그리고 자원(子元)의 기처(起處)는 갑자(甲子), 무자(戊子), 임자원(壬子元)

은 간방(艮方)에서 자원(子元)을 기(起)하고, 병자(丙子), 경자원(庚子元)은 감방(坎方)에서 자원(子元)을 기(起)하며, 기본 네 가지 유형의 순서는 다음과 같다.

양둔(陽遁) 八七四九　一六三二
(1) 갑자(甲子), 무자(戊子), 임자원(壬子元)인 경우
간(艮:八) [기처(起處)] - 태(兌:七) - 손(巽:四) - 이(離:九) - 감(坎:一) - 건(乾: 六) - 진(震:三) - 곤(坤二)

(2) 병자(丙子), 경자원(庚子元)인 경우　一六三二 八七四九
감(坎:一) [기처(起處)] - 건(乾:六) - 진(震:三) - 곤(坤:二) - 간(艮:八) - 태(兌: 七) - 손(巽:四) - 이(離:九)

음둔(陰遁)
(1) 갑자(甲子), 무자(戊子), 임자원(壬子元)인 경우
八二三六　一九四七
간(艮:八) [기처(起處)] - 곤(坤:二) - 진(震:三) - 건(乾:六) - 감(坎:一) - 이(離: 九) - 손(巽:四) - 태(兌:七)

(2) 병자(丙子), 경자원(庚子元)인 경우　一九四七　八二三六
감(坎:一) [기처(起處)] - 이(離:九) - 손(巽:四) - 태(兌:七) - 간(艮:八) - 곤(坤: 二) - 진(震:三) - 건(乾:六)

기처(起處)에서 자원(子元)을 일으킨 다음 위의 순서대로 3일씩 놓이게 된다.

다음은 화기팔문(花奇八門)의 기본사형도(基本四形圖)이다.

제1형(第一形)

일주양둔갑무임(日柱陽遁甲戊壬)은 간태손이(艮兌巽離) 감건진곤(坎乾震坤)

* 眠岡 註: 八七四九 一六三二

손(巽) 四 세 번째	이(離) 九 네 번째	
戊午 甲午 庚午 己未 乙未 辛未 庚申 丙申 壬申	辛酉 丁酉 癸酉 壬戌 戊戌 甲戌 癸亥 己亥 乙亥	
		태(兌) 七 두 번째
		乙卯 辛卯 丁卯 丙辰 壬辰 戊辰 丁巳 癸巳 己巳
간(艮) 八 첫 번째		
壬子 戊子 甲子 癸丑 己丑 乙丑 甲寅 庚寅 丙寅		

[제1형표 예제]

청명상원(淸明上元)의 경신일주(庚申日柱)라 가정(假定)하면, 팔문(八門)의 안배(按配)는 다음과 같다.

生	傷	驚
死		休
開	杜	景

제2형(第二形)

일주양둔병경자(日柱陽遁丙庚子)는 감건진손 간태손이(坎乾震巽
艮兌巽離)

* 旼岡 註: [일육삼이 팔칠사구(一六三二 八七四九)]

		곤(坤) 二 네 번째 己　乙 酉　酉 庚　丙 戌　戌 辛　丁 亥　亥
진(震) 三 세 번째 丙　壬 午　午 丁　癸 未　未 戊　甲 申　申		
	감(坎) 一 첫 번째 庚　丙 子　子 辛　丁 丑　丑 壬　戊 寅　寅	건(乾) 六 두 번째 癸　己 卯　卯 甲　庚 辰　辰 乙　辛 巳　巳

[제2형표 예제]

동지중원(冬至中元)의 신사일주(辛巳日柱)로 가정하면, 팔문(八門)의 안배(按配)는 다음과 같다.

驚	開	杜
傷		死
景	休	生

제3형(第三形)

일주음둔갑무임(日柱陰遁甲戊壬)은 간곤진건 감이손태(艮坤震乾坎離巽兌)

* 旼岡 註: 팔이삼육 일구사칠(八二三六 一九四七)

		곤(坤) 二 두 번째
		乙卯 丙辰 丁巳 / 辛卯 壬辰 癸巳 / 丁卯 戊辰 己巳
진(震) 三 세 번째		
戊午 己未 庚申 / 甲午 乙未 丙申 / 庚午 辛未 壬申		
간(艮) 八 첫 번째		건(乾) 六 네 번째
壬子 癸丑 甲寅 / 戊子 己丑 庚寅 / 甲子 乙丑 丙寅		辛酉 壬戌 癸亥 / 丁酉 戊戌 己亥 / 癸酉 甲戌 乙亥

[제3형표 예제]

하지중원(夏至中元)의 계유일주(癸酉日柱)로 가정(假定)하면, 팔문(八門)의 안배(按配)는 다음과 같다.

景	杜	開
休		死
驚	傷	生

제4형(第四形)

일주음둔병경자(日柱陰遁丙庚子)는 감이손태 간곤진건(坎離巽兌 艮坤震乾)

* 畋岡 註: [일구사칠 팔이삼육(一九四七 八二三六)]

손(巽) 四 세 번째	이(離) 九 두 번째	
丙午 丁未 戊申 　　壬午 癸未 甲申	癸卯 甲辰 乙巳 　　己卯 庚辰 辛巳	
		태(兌) 七 네 번째 己酉 庚戌 辛亥 　　乙酉 丙戌 丁亥
	감(坎) 一 첫 번째 庚子 辛丑 壬寅 　　丙子 丁丑 戊寅	

[제4형표 예제]

처서하원(處暑下元)의 정해일주(丁亥日柱)로 가정(假定)하면, 팔문(八門)의 안배(按配)는 다음과 같다.

休	開	杜
景		生
傷	驚	死

이상으로 홍연국(洪烟局)의 기본골격(基本骨格)은 만들어진 셈이다. 이를 건축에 비(比)한다면 골조공사(骨組工事)가 끝난 셈이고, 앞으로 남은 문제는 여러 가지 신살(神殺)과 육친(六親) 및 유년운로(遊年運路) 등이다.

특히, 홍연(洪烟)이 불합(不合)이면 십누반오(十漏半五)라 하여, 홍국(洪局)과 연국(烟局)이 어느 한쪽은 길(吉)한데 다른 한쪽이 흉(凶)하면 전길(全吉)이 될 수가 없으므로, 양자(兩者)의 부합(附合)이 가장 이상적이라 하겠다.

제2절 홍국조식법(洪局造式法)

라. 육친부법(六親付法)

　육친(六親)이란 생자이신(生者二神)과 극자이신(剋者二神), 그리고 화자이신(和者二神)을 말하니, 생자이신(生者二神) 중에 생아자(生我者)는 부모(父母)요, 아생자(我生者)는 자손(子孫)이며, 극자이신(剋者二神) 중에 극아자(剋我者)는 관록(官祿)과 조상(祖上)이며, 아극자(我剋者)는 처첩(妻妾)이며, 화자이신(和者二神)이란 기신(己身)과 동기(同氣)를 말한다.

　이를 또 육신(六神)으로 표현하자면, 생아자(生我者)는 정인(正印)과 편인(偏印)이요, 아생자(我生者)는 식신(食神)과 상관(傷官)이며, 극아자(剋我者)는 관청(官廳)과 질병(疾病)이며, 아극자(我剋者)는 여자(女子)와 재물(財物)이니, 이를 정재(正財)와 편재(偏財)라 하며, 또 비화자(比和者)를 가리켜 비견(比肩)과 겁재(劫財)라고 한다.

　이의 기준은 일지세효(日支世爻)가 기신효(己身爻)가 된다. 다음에 부과된 육친효(六親爻)를 참고하라.

[1931년 1월 4일 오시(午時) 예제 음력(陰曆)]

1	3	7	8	
甲	丙	庚	辛	一
午	午	寅	未	七
時	日	月	年	木
7	7	令 3	8	
三局	下元	雨水	陽遁	

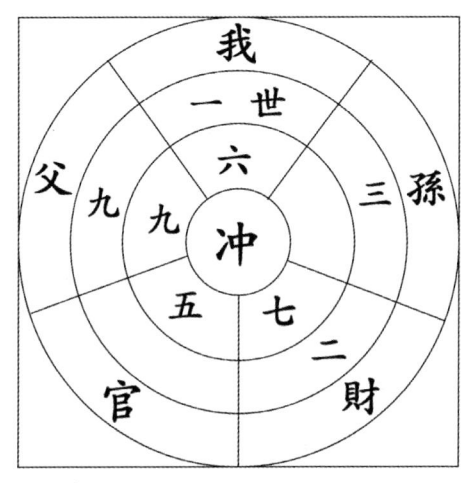

		<世> 日劫	時支	歲劫 華	歲支
死魂 養	七一兄	己己 甫陳 胎 67 26	驚宜 胞 二六 丁丁 英雀 47 6	傷德 死 九九父 乙乙 芮地墓 84 23	
生命 ○生	八十鬼	戊戊 沖合 75 25	天馬 月干 一七財 伏歲 伏日 庚 60 33	景歸 病 四四父 壬壬 柱天 54 40	馬亡 貴
木 杜體 ○浴	三五官	月支 任陰帶 癸癸 50 45	日干 開害 建 十八孫 年殺 蓬蛇 丙丙 90 14	時干 休氣 旺 歲干 五三孫 辛辛	歲亡 華 心直衰 59 36

267

마. 유년운(遊年運) 계거법(計居法)

유년운(遊年運) 계거법(計居法)은 세효(世爻)의 홍국수(洪局數)에서 최초(最初)의 나이를 기산(起算)한다. 지반수(地盤數)는 구궁(九宮)을 순거(順去)하면서 매궁(每宮)을 옮겨갈 때마다 해당궁(該當宮)의 홍국수(洪局數)를 가산(加算)해 나가면 지반종궁(地盤終宮)에 가서는 사십오세(四十五歲)로 마감이 된다. 천반수(天盤數)를 계산할 때는 지반종궁(地盤終宮)의 사십오세(四十五歲)를 일지천반수(日支天盤數)와 합산(合算)하고, 다시 계거(計去)할 때에는 구궁(九宮)을 역(逆)으로 돌아가면서 역시 같은 방법으로 매궁(每宮)마다 궁수(宮數)를 가산(加算)해 나간다. 그러면 천반(天盤)도 종궁(終宮)에 가서는 역시 사십오세(四十五歲)가 되어, 천지반수(天地盤數)가 도합(都合) 구십세(九十歲)의 주기(週期)로 마감이 된다.

다만 한 가지 유의할 점은, 십수계산(十數計算)에 있어서는 천지반(天地盤)을 막론하고 십수(十數)는 불용(不用)이므로 중궁(中宮)의 은복수(隱伏數)로써 대용(代用)한다. 즉, 지반(地盤)의 십수(十數)는 중궁지반(中宮地盤)의 은복수(隱伏數)로 쓰고, 천반(天盤)의 십수(十數)는 중궁천반(中宮天盤) 은복수(隱伏數)로서 대용(代用)하니, 중궁(中宮)의 은복수(隱伏數)란 일(一)이 입중(入中)이면 육(六)이 은복(隱伏)하고, 육(六)이 입중(入中)하면 일(一)이 은복(隱伏)함으로 해서, 음생양사(陰生陽死)하고 양생음사(陽生陰死)한다는 말이 여기서 비롯된 것이다.

[사주설국도(四柱設局圖)]

1954년 5월 23일 음력(陰曆) 사시생(巳時生) 건명(乾命) 예제

8	7	7	1		
辛	庚	庚	甲	五	
巳	戌	午	午	四	
時	日	令月	火年		
6	11	7	7		
九局	上元	夏至	陰遁		

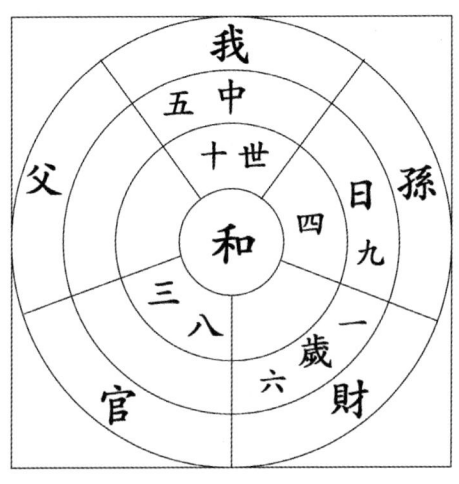

時支 芮虎 丙癸　60 一八鬼　41 休歸 衰　旺	天馬 開德　月支 六三 合官　歲支 庚戌　柱建　75 15	歲劫 日劫 杜宜　辛丙 三六財　心陰帶　65 26 浴
年殺 景體 ○ 戊丁　英武 二七父　病　62 33	伏歲馬 伏日馬 五四孫　壬　59 45	日月 干干 生魂　乙庚 八一財　蓬蛇生　90 10
歲日 亡亡 傷命 ○ 死 癸己　甫地 七二父　墓　82 12	驚氣　丁乙　四五兄　沖天 胞　69 20	<世>時干　歲干 死害　己辛 九十　任直 胎　養　54 9

제2절 홍국조식법(洪局造式法)

* 旼岡 註: 실제 기문종합 프로그램 포국 예시
[기문둔갑 사주풀이 1권 - 성공한 사람들]에 수록된 빌 게이츠(Bill Gates) 사주명국

姓名:乾命 빌 게이츠
選擇:명국(命局) 63歲 土月令
陽曆:1955年 10月 28日 亥時
陰曆:1955年 9月 13日 亥時

8	9	3	2
辛	壬	丙	乙
亥	戌	戌	未
時	日	月	年
12	11	11	8

局二 元下 降霜 遁陰

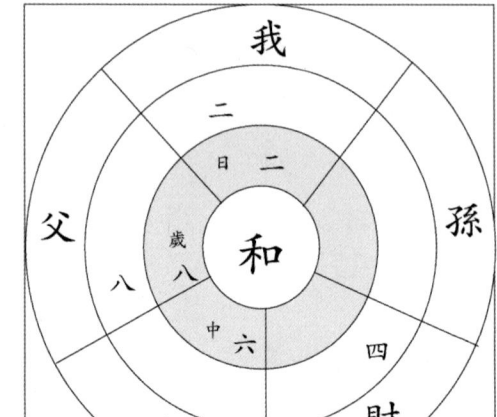

270 기초조식편(基礎造式篇)

제3절 (第三節)

제신살부법
(諸神殺付法)

제3절 제신살부법(諸神殺付法)

신살(神殺) 가운데는 십이운성(十二運星), 십이신살(十二辰殺), 공망(空亡), 천마(天馬), 천을귀인(天乙貴人), 일록(日綠) 등이 있으니, 이를 차례대로 붙여 나가기로 하자.

가. 십이운성(十二運星) 붙이는 법(法)

십이운성(十二運星)이란 포(胞), 태(胎), 양(養), 장생(長生), 목욕(沐浴), 관대(冠帶), 임관(臨官), 제왕(帝旺), 쇠(衰), 병(病), 사(死), 묘(墓), 등(等)의 열두 개(十二 個) 운성(運星)을 말한다. 그런데 이를 붙이는 법은 다음과 같다.

일지세효(日支世爻)를 기준(基準)하여 음양효(陰陽爻)가 각각(各各) 극(剋), 또는 충지(冲地)에서 포(胞)를 일으켜, 양효(陽爻)는 십이지(十二支)를 순행(順行)하고 음효(陰爻)는 십이지(十二支)를 역행(逆行)하면서 십이지방(十二支方)에다 십이운성(十二運星)을 붙여 나간다.

세효(世爻)가 일수(一水)라면 사방(巳方)에서 기포(起胞 : 포를 일으킴)하여 십이지(十二支)를 순행(順行)하면 진방(辰方)이 묘(墓)가 되고,
* 旼岡 註: 예제1)

세효(世爻)가 육수(六水)라면, 오방(午方)에서 기포(起胞)하여 십이지(十二支)를 역행(逆行)하면 미방(未方)이 묘(墓)가 된다.
* 旼岡 註: 예제2)

세효(世爻)가 이화(二火) 또는 십토(十土)라면, 자방(子方)에서 기포(起胞)하여 십이지(十二支)를 역행(逆行)하면 축방(丑方)이 묘(墓)가 되고,
* 旼岡 註: 예제3)

세효(世爻)가 칠화(七火) 또는 오토(五土)라면, 해방(亥方)에서 기포(起胞)하여 십이지(十二支)를 순행(順行)하면 술방(戌方)이 묘(墓)가 된다.
* 旼岡 註: 예제4)

세효(世爻)가 삼목(三木)이라면, 신방(申方)에서 기포(起胞)하여 십이지(十二支)를 순행(順行)하면 미방(未方)이 묘(墓)가 된다.
* 旼岡 註: 예제5)

세효(世爻)가 팔목(八木)이라면, 유방(酉方)에서 기포(起胞)하여 십이지(十二支)를 역행(逆行)하면 술방(戌方)이 묘(墓)가 된다.
* 旼岡 註: 예제6)

세효(世爻)가 사금(四金)이라면, 묘방(卯方)에서 기포(起胞)하여 십이지(十二支)를 역행(逆行)하면 진방(辰方)이 묘(墓)가 된다.
* 旼岡 註: 예제7)

세효(世爻)가 구금(九金)이라면, 인방(寅方)에서 기포(起胞)하여 십이지(十二支)를 순행(順行)하면 축방(丑方)이 묘(墓)가 된다.
* 旼岡 註: 예제8)

* 旼岡 註: 1)~8) 예제들

예제1) 세효(世爻)가 일(一)인 경우, 사방(巳方)에서 기포(起胞)하여 순행(順行)

墓 胞 →	胎	養 生
死		浴
病 衰	旺	建 帶

예제2) 세효(世爻)가 육(六)인 경우, 오방(午方)에서 기포(起胞)하여 역행(逆行)

養 胎	← 胞	墓 死
生		病
浴 帶	建	旺 衰

예제3) 세효(世爻)가 오(五) 또는 칠(七)인 경우, 해방(亥方)에서 기포(起胞)하여 순행(順行)

帶 建	旺	衰 病
浴		死
生 養	胎	← 胞 墓

예제4) 세효(世爻)가 이(二) 또는 십(十)인 경우, 자방(子方)에서 기포(起胞)하여 역행(逆行)

衰 旺	建	帶 浴
病		生
死 墓	→ 胞	胎 養

예제5) 세효(世爻)가 삼(三)인 경우, 신방(申方)에서 기포(起胞)하여 순행(順行)

衰 病	死	墓 胞 ↓
旺		胎
建 帶	浴	生 養

예제6) 세효(世爻)가 팔(八)인 경우, 유방(酉方)에서 기포(起胞)하여 역행(逆行)

帶 浴	生	養 胎
建		胞 ↑
旺 衰	病	死 墓

예제7) 세효(世爻)가 구(九)인 경우, 인방(寅方)에서 기포(起胞)하여 순행(順行)

養 生	浴	帶 建
胎		旺
↑ 胞 墓	死	病 衰

예제8) 세효(世爻)가 사(四)인 경우, 묘방(卯方)에서 기포(起胞)하여 역행(逆行)

墓 死	病	衰 旺
胞 ↓		建
胎 養	生	浴 帶

[예제 : 십이운성(十二運星) 배포도(配布圖)]

七一 養	世時 ←①胞	歲 九九 墓 死
	二六	
	胎	
八十 生	一七	四四 病
月 三五 浴	十八 建	五三 旺 衰
	帶	

* 旼岡 註: 십이운성 암기표

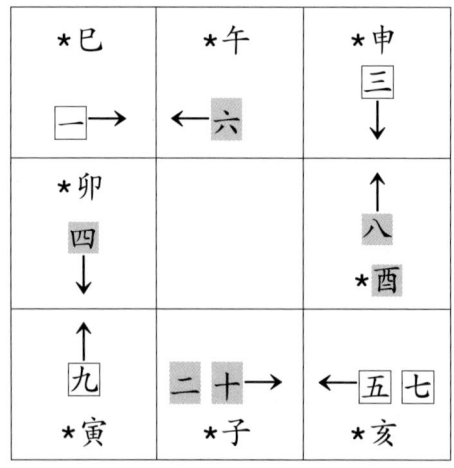

* (별표 자리)에서 시작

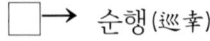 순행(巡幸)

□ → 역행(逆幸)

나. 십이신살(十二辰殺) 붙이는 법(法)

십이신살(十二辰殺 =십이진살)은 글자 그대로 십이신살(十二辰殺)이지만, 기문명리(奇門命理)에서 소요(所要)로 하는 것은 고작 다섯 가지에 불과하다.

즉, 겁살(劫殺), 망신살[亡神殺 : 일명 관겁살(官劫殺)], 역마살(驛馬殺), 연살(年殺 : 도화살), 화개살(華蓋殺), 등이 있고, 또 중겁살(重劫殺)이 있는데 중겁살(重劫殺)이란 겁살(劫殺)의 중복현상(重複現狀)을 말하는 것이다. 가령, 이(二)가 손궁(巽宮)에, 구(九)가 곤궁(坤宮)에, 육(六)이 건궁(乾宮)에, 삼(三)이 간궁(艮宮)에, 각각(各各) 놓여서 겁살(劫殺)을 먹으면, 이것이 곧 중겁살(重劫殺)이 된다.

이상의 다섯 가지 신살(辰殺) 가운데서 겁살(劫殺), 망신살(亡神殺), 역마살(驛馬殺)은 지반홍국수상(地盤洪局數上)에 붙이고, 연살(年殺), 화개살(華蓋殺)은 십이지궁(十二支宮)에 붙인다.

* 旼岡 註: 십이신살(十二辰殺) 붙이는 법
  세지(歲支)로 1회전 후(後) 일지(日支)로 1회전

십이신살이란?
  겁살(劫殺), 재살(災殺), 천살(天殺), 지살(地殺), 연살(年殺), 월살(月殺), 망신살(亡身殺), 장성살(將星殺), 반안살(攀鞍殺), 역마살(驛馬殺), 육해살(六害殺), 화개살(華蓋殺)

* 旿岡 註:

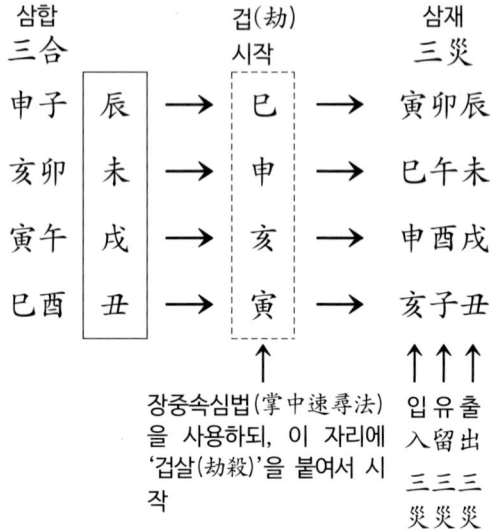

劫	災	天	地	年	月	亡	將	攀	驛	六	華
殺	殺	殺	殺	殺	殺	身殺	星殺	鞍殺	馬殺	害殺	蓋殺

1. 해당되는 지지(地支)의 홍국수(洪局數)를 먼저 찾는다.
   [장중속심법(掌中速尋法) 시행]
2. 찾은 홍국수(洪局數)와 같은 지반홍국수(地盤洪局數)를 가지고 있는 궁(宮)을 찾아서 해당되는 신살(辰殺)을 붙인다.

劫	災	天	地	年	月	亡	將	攀	驛	六	華
殺	殺	殺	殺	殺	殺	身殺	星殺	鞍殺	馬殺	害殺	蓋殺

[십이신살(十二辰殺) 배포도(配布圖) 예제]

```
      1   3   7   8
 一    甲   丙   庚   辛
 七    午   午   寅   未
      7   7   3   8
```

	世 時 日劫	歲 歲華 歲亡 日馬 歲重劫
七 一	二 六	九 九
日年殺 八 十	伏歲馬 伏日亡 一 七	四 四
月 三 五	歲年殺 十 八	日華 歲亡 五 三

다. 공망(空亡)

공망(空亡)은 일주(日柱)의 순공(旬空)을 말한다. 즉, 일주(日柱)가 갑자순중(甲子旬中)이면 술해(戌亥)가 공망(空亡)이 되는 식이니, 도표(圖表)로 나타내면 다음과 같다.

[육십갑자(六十甲子) 공망표(空亡表)]
- 갑자순중(甲子旬中) 술해공(戌亥空),
- 갑술순중(甲戌旬中) 신유공(辛酉空),
- 갑신순중(甲申旬中) 오미공(午未空),
- 갑오순중(甲午旬中) 진사공(辰巳空),
- 갑진순중(甲辰旬中) 인묘공(寅卯空),
- 갑인순중(甲寅旬中) 자축공(子丑空).

* 旼岡 註: 천간(天干)은 열 개이고, 지지(地志)는 열두 개인 것 때문에 각 순별(各 旬別)로 지지(地支) 두 개가 남아 공망(空亡)이 된다.
공망(空亡)은 일주(日柱) 기준으로 산출한다.

갑자순중 술해공망(甲子旬中 戌亥空亡)의 예

甲子	乙丑	丙寅	丁卯	戊辰	己巳	庚午	辛未	壬申	癸酉	○戌	○亥

* ○ 부분이 공망(空亡)

癸丑時　癸酉日　戊寅月　乙丑年

辰巳	午	未申
卯		酉
寅丑	子	亥○戌

라. 천마(天馬)

천마(天馬)는 월건(月建)을 중심(中心)으로 한다.
- 정칠월(正七月)은 칠천마(七天馬),
- 이팔월(二八月)은 구천마(九天馬),
- 삼구월(三九月)은 오천마(五天馬),
- 사시월(四十月)은 일천마(一天馬),
- 오동지월(五冬至月) 삼천마(三天馬),
- 육십이월(六十二月) 오천마(五天馬).

* 旼岡 註:

천마(天馬) 붙이는 법 : 월건(月建) [월주(月柱)]를 기준으로 한다.
장중속심법(掌中束尋法)을 사용한다.

※ 암기공식 : 홍국수 795135 (寅의 위치에서 시작하여 2회 반복)

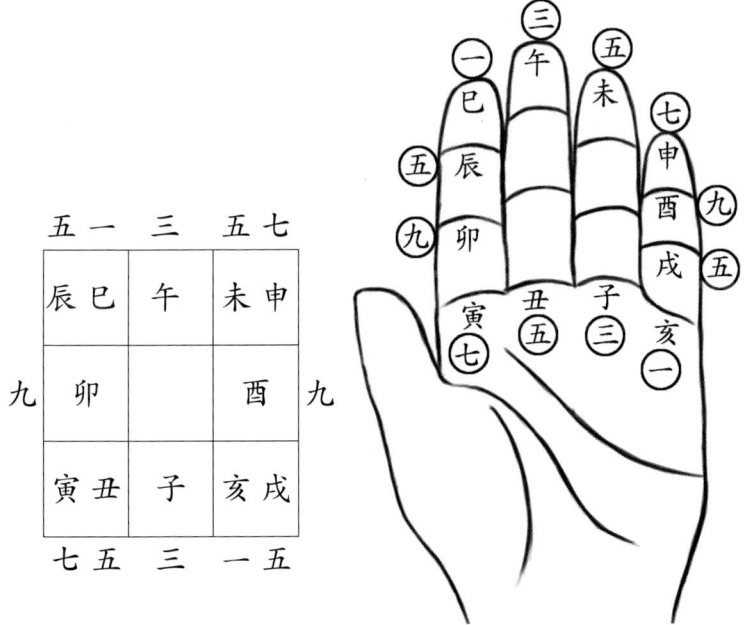

마. 천을귀인(天乙貴人)

일간(日干)	양귀(陽貴)	음귀(陰貴)
甲	未	丑
乙	申	子
丙	酉	亥
丁	亥	酉
戊	丑	未
己	子	申
庚	丑	未
辛	寅	午
壬	卯	巳
癸	巳	卯

甲未	戊庚丑
乙申	己子
丙酉	丁亥
辛寅	午
壬卯	癸巳

* 旼岡 註:
천을귀인(天乙貴人) : 먼저 일간(日干)을 보고, 양둔(陽遁)과 음둔(陰遁) 중 어디에 속하는지도 같이 살펴본다.
그렇게 하여 찾은 지지(地支)의 홍국수(洪局數)가 있는 곳에 "귀(貴)"를 붙인다.

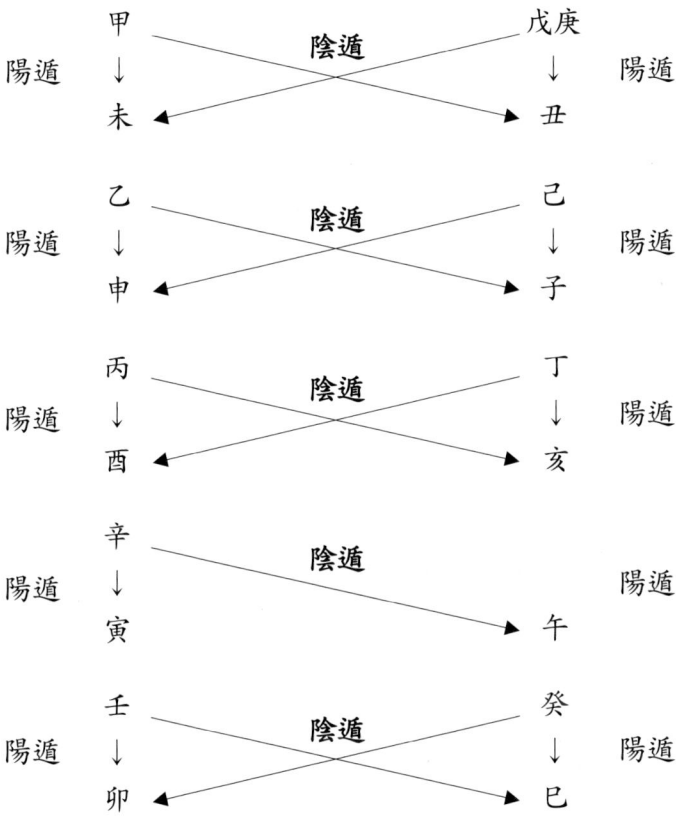

※ 양년(陽年)과 음년(陰年)의 기준은 세간(歲干)이다.
양귀인(陽貴人)은 양둔(陽遁)일 때, 음귀인(陰貴人)은 음둔(陰遁)일 때만 성립한다.

사. 일록(日祿)

일간(日干)을 기준(基準)하여 홍국수(洪局數)에 붙인다.

홍국수洪局數	일록日祿	일간日干
三	寅	甲
八	卯	乙
二	巳	丙
七	午	丁
二	巳	戊
七	午	己
九	申	庚
四	酉	辛
六	亥	壬
一	子	癸

다음은 제신살(諸神殺)을 종합적으로 붙여본 예도(例圖)이니 참고하기 바란다.

```
     1    3    7    8
一   甲   丙   庚   辛
七   午   午   寅   未
     7    7    3    8
```

	世時 日劫	歲 歲華 歲亡
七 一 養　　胎	二 六 胞	日馬 歲劫 九 九 墓　　死
日年殺 八 十 生	伏歲馬 伏日亡 一 七 (日祿)	四 四 病
月 三 五 浴　　帶	歲年殺 十 八 建	日華 歲亡 五 三 旺　　衰

* 旼岡 註: 이 예시에선 일록(日祿)이 중궁(中宮)에 입중(入中)하여 숨기 때문에 포국에서는 나타나지 않는다.

제4절 (第四節)

오국 설국법
(五局 設局法)

제4절 (第四節) 오국 설국법 (五局 設局法)

이제 기초장(基礎章)의 조식과정(造式過程)은 거의 끝난 셈이지만, 다만 오국(五局) 설국법(設局法)이 남아 있다. 오국(五局) 설국법(設局法)이란 명국(命局)을 비롯해서 연(年), 월(月), 일(日), 시국(時局) 등을 통틀어서 일컫는 말이다.

기문국(奇門局)은 인명국(人命局)을 제외하고서도 연월일시국(年月日時局)을 별도로 설(設)하여 세부적으로 간평할 수가 있으니, 참으로 편리한 점이라 할 수 있겠다.

가. 연국설국법 (年局設局法)

연국(年局)은 사주(四柱)를 통째로 당년국(當年局)으로 바꿔 놓는다. 즉, 갑오생(甲午生) 오월(五月) 이십삼일(二十三日) 사시생(巳時生) 인(人)의 정유년(丁酉年) 연운(年運)을 보고자 한다면, 정유년(丁酉年) 오월(五月) 이십삼일(二十三日) 사시생(巳時生) 인(人)의 사주국(四柱局)을 설(設)하면 그것이 곧 당년(當年) 연운국(年運局)이 된다.

* 旼岡 註: 예제
오국설국법 예제 및 본문설명 모두 갑오년(甲午-1954년) 음력 3월 23일 사시(巳時)생으로 수정.

[연국설국도(年局設局圖)] 2017년 정유년(丁酉年) 연국(年局)
1954년 5월 23일 음력(陰曆) 사시생(巳時生) 건명(乾命) 예제

8	2	3	4	
辛	乙	丙	丁	八
巳	亥	午	酉	八
時	日	令月	年	
6	12	7	10	
九局	下元	芒種	陽遁	

日馬 休命 墓	時支 乙壬 四二鬼	任蛇 死	年殺 生害 九七官	月支 沖陰 辛戊 病	死氣 ○旺	六十父	甫合 壬庚 衰 華
時干 景魂	五一孫	蓬直 己辛 胞	伏天馬 八八財 祿	伏歲劫 伏日亡 癸	月干 開體 ○	一五父 戊丙	歲支 英陳 建
日干 驚歸 胎	歲馬 十六孫 養	心天 丁乙 華	年殺 傷宜 七九兄	歲亡 日劫 丙己	<世>歲 杜德 浴	二四 庚丁	芮雀 帶

나. 월국설국법(月局設局法)

　월국 설국법(月局設局法)은 연주(年柱)와 월주(月柱)를 모두 당년(當年) 당월치(當月値)로 환치(換置)시킨다.
　즉, 예(例)의 명국자(命局者)의 정유년(丁酉年) 삼월(三月) 운(運)을 보고자 한다면 정유년(丁酉年) 삼월(三月) 이십삼일(二十三日) 사시국(巳時局)으로 설(設)해야 월국(月局)이 된다.
　다음은 월국도(月局圖)이다.

[월국설국도(月局設局圖)] 2017년 음력(陰曆) 3월 월국(月局)
1954년 5월 23일 음력(陰曆) 사시생(巳時生) 건명(乾命) 예제

10	3	1	4	
癸	丙	甲	丁	九
巳	子	辰	酉	四
時	日	令月	年	
6	1	土 5	10	
七局	下元	清明	陽遁	

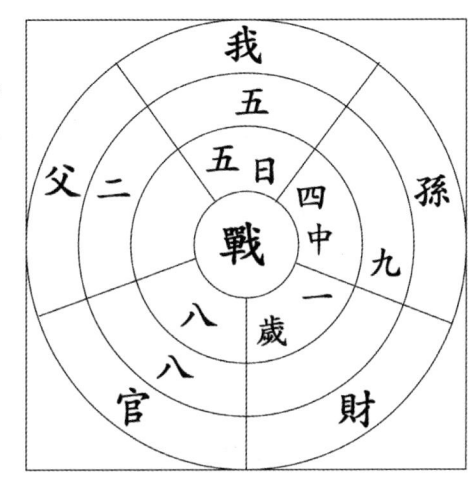

歲干 開歸帶	華 五八官	時支 壬丁	月支 芮蛇 3 建 4 15 16 27 28	年殺 休德 十三鬼 旺	歲日 戊庚 柱陰 5 17 29	劫馬	月干 景宜 ○病	七六財	歲日亡 乙壬	心合 6 7 衰 18 19
時干 杜體	六七父	庚癸	英直 浴 2 14 26	日干 九四孫 貴	伏歲亡 丙		年殺 驚魂 ○	二一財	歲支 辛戊	蓬陳 8 死 20
祿 死命生	華 一二父	日劫 丁己	甫天 養 1 12 13 24 25	<世> 生氣 胎	天馬 癸辛 八五孫	沖地 11 23	傷害 胞	三十兄	己乙	任雀 10 9 墓 22 21

제4절 오국 설국법(五局 設局法)

다. 일국(日局) 및 시국(時局)

 일국(日局)은 소위 일진국(日辰局)으로써 하루의 일운(日運)을 보는 법을 말한다. 이의 설국법(設局法)은 당년(當年) 당월(當月) 당일(當日)에 자신(自身)의 생시(生時)만 첨가해서 설국(設局)을 한다.

 시국(時局 : 단시점)은 특정인(特定人)의 명국(命局)과는 상관없이 어떠한 사태나 사건의 추이 및 성패여부와 길흉(吉凶) 등을 알아보기 위해 활용해 보는 횡적(橫的) 점사(占事)를 말한다. 이의 설국법(設局法)은 사신(四辰) 모두가 특정인(特定人)의 명국(命局)과는 무관하게, 단지 사태 발발(勃發)의 동기가 점사성국(占事成局)의 근거가 된다. 즉, 사건이 발발(勃發)한 연월일시국(年月日時局)으로 설국(設局)하여, 해당 용사(用事)의 중심부분을 중점적으로 평단(評斷)한다.

[일국설국도(日局設局圖)] 2017년 음력(陰曆) 3월 10일 일국(日局)
1954년 5월 23일 음력(陰曆) 사시생(巳時生) 건명(乾命) 예제

4	10	1	4	
丁	癸	甲	丁	一
巳	亥	辰	酉	六
時	日	令月	年	木
6	12	5	10	
七局	下元	清明	陽遁	

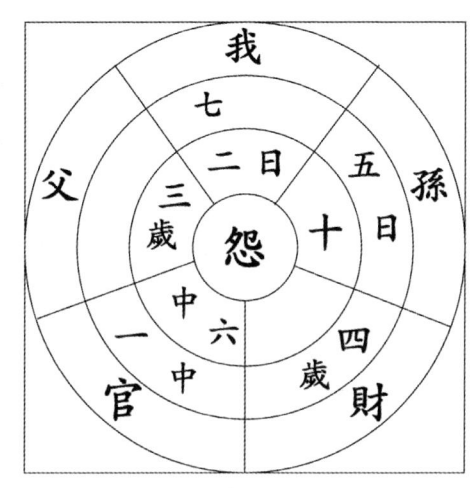

時干 歲干 休害 衰	時支 癸丁 沖直 七十孫 旺	天馬 年殺 丁庚 甫蛇 生命 二五孫 建	月干 庚壬 死體 九八父 英陰 浴	華帶
日干 景宜	歲日 劫 己癸 任天 八九財 病	歲馬 一六鬼 丙	歲日 亡劫 壬戊 開氣 四三父	歲支 芮合 生馬
驚德 ○死	華 辛己 蓬地 三四財 墓	年殺 傷魂 十七兄 ○	<世> 貴 杜歸 胞胎	日馬 戊乙 柱陳 五二 養

제4절 오국 설국법(五局 設局法)

* 본 포국표들은 [기문둔갑 기초편 - 원리론과 조식편] 본문에 삽입할 예제용으로 편집한 표들이며, 실제 태청궁청구태학당 기문둔갑 프로그램의 포국표는 272쪽의 예시 참조. 프로그램 상에서는 설명과 함께 포국되어 나온다.

제5절 (第五節)
삼원력 사용법
(三元曆 使用法)

제5절(第五節) 삼원력 사용법(三元曆 使用法)

가. 표준시(標準時)의 정립법(定立法)

　자오시(子午時)를 정하는 법은 어느 나라를 막론하고 그 나라의 영토 중심권을 통과하는 자오선(子午線)을 표준하여 이 자오선상(子午線上)의 태양이 최남중(最南中)하는 시각을 오시(午時)로 정함으로써 자오(子午) 정시(正時)가 설정되고, 이를 중심하여 표준시각(標準時刻)을 정하는 것이다.

　그러나 우리나라의 표준시(標準時) 설정은 이상의 제원칙(諸原則)을 벗어난 지가 이미 오래이며, 그 동기는 말할 것도 없이 일제(日帝)가 이 땅을 강점(强點)하면서부터 비롯된 것이다.

　지금 우리가 쓰고 있는 표준시는 동경(東經) 135도 선상(百三十五度線上)에서 설정된 일본고유의 표준시이지 우리나라의 표준시와는 아무런 관계가 없으므로, 사리(事理)를 아는 사람의 양식(良識)으로서는 그것이 우리나라의 표준시가 될 수 없음을 너무나 당연하게 생각하는 바이지만, 현실의 벽은 양식을 가진 몇 사람의 독백이나 울분 토설만으로 해결될 문제가 아님을 모를 바 아니다.

　아무튼 이 땅엔 진작 죽어 없어져야 했을 망령(亡靈)의 표준시(동경 135도 선)를 아직껏 그대로 쓰고 있으니 참으로 한심하기 짝이 없지만, 그러나 굳이 말하자면 작금(昨今)의 이 왜곡된 표준시가 꼭 일제 강점의 잔재만은 아니라고 할 수 있겠다. 왜냐하면 일제 잔재로서의 잘못된 표준시는 이미 지난 갑오년(甲午年 -1954년)에 이승만 전대통령에 의해 폐기됐고, 그 대신 우리의 독자적인 표준시를 동경 127도 30분 선에서 재정립하여 5·16이 나기까지 통용되어 왔던 것을, 군사정부(軍事政府)가 다시 폐기하고 현행대로 일본 표준시로 변용(變容)하기에 이르렀으니, 현행표준시(現行標準時)는 어디까지나 군정(軍政)의 잔재임에 틀림이 없다.

군사정권이 무슨 연유에 인함이었는지, 전임 국가원수가 각고 끝에 되찾아 놓은 우리 고유의 표준시를 시행해 온 지 8년 만에 다시 이를 왜국(倭國)에 헌납(?)하고 굴욕적인 일본국 고유의 표준시를 다시 원용 시행하게 된 그 저의가 어떤 것인지, 또 그로 인해 얻어진 반대급부(反對給付)가 경제수치로 따져서 얼마만 한 액면의 소득을 보았는지는 몰라도, 이건 확실히 제이(第二)의 국치(國恥)가 아닐 수 없다.

아무튼 오늘의 이 잘못된 표준시는 이러한 경로를 통해 일제 잔재에서 이미 청산된 것을 군정이 다시금 현행 표준시제를 갱차 도입함으로 다시금 표준시 운용에 혼란을 초래케 했으니, 이는 분명 군사정권의 잔재임에 틀림이 없다.

그러나 아무리 항변해 봐도 속수무책일 수밖에 없는 우리가 단 한 가지 할 수 있는 일이라고는, 잘못 설정된 표준시로 인하여 일어날 수 있는 갖가지 혼란과 엄청난 오착을 최소화하는 데 주력하는 일만이 차선책임을 감지하는 것이다. 또한, 이 복잡하고 난해한 부분을 기문 삼원력(奇門 三元曆)의 매권(每卷) 전장(前후)에 그 변동상황을 상세하게 수록 예시해 놓고 그에 대응하여 사용하는 방법을 설명해 놓았으니, 기문 삼원력(奇門 三元曆)만 올바르게 응용한다면 이 엄청난 난제도 일단 해결할 수가 있음을 확신하는 바이니, 사용에 정확을 기해 주기 바라는 바이다.

즉, 자오정시(子午正時)는 오늘밤 열한 시(23시)부터 명일(明日) 한 시(01시)까지가 자시(子時)임은 어느 나라나 공통적으로 적용하는 객관적 방법이지만, 유독 우리나라만이 여기에 32분이라는 오차분(誤差分)을 공제(共濟)하고 난 후, 오늘밤 11시 32분(23:32)부터 내일 32분(01:32)까지가 자시(子時)가 되는 기이한 현상의 표준시가 되는 것이다.

또 여기에다 일광절약시간제(日光節約時間制)까지를 바로 밝혀 적용하기란 그리 쉬운 일이 아니다. 이는 삼원력(三元曆)의 앞부분에다 상세히 수록해 놓았으니 참고하면 착오는 밝힐 수 있을 것이다.

나. 초신접기법(超神接氣法)

기문(奇門)의 연국조식(煙局造式)에 있어서 초신(超神)과 접기(接氣)를 모른다면 아예 기문(奇門) 공부는 불가능하다.

왜냐하면, 이를 모르고서는 연국(烟國)의 아홉 기둥을 세울 수가 없기 때문이다. 아홉 기둥이란 곧, 무(戊), 기(己), 경(庚), 신(辛), 임(壬), 계(癸)와 을(乙), 병(丙), 정(丁) 을 말하는데, 이 아홉 개의 간의(干儀)를 연국(烟國) 편의상(便宜上) 기둥이라 부른다.

초신(超神)이 되는 과정을 차례로 열거하면 다음과 같은 순서(順序)가 된다.

① 정수기(正授氣)

이는 당월(當月)의 절기(節氣)가 상원부두(上元符頭)와 같은 날짜에 함께 입절(立節)하는 것을 말하니, 상원부두(上元符頭)는 곧 갑기(甲己) 자오(子午) 묘유일(卯酉日)을 말하며, 이를 다시 풀이하면 갑자일(甲子日) 갑오일(甲午日) 기묘일(己卯日) 기유일(己酉日) 등이고, 이날에 입절(入節)하면 곧 정수기(正授奇)가 된다.

② 초신(超神)

초신(超神)의 신(神)은 절기(節氣)를 이끄는 선두주자(先頭走者), 즉 상원부두(上元符頭)를 말하고, 상원부두(上元符頭)란 갑기자오묘유(甲己子午卯酉)를 말한다. 접기(接氣)의 기(氣)는 이십사절기(二十四節氣) 가운데 당절(當節)을 말한다.

초신(超神)이란 결국 상원부두(上元符頭)인 신(神)이 당절(當節)인 기(氣)를 앞질러 선도(先到)했다는 뜻이다. 다시 말하면, 절기(節氣)가 들어오기도 전(前)에 상원부두(上元符頭)인 갑기자오묘유

(甲己子午卯酉)는 하루건 이틀이건 절기(節氣)보다 이미 먼저 당도한 사례를 말하는 것이다.

초신(超神)에는 다음의 세 가지 유형이 있다.

1) 상원유초(上元有超)

초신(超神)이 상원부두(上元符頭)를 지나 일일(一日)에서 사일(四日)까지 사이에 머무는 것을 상원유초(上元有超)라 하니, 이는 초신(超神)이 상원간지상(上元干支上)을 벗어나지 못한 상태다. 상원부두(上元符頭)가 절기(節氣)보다 하루 앞서 가면 초신일일(超神一日)이 되고, 이틀 앞서가면 초신이일(超神二日)이 되는데, 이렇게 초신일일(超神一日)부터 사일(四日)까지를 상원유초(上元有超)라 하고, 또 이를 상원유초(上元有超)의 상한일수(上限日數)로 잡는다.

2) 중원유초(中元有超)

초신(超神)이 중원간지상(中元干支上)에 도달하면 이를 중원유초(上限日數)라 하고, 중원유초(上限日數)의 상계일수(上界日數)는 초신(超神) 오일(五日)에서 구일(九日)까지이니, 즉 초신오일(超神五日)에서 구일(九日)까지 사이에 당절(當節)이 입절(入節)하면 이를 중원유초(上限日數)라 하며, 이 일수(日數)는 중원유초(上限日數)의 넘을 수 없는 상한일수(上限日數)다.

3) 하원유초(下元有超)

초신(超神)이 하원간지(下元干支)를 침범함을 뜻하니, 곧 초신(超神)이 십일(十日)을 넘어섰다는 결과로서, 그야말로 이것은 일종의 비상사태와도 같다. 왜냐하면 본시, 초신(超神)이 하원간지(下元干支)를 넘어서면 초신십일(超神十日)이 되고, 초신(超神)이 십일

(十日)을 경과(經過)하면 [초불과(超不過) 십일(十日), 접불과(接不過) 오일(五日)]이라 하여 금기(禁忌)의 규정이 됐기 때문으로, 이럴 때는 시(時)가 급하게 치윤(置閏)을 해야만 한다. 하지만 하원유초(下元有超)[초신십일(超神十日)]라 해서 무조건 치윤(置閏)을 할 수 있는 것도 아니므로 치윤(置閏)을 해야 할 하원유초(下元有超)와 하지 못할 하원유초(下元有超)가 있는 법이다. 즉, 치윤(置閏)이 가능한 경우는 적절상(適節上)의 하원유초(下元有超)이고, 하지 못할 경우는 비절상(非節上)의 하원유초(下元有超)다. 그렇다면 적절(適節)은 무엇이고 비절(非節)은 무엇인가? 즉, 이십사절기(二十四節氣) 가운데 망종절(芒種節)과 대설절(大雪節)을 가리켜 적절(適節)이라 하니, 여타(餘他)의 절기는 모두 비절(非節)이 된다. 따라서 적절상(適節上)의 하원유초(下元有超)가 아니면 치윤(置閏)은 절대 불가(不可)하다.

비록 비절상(非節上)에서 하원유초(下元有超)가 되었다 하더라도, 부득이 적절(適節)까지를 끌고 가야만 한다.

③ **치윤**(置閏)

초신(超神)이 적절상(適節上)에서 십일(十日)을 맞게 되면 반드시 윤기(閏奇)[윤국(閏局)이라고도 함]를 둬야 하는데 이를 치윤(置閏)이라 하며, 치윤상(置閏上)의 방법은 그다지 어렵지가 않다. 다만, 망종치윤(芒種置閏)과 대설치윤(大雪置閏)의 차이가 있을 뿐이다. 치윤(置閏)의 예는 실제로 삼원력상(三元曆上)에서 찾아 참고를 삼는 것이 설명을 듣는 편보다 이해가 더 빠를 것 같아서 실례(實例)는 생략하기로 한다.

삼원력상(三元曆上)에서 치윤(置閏)의 실례(實例)를 보려면 매권

(每卷) 범예(凡例)의 다음 장에 참권(參卷) 공통의 치윤(置閏) 일람표(一覽表)를 작성해 놓았으니 참고하기 바란다.

접기(接氣)는 치윤(置閏) 이전에 앞서 가던 상원부두(上元符頭)가 치윤(置閏) 이후로는 이를 뒤로 가게 하는 인위적 방법을 말한다. 이때, 선도(先到)의 신(神)과 후도(後到)의 기(氣)를 승접(承接)해 주는 인위적 작업이 곧 접기(接氣)이다. 그 결과로 초신상(超神上)에서는 상원부두(上元符頭)가 반드시 절기(節氣)보다 앞서 가던 것이, 치윤(置閏) 이후의 상원부두(上元符頭)인 신(神)은 당(當) 절기(節氣)보다 뒤에 오게끔 조절하는 인위적 행위가 접기(接氣)이니, 접기(接氣)를 인작(人作)이라 함도 이에서 기인된 말이다.

즉, 초신(超神)은 천체변환주기(天體變換週期)에 따라 생겨나는 초월적 현상이므로 이를 천작(天作)이라 하고, 이 엄청난 도착적(倒錯的) 현상을 인위적 방법으로 조절하지 않으면 천체(天體)의 운행도수(運行度數)를 역법(曆法)에 담아 인간생활에 응용할 수가 없게 되므로 작위적 방법을 쓰는 것이 치윤(置閏)이며, 치윤을 하기 위해서는 접기현상(接氣現狀)을 만들어내지 않을 수가 없게 된 것이다.

1) 절국(折局)과 보국(補局)

절국(折局)의 절(折)은 잔국절국(殘局折局)이며, 보국(補局)의 보(補)는 절국보국(折局補局)을 말한다. 다시 말하면, 치윤(置閏)을 하고 난 뒤에는 동지절(冬至節)이나 하지절(夏至節)의 하원(下元) 일부(一部)가 반드시 다음 절기(節氣)에 강점(强占)당하고 말게 되니, 곧 대설치윤(大雪置閏)의 경우에는 동지하원(冬至下元)의 일부를 소한하원(小寒下元)에게 잘라 먹히게 되고, 망종치윤(亡種置閏)의 경우에는 하지하원(夏至下元)의 일부를 소서하원(小暑下元)에게 잘라 먹히고 말게 된다.

이때에 소한하원(小寒下元)이 잘라 먹은 동지하원(冬至下元)의 일부(一部)나, 소서하원(小暑下元)이 잘라 먹은 하지하원(夏至下元)의 일부(一部)를 잔국절국(殘局折局)이라 하고, 소한하원(小寒下元)과 소서하원(小暑下元)은 뒤에 자신의 몫인 하원(下元)의 일부(一部)를 다시 찾아 먹게 되므로, 이것을 가리켜 절국보국(折局補局)이라 한다.

그러므로 접기(接氣)가 초신(超神)때와 다른 점은 초신(超神)때는 언제나 상원(上元), 중원(中元), 하원(下元)의 순서(順序)대로 질서정연하게 움직이던 것이, 치윤후(置閏後)의 접기(接氣)가 되면 하원(下院)의 일부(一部)가 먼저 오고 그다음에 상원(上元)이 오고, 그리고 중원(中元), 하원(下元)의 순(順)으로 결국(結局) 하원(下元)을 두 번 맞이한 꼴이 되는 것이 초신(超神) 때와 다른 점이다. 그러나 윤기(閏奇)로 인해 점령당한 동(冬), 하지(夏至) 이지(二至)의 하원절(下元節)은 일부(一部)를 잘라 먹혔지만, 결코 절국(折局)만 당한 채 보국(補局)은 할 곳이 없게 된 처지가 되고 말았는데, 이것이 어쩌면 피점자(被占者)의 비애(悲哀)라고도 할 수 있겠다.

2) 가정수기(假正授氣)

치윤(置閏) 이후, 하원간지상(下元干支上)에 당도(當到)하던 절기(節氣)가 언젠가 상원부두상(上元符頭上)에 진입(進入)함으로 해서 지루하던 절보(折補)가 끝이 나고 새로운 초신현상(超神現狀)이 닥쳐 올 줄 알았는데, 결국 몇 절기(節氣) 지나지 않아서 앞서 상원부두상(上元符頭上)에 비래(飛來)했던 절기(節氣)가 몇 절기(節氣) 지나지 않아서 다시금 하원간지상(下元干支上)으로 떨어져 앉게 된다. 그리하여 지금까지 몇 개 절기(節氣)상에 나타났던 상원간지(上元干支)는 그것이 진정접기(眞正接氣)가 아닌 가정수기(假正授氣)임이 판명되고 말았으며, 이때부터 몇 절간(節間) 해제(解除)됐던 절보(折補)도 다시금 시작해야만 한다. 그러므로 이 현상을 가리켜 [가정수기(假正授氣)]라 부르는 것이다.

3) 중원유접(中元有接)

　이 또한 돌연변이(突然變異)라면 가정수기(假正授氣)나 진배가 없다. 왜냐하면 적절상(適節上)의 하원유초(下元有超)에서 아무런 하자(瑕疵) 없이 치윤(置閏)의 절차(節次)를 마쳤는데 얼마쯤 절보(折補)가 계속되더니 느닷없이 하원간지상(下元干支上)에 머물러 있던 절기(節氣)가 중원간지(中元干支) 쪽으로 후퇴를 함으로 해서 절보(折補)가 중원간지상(中元干支上)에서 일어나는 현상을 중원유접(中元有接)이라 하며, 일종의 돌연변이라 하지 않을 수 없다.

　이렇게 돌연변이에서 생겨난 두 가지 사례를 찾아보려면, 삼원력상(三元曆上)에서 지적하는 쪽수대로 찾아가 보면 정확히 알 수가 있을 것이다.

4) 가정수기(假正授氣) 실례(實例)

　삼원력(三元曆) 중권(中卷) 추분절입(秋分節入)이 기해년(己亥年)

팔월(八月) 이십이일(二十二日) 기유상(己酉上)에 떨어져 정수기(正授奇)를 이루었지만, 소한절기(小寒節氣)가 다시금 동년(同年) 십이월(十二月) 초파일(初八日) 하원간지(下元干支)인 계사상(癸巳上)에 떨어짐으로 해서, 추분입절(秋分入節)이 기유상(己酉上)에서 정수기(正授奇)를 맞이한 이래, 동년(同年) 십이월(十二月) 이십사일(二十四日) 기묘상(己卯上)에서 동지(冬至)가 입절(入節)할 때까지 생겨난 일곱 절기(節氣)의 정수기(正授奇) 현상은 결국 가정수기(假正授氣)임이 입증(立證)되고 말았다.

5) 중원유접(中元有接)의 예(例)

　기문(奇門) 삼원력(三元曆) 중권(中卷) 입춘중원(立春中元)부터 춘분중원(春分中元)까지가 중원유접(中元有接)의 예이다. 즉, 대설(大雪)이 시월(十月) 십팔일(十八日) 기축(己丑)에 입절(入節)하여 치윤(置閏)에 적절(適節)하기로, 절차(節次)에 따라 치윤(置閏)을 시행(施行)하고 하원유접(下元有接)이 이루어지면서 소한절(小寒節)까지 가더니, 갑자기 입춘절기(立春節氣)가 뒷걸음쳐서 중원간지(中元干支)인 무자상(戊子上)에 떨어져, 다시금 하원유초(下元有超)로 되돌아오고 말았으니, 부득불(不得不) 중원유접(中元有接)을 하지 않을 수 없게 되어, 입춘절(立春節)부터 비롯된 중원절보(中元折補)가 청명(淸明) 중원절(中元節)까지 이어졌으니, 결국 중원유접(中元有接)을 하지 않을 수가 없게 되었다.

* 旼岡 註: 기문삼원력(1864~2043년)은 제34대 전맥자이신 수봉 이기목 선생님께서 1986년도에 완성하여 발표하셨다. 이것에 대한 저작권은 민강 손혜림에게 있으며, 삼원력은 기문둔갑 종합 프로그램에 내재되어 있다.

부록

· 기문둔갑 포국설명
· 기문둔갑 기초지식
· 태청궁청구태학당 역대 전맥자
· 기문둔갑 프로그램의 종류
· 태청궁 청구태학당 강의안내
· 태학당 출판물 안내

■ 기문둔갑 포국 설명

陰曆: 1955年 9月 13日 亥時
陽曆: 1955年 10月 28日 亥時

8	9	3	2	1)사주
辛	壬	丙	乙	四
亥	戌	戌	未	六
時	日	月	年	
12	11	11	8	

2) 구궁: ←이 안을 말함
3) 동처: 구궁 중 색 있는 곳
4) 비동처: 구궁 중 색 없는 곳

二局　下元　霜降　陰遁

5)1.천반수　華	20)천마　天馬	金華　7)사지　歲支
義 景 害　十十　5)2.지반수　己丙　蓬地　11)격국　木 39	和 杜 命　五五　辛庚　12)구성　任武　13)팔장　火 14　15)손 孫　建	義 開 體　二八　乙戌　22)무욕　父　土帶　69 29
衰 旺	六儀擊刑	
歲干　21)도화살　年殺　和 休 宜　一九　癸乙　心天　16)재 財　67 38　病 木	祿　歲劫日馬　四六　丁　6)국　鬼　17)관(관귀)　和局　土　45	歲亡　日劫　和 死 氣　七三　丙壬　8)※일간　日干　父　18)인수　甫合　金　90 5
木　8)시간　時干　義 驚 德　六四　壬辛　19)공　柱直　財　墓土　83 9	年殺　7)※일지　義 傷 魂　三十　戊己　14)비견갑　兄　9)문　10)괘　72　六儀受制格　肥 水　21	水華　歲馬日亡　和 生 歸　八二　庚癸　時支　英陰　貴　胎養金　53 2 <世>

기문둔갑 포국설명

* '기문둔갑 사주풀이' 시리즈에 '기문둔갑 포국을 보는 꿀팁!'이란 제목으로 삽입한 포국 설명으로, 이 책에선 부록으로 추가하였다.

1) 사주(四柱)
   자신이 태어난 연월일시(年月日時)를 말한다. 사람은 이 사주(四柱)의 영향을 받고 살아가게 되는데, 기문(奇門)에서는 구궁(九宮)을 세우는 기초에 해당한다.

2) 구궁(九宮)
   인간과 세상과의 공간(空間) 관계를 나타낸다.

3) 동처(動處)
   연월일시(年月日時)와 중궁(中宮)에 해당하는 곳은 항상 서로 간에 교류하며 움직이므로, 이를 '동처(動處)'라 한다.

4) 비동처(非動處)
   동처를 제외한 모든 곳을 '비동처(혹은 정처)'라 하는데, 평상시에는 영향을 끼치지 않다가, 해당 정처에 도래한 시기가 되면 동처와 합류하여 새로운 관계를 형성하게 된다.

5) 홍국수(洪局數) [자세한 해설☞ 316쪽 '홍국수' 해설]
   숫자(一六, 二七, 三八, 四九, 五十)로 표기. 중국 기문에는 아예 없고 우리나라의 동국기문에만 있는 세계 유일의 오행법으로, 운(運)의 50% 이상을 주관한다. 특히 홍국수의 구체적인 오기(五氣) 유통법은 제34대 전맥자이신 수봉 이기목 선생님께서 정립하신 이론이다.
   1. 지반수(地盤數) : 인생의 전반기 운(1~45세)을 주관한다.
   2. 천반수(天盤數) : 인생의 후반기 운(46~90세)을 주관한다.

- 목(木)은 삼(三)과 팔(八), 화(火)는 이(二)와 칠(七), 토(土)는 오(五)와 십(十), 금(金)은 사(四)와 구(九), 수(水)는 일(一)과 육(六)이다. 이중 홀수는 양(陽), 짝수는 음(陰)이다.

6) 국(局)
홍국수의 배열 방법에 따라 다섯 가지 유형으로 분류된다. 즉 화국(和局), 전국(戰局), 충국(沖局), 원진국(怨嗔局), 형파국(刑破局) 등이며 각 국(局)의 특성에 따른 특징이 나타난다.

7) 사지(四支) [자세한 해설☞ 315쪽 '육친' 해설]
   - 세지(歲支), 월지(月支), 일지(日支), 시지(時支)를 말한다. 육친(六親).
   - '세지(歲支)'는 부모, 우두머리, 직업궁, '월지(月支)'는 형제나 때로는 연인, '시지(時支)'는 자식, 새로운 것 등으로도 나타난다.
※ 일지(日支) : 세〈世〉로 표기. 일지의 지반수는 '자기 자신'을 나타내므로 가장 먼저 보며, 부부 가택궁도 상징한다.

8) 사간(四干)
   - 세간(歲干), 월간(月干), 일간(日干), 시간(時干)을 말한다.
   - 세간(歲干)은 부모, 월간(月干)은 형제, 시간(時干)은 자식으로도 나타난다.
※ 일간(日干) : 대외적인 자기 자신을 말한다. 사간(四干) 중에서 가장 큰 영향을 끼친다.

9) 문(門)
팔문(八門)은 천인지(天人地) 중에서 인(人)을 말하며, 대인관계를 나타낸다.

10) 괘(卦)

팔괘(八卦)는 천인지(天人地) 중에서 지(地)를 말하며, 자신이 처한 입지적 관계를 나타낸다. 문(門)과 괘(卦)는 합쳐서 문괘(門卦)라고 한다.

11) 격국(格局) [자세한 해설☞ 318쪽 '격국' 해설]

육의(六儀) 삼기(三奇)를 말한다. 영향력이 큰 내격(內格)은 길격 14격과 흉격 34격이 있고, 영향력이 다소 적은 외격(外格)이 있다.

12) 구성(九星)

구성은 천인지(天人地) 중에서 천(天)을 말하며, 주로 직업궁에 참고한다.

13) 팔장(八將)

팔장은 구성(九星)의 신하로서, 인간의 내면적인 성격을 파악하는 데 참고한다.

14) 비견겁(比肩劫)

자신과 같은 오행을 말한다. 동료, 친구, 경쟁자, 형제 등으로도 나타난다.

15) 손(孫)

자신이 생(生)해주는 오행을 말하며, 식신(食神)과 상관(傷官)이 있다. 자손, 아랫사람 등으로도 나타난다.

16) 재(財)

자신이 극(剋)하는 오행을 말하며, 정재(正財)와 편재(偏財)가 있다. 남자에게는 여자를 뜻하기도 한다.

17) 관(官)과 귀(鬼)

자신을 극(尅)하는 오행을 말하며, 정관(正官)과 편관(偏官)이 있다. 직장, 학교 등으로도 나타나며, 여자에게는 남자를 뜻하기도 한다.

18) 인수(印綬)

부(父)로 표기. 자신을 생(生)해 주고 키워 주는 오행을 말하며, 정인(正印)과 편인(偏印)이 있다. 인복(人福), 부모복(父母福) 등과 상관이 있다.

19) 공(空)

○으로 표기. 공망은 해당 자리의 흉은 증폭시키고 길은 감소시키기도 한다.

20) 천마(天馬)

역마(驛馬)의 일종으로, 하늘을 날아다니는 교통기관으로서 주행(走行)의 폭이 가장 넓은 비행기에 해당한다. 외국 등을 상징한다.

21) 도화살(桃花殺)

연살(年殺)로 표기. 끼의 본산(本産)이며, 이성을 매료시키는 특징이 있다.

22) 목욕(沐浴)

욕(浴)으로 표기. 목욕(沐浴)은 도화살(桃花殺)의 일종이기도 하지만 패살(敗殺)에 해당하기도 한다.

기문둔갑 기초지식

1. 육친(六親) 해설

| 世 | 세(世) : 자기 자신 = 일지(日支).
일지(日支)가 놓인 곳이 <世>. 일간(日干)은 대외적 자기 자신. 일지의 상하(上下)는 부부(夫婦)가택궁으로 위쪽은 남편(夫), 아래쪽은 아내(婦). |

| 孫 | 손(孫) : 자손
손은 <世>의 식신, 상관으로 자손, 아랫사람, 기능이나 일.
시간(時干)은 아들, 시지(時支)는 딸. |

| 財 | 재(財) : 재물, 여자
남녀 모두 재물을 상징하나, 남자에게는 처첩(妻妾)궁에 해당하여 여자와 재물을 함께 상징. |

| 官鬼 | 관귀(官鬼) : 관청, 직장
관(官)은 <世>의 정관(正官)에 해당하고, 귀(鬼)는 편관(偏官)에 해당.
여자에게는 남자를 상징.
직장이나 관록, 명예, 학교, 관청, 중간관리자, 질액(疾厄) 등을 상징. |

| 父 | 부(父) : 부모, 윗사람
부는 <世>를 생하여 주는 인수(印授). 세간(歲干)은 아버지(父), 세지(歲支)는 어머니(母).
부모, 윗사람, 문서, 공부나 학문, 스승, 비축된 재물, 월급, |

연금, 명예 등을 상징.

|兄| 형(兄) : 동료
형은 <世>의 동료. 월간(月干)은 남자동료나 형제, 월지(月支)는 여자동료나 자매.
형제, 자매, 동기, 동료, 친구.

2. 홍국수(洪局數) 해설

* 홍국수(洪局數)는 운(運)을 형성하는 데 있어서 전체(팔문, 팔괘, 구성, 팔장, 신살 등)에서 50% 이상의 영향력을 미치는 주요체로서, 전 세계에서 우리나라에만(중국에는 없음) 있는 독특한 이론이다. 특히 오행의 흐름을 파악하는 홍국수의 오기(五氣 : 木火土金水) 통기법(通氣法)은 기문학의 제34대 전맥자이신 수봉(粹峯) 이기목(李奇穆) 선생님께서 임상을 바탕으로, 자세한 이론을 처음으로 정립(定효)하셨다. 홍국수의 오기 통기법에 대한 이론은 1989년도에 출간한 《동기정해(東奇精解)》 1~3권에 자세히 수록되어 있으므로, 만일 그 이후(1989년)에 나온 다른 책들의 내용 중에서 홍국수의 오기 통기법에 대한 해설이 있다면 저작자의 허락 없이 《동기정해》를 표절한 것이 분명함을 밝혀 둔다.

(1) 일육수(一六水)의 특징

$$一 \ 六 \ = \ 水$$

수(水)는 지혜를 상징.
수(水)가 너무 왕(旺)하면 정신이 혼미하여 사리분별을 못하고,
수(水)가 너무 약(弱)하면 간지에 흘러 잔꾀와 임기응변에 능함.
수(水)가 공망(空亡)을 만나면 유(流)라 하여 이별과 흩어짐을 상징.

(2) 이칠화(二七火)의 특징

二 七 = 火

화(火)는 예의를 상징.
예의가 깍듯하고 밝고 쾌활하며 명랑함.
오행 중에 이화(二火)는 영기와 영성이 가장 뛰어난 오행으로, 정신세계를 비추는 힘이 강하여 예언적 능력이 있고 도(道)가 통함.
삼(三), 이(二), 구(九)가 만나게 되면 삼형(三刑)을 이룸.

(3) 삼팔목(三八木)의 특징

三 八 = 木

목(木)은 인(仁)을 상징.
어질고 인자하며 자비로워 전형적인 선비의 기질이 있음.
목(木)이 공망(空亡)을 만나면 절(折)이라 하여 다치거나 부러질 수 있음.
삼목(三木)이 이(二), 구(九)와 함께 만나게 되면 삼(三), 이(二), 구(九) 삼형살(三刑殺) 성립.

(4) 사구금(四九金)의 특징

四 九 = 金

금(金)은 의리와 정의(義)를 상징.
금(金)이 공망(空亡)을 만나면 명(鳴)이라 하여 소리가 울려 퍼짐.

(5) 오십토(五十土)의 특징

五 十 = 土

토(土)는 신의와 믿음을 상징하고 생각을 주관.
오토(五土)가 칠(七), 구(九)와 만나게 되면 오(五), 칠(七), 구(九) 삼살(三殺)을 형성.

3. 격국(格局) 해설

① 격국(格局) : 갑(甲)
※ 포국에서는 무(戊)로 나타난다.

|戊|
|戊|

갑가갑(甲加甲) : 쌍목성림(雙木盛林), 정직위엄(正直威嚴), 영화부귀(榮華富貴)
쌍목이 숲을 이루었으니 정직하고 위엄이 있어 부귀영화(재산이 많고 지위가 높으며 귀하게 되어서 세상에 드러나 온갖 영광을 누림)를 누린다.

|戊|
|乙|

갑가을(甲加乙) : 등라반목(藤羅絆木), 귀인제발(貴人提拔), 후산유고(後山有靠)
칡과 등나무가 나무를 휘감은 격.
앞뒤가 비비 꼬이지만 귀인이 풀어 주어 외진 곳에 가도 의지할 곳이 있다.

|戊|
|丙|

갑가병(甲加丙) : 제십이격(第十二格) 길격(吉格)
청룡회수격(靑龍回首格). 일명 군신회좌(君臣會座)라고도 한다.
임금과 신하가 한자리에 모여 회담을 하니, 귀인을 만나고 관직에 길(吉)하며 여타 제반사도 모두 길하다.

戊丁 갑가정(甲加丁) : 일박즉합(一拍卽合)
손뼉 한 번에 즉시 합하여 길하다. 귀인을 만나면 소망사를 성취한다.
햇볕에 장작을 말리는 격.

戊戊 갑가무(甲加戊) : 독산고목(禿山孤木)
벗겨진 산에 홀로 서 있는 나무와 같이 고립무원(孤立無援)하다.

戊己 갑가기(甲加己) : 공협호혜(共協互惠), 흔흔향로(欣欣向勞)
소나무의 뿌리가 흙과 서로 엉키어 서로 의지하니, 매우 기쁘고 만족스러운 상.

戊庚 갑가경(甲加庚) : 비궁작벌(飛宮斫伐)
매사가 끊김. 나무가 무너져서 원숭이가 흩어지고 나무가 뿌리째 뽑히는 격.

戊辛 갑가신(甲加辛) : 목곤쇄와(木棍碎瓦)
나무막대로 기왓장을 깨뜨리는 격.
정(靜) 즉 길하고 동(動) 즉 흉하다.

戊壬 갑가임(甲加壬) : 척범표양(隻帆漂洋), 유거무귀(有去無歸)
돛단배 한 척이 대양에 표류하는 격.
가는 자는 있어도 오는 자는 없는 격.

戊癸 갑가계(甲加癸) : 수근노수(樹根露水)
나무뿌리가 물속에 잠겨 있는 격.
험한 것이 평범한 것으로 변하는 격.

② 격국 : 을(乙)

乙甲 을가갑(乙加甲) : 금상첨화(錦上添花)
길 위에 길을 더하고 경사 위에 경사를 더하는 격.

乙乙 을가을(乙加乙) : 복음잡초(伏吟雜草)
마치 뽑아도 뽑아도 자꾸 돋아나는 잡초와 같아서 앞으로 나아가는 데는 장애가 있으니, 분수를 지켜 쉬는 것이 상책.

을가병(乙加丙) : 천관진직(遷官進職), 부처분리(夫妻分離)
관록에는 길하지만 남편과 아내 사이에는 분리가 있는 격.

乙丁 을가정(乙加丁) : 문서사길(文書社吉)
문서에 관한 일들이 길한 격.

乙戊 을가무(乙加戊) : 선화명병(鮮花名瓶)
한 포기 꽃이 선명하게 빛나니 풍류가 아름다운 격.
혼인(결혼)사에 대길한 격.

乙己 을가기(乙加己) : 이일당십(以一當十)
하나로서 열을 당하고 유한 것으로 강한 것을 이기니, 승리를 쟁취하는 격.

乙庚 을가경(乙加庚) : 쟁송재산(爭訟財産), 부처회사(夫妻懷私)
재산으로 인한 쟁송이 따르므로 부부간에는 서로 딴마음을 품는 격.

乙辛 을가신(乙加辛) : 제사십일격(第四十一格) 청룡도주격(靑龍逃走格)
청룡이 백호의 등을 타고 도망가는 격.

|乙壬| 을가임(乙加壬) : 남유천하(男遊天下), 여귀후문(女歸侯門)
남자는 천하를 주류하고, 여자는 왕후의 문호로 돌아오는 격.

|乙癸| 을가계(乙加癸) : 둔적수도(遁跡修道), 녹야조로(綠野朝露)
은둔하여 수도함에 길한 격.
숲속에 내린 아침 이슬과 같은 격.

③ **격국 : 병**(丙)

|丙戊| 병가갑(丙加甲) : 제십삼격(第十三格) 비조질혈격(飛鳥跌穴格)
도모하는 바가 이루어지고 이익을 얻는 길격.
천반(天盤) 병기(丙奇)가 갑자직부(甲子直符) 위에 앉는 것을 말한다.

|丙乙| 병가을(丙加乙) : 염양여화(艶陽麗花), 공사개길(公私皆吉)
요염한 태양 아래 아름답게 핀 꽃 한 송이.
공적인 일이나 사적인 일 모두 개길하고, 안과 밖으로 이익을 얻는 격.

|丙丙| 병가병(丙加丙) : 유용무모(有勇無謀), 파모손실(破耗損失)
용맹은 있어도 꾀가 없어서 파모(장애, 깨지고 없어지다)와 손실을 가져오는 격.

|丙丁| 병가정(丙加丁) : 귀인길리(貴人吉利), 상인평정(常人平靜)
귀인은 길한 이익을 얻고, 상인은 평정을 얻는 격.

기문둔갑 기초지식 **319**

|丙戌| 병가무(丙加戌) : 병기득사(丙奇得使), 유리유익(有利有益)
제육격(第六格)의 삼기득사격(三奇得使格) 중 하나. 모든 일에 이익이 있는 격.

|丙己| 병가기(丙加己) : 대지보조(大地普照)
태양이 대지를 비추는 격.

|丙庚| 병가경(丙加庚) : 제사십오격(第四十五格) 형입태백격(熒入太白格)
도적둔주(盜賊遁走) 문호파재(門戶破財)
도적이 들어오니 재산상의 손실이 발생하는 격.

|丙辛| 병가신(丙加辛) : 일월상회(日月相會), 모사취성(謀事就成)
해와 달이 서로 만나니, 하고자 하는 일이 성취되는 격.

|丙壬| 병가임(丙加壬) : 강휘상영(江揮相映), 시비파다(是非頗多)
햇살이 강물에 비침과 같은 격.
큰 이익은 있으나 문제도 있어, 처음에는 길하고 나중에는 흉한 격.

|丙癸| 병가계(丙加癸) : 흑운차일(黑雲遮日), 음인해사(陰人害事)
검은 구름이 햇빛을 가린 격.
모르는 사람에게 해를 입을 수도 있는 격.

④ 격국 : 정(丁)

|丁戌| 정가갑(丁加甲) : 청룡전광(靑龍轉光), 관인승천(官人陞遷)
청룡이 전광을 발휘하는 격. 관인은 승천함.

| 丁乙 | 정가을(丁加乙) : 소전종작(燒田種作), 가관진록(可官進祿)
화전을 일구어 종작을 하는 격.
귀인은 관직이 승진하니 길한 격.

| 丁丙 | 정가병(丁加丙) : 항아분월(姮娥奔月), 락극생비(樂極生悲)
월궁의 달 속에 있는 선녀가 분주히 노는 격.
즐거움이 극에 달하면 슬픔이 생기는 법이니, 처음에는 길하나 끝이 흉한 격.

| 丁丁 | 정가정(丁加丁) : 양화성염(兩火成炎), 문서즉지(文書卽至)
양화가 성염이니, 문서에 관한 일이 길한 격.

| 丁戊 | 정가무(丁加戊) : 평안수복(平安壽福), 교탈천공(巧奪天工)
평안하고 복이 수하니, 재주를 다해 천적의 공인이 되는 격.
매사의 성공을 의미한다.

| 丁己 | 정가기(丁加己) : 성타구진(星墮句陳), 간사구원(奸私仇寃)
생신(生神)이 호랑이 굴에 떨어진 격.
간악한 원구가 복수를 노리니, 역공에 몰리게 될 위험이 있는 격.

| 丁庚 | 정가경(丁加庚) : 화련진금(火煉眞金), 문서창달(文書暢達)
불속에 진금(순금)을 녹여 보화를 만드는 격. 만사성취.

| 丁辛 | 정가신(丁加辛) : 소훼주옥(燒毁珠玉), 상인몽원(常人夢寃), 관인실위(官人失位)
불속에 주옥을 넣어 형체를 더럽히는 격.
상인은 원한을 입고 관직인은 실직의 징조가 있는 격.

|丁壬| 정가임(丁加壬) : 정기득사(丁奇得使), 귀인은소(貴人恩紹), 송옥공평(訟獄公平)
귀인은 은인의 부름을 받고, 송사 사건은 공평하게 처리되는 격.

|丁癸| 정가계(丁加癸) : 제사십사격(第四十四格) 주작투강격(朱雀投江格)
참새가 연못에 빠져서 헤어 나올 길이 없는 격.
난처한 일들이 속출하거나 궁지에 몰리는 등 어려운 일들이 발생한다.

⑤ 격국 : 무(戊)

|戊戊| 무가갑(戊加甲) : 불평난신(不平難伸), 이직송굴(理直訟屈)
매사가 불공평하고 난신하여, 이치는 곧아도 송사는 굽게 결론이 나는 격.

|戊乙| 무가을(戊加乙) : 청룡합령(靑龍合靈), 문길대길(門吉大吉), 문흉평상(門凶平常)
문이 길한즉 대길하고, 문이 흉해도 해가 없고 보통인 격.

|戊丙| 무가병(戊加丙) : 일출동산(日出東山), 초난후이(初難後易)
아침 해가 이제 막 동산에 떠오르는 격.
처음엔 어렵고 나중엔 쉬워지는 격으로 길흉상반(吉凶相半).

|戊丁| 무가정(戊加丁) : 이소승다(以小勝多), 이과적중(以寡敵衆)
적은 것으로 많은 것을 이기고, 적은 수로 많은 무리를 이기는 격.

| 戊戊 | 무가무(戊加戊) : 복음준산(伏吟峻山), 정수위길(靜守爲吉)
정한즉 길하고 동한즉 매사가 막히는 격.

| 戊己 | 무가기(戊加己) : 물이유취(勿以類聚), 호일악로(好逸惡勞), 좌식상공(座食常空)
편한 것을 좋아하고 힘들여 수고하는 것을 싫어하니, 매사 이루는 것 없이 공허함만 남는 격.

| 戊庚 | 무가경(戊加庚) : 조주위학(助紂爲虐), 길사불길(吉事不吉)
폭군을 도와 폭정을 가중시키니, 길한 일도 불길해진다.

| 戊辛 | 무가신(戊加辛) : 십사구패(十事九敗), 초재실패(招災失敗)
열 가지 일들 중에서 아홉은 실패하는 격.
실패와 재앙을 초래하는 격.

| 戊壬 | 무가임(戊加壬) : 영도이해(迎刀而解), 산명수수(山明水秀)
칼날을 맞이해도 능히 이를 풀어 나갈 수 있는 길격. 산에는 해와 달이 떠 밝고, 강은 맑고 수려한 격.

| 戊癸 | 무가계(戊加癸) : 암석침식(岩石浸蝕), 문길불길(門吉不吉)
암석이 침식해 들어오는 격으로, 문이 길하여도 불길한 격.

⑥ 격국 : 기(己)

| 己甲 | 기가갑(己加甲) : 영불발아(永不發芽), 태공초관(太公招觀)
영원히 싹이 나지 않는 격.
흉모와 음험한 암계(暗計)가 있으니 주의를 요하는 격.

| 己乙 | 기가을(己加乙) : 유정밀의(柔情密意), 낭재여모(郎才女貌)
오가는 정이 부드럽고, 그 뜻이 친밀하여 길한 격.

| 己丙 | 기가병(己加丙) : 양인상해(陽人相害), 음인음오(陰人淫汚)
남자는 서로 상해를 입고, 여자는 음란함을 떨치는 격.

| 己丁 | 기가정(己加丁) : 주작입묘(朱雀入墓), 선곡후직(先曲後直)
주작이 입묘를 한 격.
처음에는 구부러지고 나중에는 펴지는 격.

| 己戊 | 기가무(己加戊) : 견우청룡(犬遇靑龍), 상인견희(上人見喜)
윗사람을 만나는 일에 기쁜 일이 중중하고, 바라는 일이 이루어진다.

| 己己 | 기가기(己加己) : 병자필사(病者必死), 백사불수(百事不遂)
병자는 필히 사망에 이르고, 백 가지 소원하는 일이 이루어지지 않는다.

| 己庚 | 기가경(己加庚) : 사송모해(詞訟謀害), 활귀전신(活鬼纏身)
송사 사건으로 말미암아 모해(모함하여 해침)가 있는 격.
활귀가 붙어 있어 질액이 몸에서 떠나지 않는 격.

| 己辛 | 기가신(己加辛) : 습니오옥(濕泥汚玉), 실족일순(失足一瞬), 회한천추(懷恨千秋)
귀한 옥구슬을 진흙 속에 빠뜨린 격.
한순간의 실수로 천추의 한을 남기는 격.

| 己壬 | 기가임(己加壬) : 반음탁수(反吟濁水), 교동질녀(狡童侄女), 간정상살(姦情傷殺)
교활한 소년과 게으르고 방탕한 여인이 간사한 마음으로 불

상사를 저지르는 격.

|己癸| 기가계(己加癸) : 호사필지(好事必止), 병인필사(病人必死)
좋은 일은 정지되고, 질병을 앓는 사람은 필히 사망하는 격.

⑦ 격국 : 경(庚)

|庚戌| 경가갑(庚加甲) : 관인실위(官人失僞), 상복실위(商覆失位)
관직인은 지위를 잃고, 물건을 사고파는 상매는 역전되어 실패로 끝나는 격.

|庚乙| 경가을(庚加乙) : 퇴길진흉(退吉進凶), 동구정안(動咎靜安)
물러나면 이로우나 나아가면 흉한 격.
움직이면 근심이 생기고, 가만히 있으면 편안한 격.

|庚丙| 경가병(庚加丙) : 제사십육격(第四十六格) 태백입형격(太白入熒格)
점적필래(占賊必來), 위주파재(爲主破財)
도둑이 필히 오고, 주로 재물을 파하는 격.

|庚丁| 경가정(庚加丁) : 정정지격(亭亭之格), 문길즉길(門吉卽吉), 문흉즉흉(門凶卽凶)
문이 길문이면 길하고, 문이 흉문이면 흉한 격.

|庚戌| 경가무(庚加戊) : 유로무화(有爐無火), 완철무련(頑鐵無鍊), 난성대기(難成大器)
용광로에 불이 없으니 쇠를 녹일 수 없어, 대기(큰 그릇)를 만들지 못하는 격.

|庚己| 경가기(庚加己) : 제사십격(第四十格) 형격(刑格)
관재구설이나 신체 손상, 구금 등의 흉액이 있는 격.

|庚庚| 경가경(庚加庚) : 제사십팔격(第四十八格) 전격(戰格)
불화쟁론(不和爭論). 대립과 갈등이 있는 격.

|庚辛| 경가신(庚加辛) : 차절마사(車絶馬死)
차는 끊기고 말은 죽어 없으니, 먼 길을 나가지 말 것.

|庚壬| 경가임(庚加壬) : 제삼십구격(第三十九格) 모산소격(耗散小格)
태산이 허물어져 조그만 산봉우리로 변하는 격.
소모와 손상이 허다하게 일어나므로 난성자재(難成資財, 돈을 모으기 힘듦)한 격.

|庚癸| 경가계(庚加癸) : 제삼십팔격(第三十八格) 반음대격(反吟大格)
대인(大人)은 크게 일어나나, 소인(小人)은 반복하여 실패하는 격.

⑧ 격국 : 신(辛)

|辛戊| 신가갑(辛加甲) : 월하송영(月下松影), 회재불운(懷才不運)
달빛에 드리워진 소나무 그림자인 격.
유능한 재능을 가진 인재가 때를 못 만나 유두무미(有頭無尾)인 격.

|辛乙| 신가을(辛加乙) : 제사십이격(第四十二格) 백호창광격(白虎猖狂格)
백호가 청룡의 머리 위에서 미쳐 날뛰는 격.
원행이나 출입, 거동의 일체가 흉한 격.

| 辛丙 | 신가병(辛加丙) : 수유대리(雖有大利), 인즉치송(因卽治訟)
큰 이익이 있으나 요기가 발동하여 재물로 인한 송사가 일어나는 격.

| 辛丁 | 신가정(辛加丁) : 경상배리(經商培利), 수인봉살(囚人逢殺)
장사에는 배의 이익이 남고 죄인은 죽으니, 일희일비인 격.

| 辛戊 | 신가무(辛加戊) : 관사파재(官司破財), 망동화앙(妄動禍殃)
관사로 인해 재물을 잃고, 경거망동으로 인한 재앙을 초래하는 격.

| 辛己 | 신가기(辛加己) : 노복배주(奴僕背主), 소송난신(訴訟難伸)
사내종은 주인을 배신하고, 소송 사건은 어려움에 처하게 되는 격.

| 辛庚 | 신가경(辛加庚) : 백호출력(白虎出力), 도인상접(刀刃相接)
주객상잔(主客相殘), 철퇴쇄옥(鐵退碎玉)
백호가 출력하는 격.
칼과 검이 서로 부딪히니, 주와 객이 모두 상해를 입는 격.

| 辛辛 | 신가신(辛加辛) : 백호양립(白虎兩立), 자리죄명(自罹罪命)
백호가 서로 양립하는 격.
공의를 폐하고 사리를 탐하여 스스로 죄명을 뒤집어쓰는 격.

| 辛壬 | 신가임(辛加壬) : 한당월영(寒塘月影), 표실내허(表實內虛)
싸늘한 연못가에서 달그림자를 쳐다보는 격.
겉은 실한 것 같아도 내용이 빈약하여 실속이 없는 격.

| 辛癸 | 신가계(辛加癸) : 오입천망(誤入天網), 동지괴장(動止乖張)
자칫 잘못하여 천망의 그물에 걸리어 오도 가도 못하는 격.

⑨ 격국 : 임(壬)

| 壬戊 | 임가갑(壬加甲) : 내외위험(內外危險), 속결위주(速決爲主)
긴박한 위기일발이므로 속결만이 상책인 격.

| 壬乙 | 임가을(壬加乙) : 축수도화(逐水挑花), 남인경박(男人輕薄), 여인음탕(女人淫蕩)
도화가 물을 희롱함과 같으니, 남인은 경박하고 여인은 음탕하다.

| 壬丙 | 임가병(壬加丙) : 일락사해(日落四海), 회광반조(會光返照)
모든 일의 종말을 뜻하지만, 다시 빛이 나타나는 시기가 오고 있는 격.

| 壬丁 | 임가정(壬加丁) : 문서순리(文書順理), 귀인부지(貴人扶持)
문서는 순리대로 이루어지고, 귀인의 도움이 있는 격.

| 壬戌 | 임가무(壬加戊) : 소사화룡(小蛇化龍), 남인발달(男人發達), 여좌금여(女座金輿)
남인은 발달하고 여인은 금방석에 앉아 금은보화를 만지는 격.

| 壬己 | 임가기(壬加己) : 반음니장(反吟泥漿), 대화장지(大禍將至), 소송이곡(訴訟理曲)
진흙을 뜨물에다 짓이긴 격.
장차 큰 화란이 올 것을 예시. 송사 사건은 사리불통.

|壬庚| 임가경(壬加庚) : 등사상전(螣蛇相戰), 종득길문(終得吉門), 역불능안(亦不能安)
등사가 서로 다투니 길문을 득해도 안정을 찾기가 어려운 격.

|壬辛| 임가신(壬加辛) : 도세주옥(淘洗珠玉), 형옥공평(刑獄公平)
깨끗한 보옥을 다시 물에 씻는 격.
매사 공평하고 무사하게 처리됨을 의미하는 격.

|壬壬| 임가임(壬加壬) : 제삼십육격(第三十六格) 지라점장격(地羅占蔣格)
들고 나는 모든 일이 얽히고설키며 새끼처럼 꼬이는 격.

|壬癸| 임가계(壬加癸) : 유녀간음(幼女姦淫), 반복위화(反福爲禍)
어린 여자아이가 간음을 하고, 복이 화(재앙)로 변하는 격.

⑩ 격국 : 계(癸)

|癸戊| 계가갑(癸加甲) : 곤시득조(困時得助), 험시유구(險時有救)
곤궁한 시기에 도움을 얻고, 험난한 시기에 구함을 만나는 격.

|癸乙| 계가을(癸加乙) : 이화춘우(梨花春雨), 노연분비(勞燕分飛)
봄비에 배꽃이 떨어지니, 이별과 흩어짐을 말하는 격.

|癸丙| 계가병(癸加丙) : 귀인록위(貴人祿位), 상인평안(常人平安)
귀인은 녹위(녹봉과 벼슬자리를 아울러 이르는 말)에 오르고, 상인은 평안함을 누리는 격.

| 癸丁 | 계가정(癸加丁) : 제사십삼격(第四十三格) 등사요교격(螣蛇妖嬌格)
문서관사(文書官私), 화형막도(火熒莫逃)
문서로 인한 관사가 발생하고, 화재가 나면 도망갈 길도 없을 만큼 막히는 격.

| 癸戊 | 계가무(癸加戊) : 천을회합(天乙會合), 재희혼인(財喜婚姻), 길인찬조(吉人贊助)
재물과 혼인에 길하며, 길인의 찬조를 받는 격.

| 癸己 | 계가기(癸加己) : 음신개조(音信皆阻), 남녀불안(男女不安)
음신(먼 곳에서 전하는 소식이나 편지)이 모두 막히고, 남녀는 모두 불안한 격.

| 癸庚 | 계가경(癸加庚) : 완철불연(頑鐵不鍊), 불능성강(不能成鋼)
철을 제련할 수 없으니, 모든 일을 이루지 못함을 나타내는 격.

| 癸辛 | 계가신(癸加辛) : 점병점송(占病占訟), 사죄막도(死罪莫逃)
병점과 송사점에서 이를 봉하면 병인은 죽고 죄인은 명을 보전하기 힘든 격.

| 癸壬 | 계가임(癸加壬) : 충천분지(沖天奔地), 가취중혼(嫁娶重婚), 급진오사(急進誤事)
경천동지(驚天動地, 세상을 몹시 놀라게 하는 일 또는 사건)로 매사에 두서가 없고 가취하면 중혼이요, 일을 급하게 진행하면 일을 그르치게 되는 격.

| 癸癸 | 계가계(癸加癸) : 복음천라(伏吟天羅), 행인실반(行人失伴), 병송개상(病訟皆傷)
행인은 실반하고 병송은 개상이니, 모든 일이 흉한 격.

태청궁 청구태학당(太淸宮 靑邱太學堂) 역대 전맥자

(자부선사 : 자부비문 창제. 삼청궁에서 공공, 헌원, 창힐, 대요에게 전수)

제1대(초대) : 을파소[乙巴素 : 자부비문(紫府秘文)을 편저한 홍연정결(洪烟正訣)을 편찬하여 태청궁 청구태학당의 정전(正典)으로 전맥. 태청궁 청구태학당 설립]
제2대 : 구재(久載)
제3대 : 마간(馬杆)
제4대 : 혁소(赫素)
제5대 : 을지(乙智)
제6대 : 구일(九逸)
제7대 : 마휴(馬烋 : 연개소문의 스승)
제8대 : 도신(都神)
제9대 : 창록(蒼綠)
제10대 : 지마(支麻)
제11대 : 원해(袁海)
제12대 : 창해(蒼海)
제13대 : 덕공(德珙 : 여성)
제14대 : 우려(牛慮)
제15대 : 혁수(嚇殊)
제16대 : 원희(元喜)
제17대 : 보역(報易)
제18대 : 태창(太蒼)
제19대 : 역조(域照 : 여성)
제20대 : 순치(純致)
제21대 : 순려(珣麗)

제22대 : 가덕(伽悳)
제23대 : 덕조(德照 : 여성)
제24대 : 수혁(修嚇)
제25대 : 수혜(遂慧)
제26대 : 열고(悅固)
제27대 : 원훈(袁熏)
제28대 : 호당(昊撞)
제29대 : 태충(兌充)
제30대 : 보윤(輔尹)
제31대 : 산웅(山雄)
제32대 : 응청진인(凝淸眞人 : 이기목 선생님의 스승)
제33대 : 기봉(奇峯 : 이기목 선생님의 스승)
제34대 : 수봉 이기목(粹峯 李奇穆 : 奇學의 제34대 전맥자 2006년 작고)
제35대 : 민강 손혜림(旼岡 孫憲琳)
    - 동국기문학회(東國奇門學會) 대표
    - 태청궁 청구태학당(太淸宮靑邱太學堂) 제35대 방주(坊主)
    - 수봉 이기목 선생님께 기문 수학
    - 2001~2014년 경희대학교 사회교육원에서 기문 강의
    - 2014년 10월 이기목 선생님의 모든 저작권(전 60여 권) 인수
    - 2014년 11월 태청궁 청구태학당 제35대 출범

기문둔갑 프로그램의 종류

[태청궁 청구태학당(太淸宮 靑邱太學堂) 제작]

1. 기문둔갑 종합 프로그램
(기문조식 및 해설 + 기문택일 + 기문양택)

기문명리 해설 프로그램
① 민강 손혜림 해설이 풍선 도움말로 나타난다.
   (전체 해설 참고문헌 : 수봉 이기목 저 동기정해 및 강의 내용)
② 기문명리 명국, 연국, 월국, 일국, 단시, 시가 등을 연계해서 볼 수도 있고, 각각 입력하여 볼 수도 있다.
③ 동처의 홍국수가 통기도(특허청 등록)에 나타나고 성국이 표시되며 오국바탕이 자동으로 표시되어 나타나므로, 홍국수의 통기 여부를 한눈에 알아볼 수 있도록 되어 있다.
④ 다섯 가지의 색상 중에서 클릭만 하면 누구나 쉽게 원하는 색상으로 변동할 수 있다.
⑤ 새 만세력을 기준으로 작성한 기문삼원력(수정본)이 내재되어 있다.
⑥ 사주의 네 기둥과 절기만 입력하면 연도와 상관없이 조식이 되어 나오므로 고대의 인물들도 볼 수가 있다.
⑦ 총공과 일반공망을 구분하여 표시했다.(시가기문 절로공망)
⑧ 비동처의 유년운을 클릭하면 추가되는 홍국수가 통기도에 자동으로 이입되어 나타나므로 해단에 도움이 된다.
⑨ 윈도우 10의 최신형 컴퓨터에서도 가능하다.

기문둔갑 택일 프로그램
(혼인택일, 이사택일, 개업택일, 성조택일)
① 생년월일시와 방위를 입력하면 합명수를 자동 산출하고, 합명수

에 해당하는 길문일의 화의비일도 자동으로 표시해 준다.
② 가용일을 클릭하면 길성이 낙재한 시간을 자동으로 표시해 준다.
③ 내용을 입력하면 연길장을 자동으로 인쇄하여 준다.
④ 국가 인터넷지도와 자동으로 연결이 되어 있어 방위 관계를 바로 볼 수 있다.

기문둔갑 양택 프로그램(정택, 동택, 변화택, 양택유년도)
① 고층건물의 층별 길흉과 건물 전체의 길흉을 표시해 준다.
② 대주가 서사명인지 동사명인지를 자동으로 알려주고, 건물이 동사택인지 서사택인지를 자동으로 구분해 준다.
③ 양택의 유년도를 클릭하면 나이에 따른 건물과의 길흉관계를 알 수 있다.
④ 각 유년성의 해설이 풍선 도움말로 나타난다.
⑤ 국가 인터넷지도와 자동으로 연결이 되어 있어 방위 관계를 바로 볼 수 있다.

2. 기문둔갑 작명 프로그램(상호 포함)
① 작명후의 기문명국이 나타나고 변화된 홍국수가 통기도에 나타난다.
② 삼원오행과 한글의 음령오행, 육친과 육수도 자동으로 표시된다.
③ 수리사격 해설과 작명증을 출력할 수 있다.

3. 기문둔갑 조식 프로그램(기문포국)
기문포국만 나타난다.

주문 : 02)3476-3433, 02)2282-3433

※ 기문 프로그램 예시 이미지

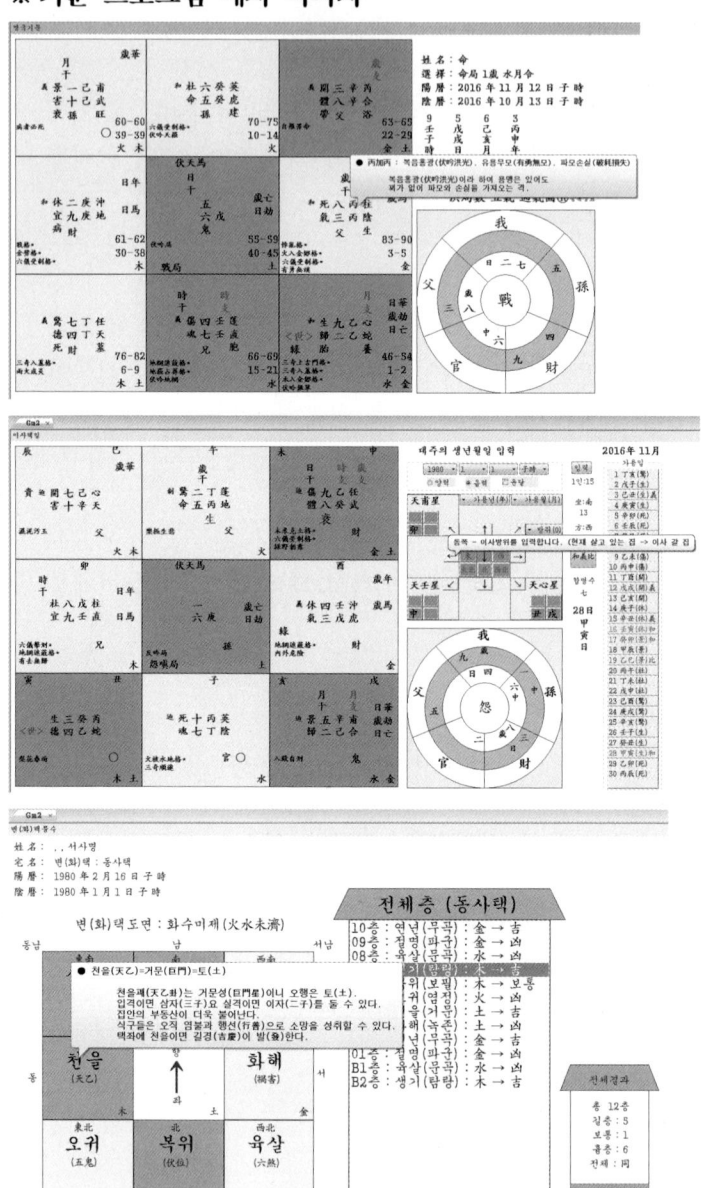

洪局數 五氣 通氣圖 ® 등록상표

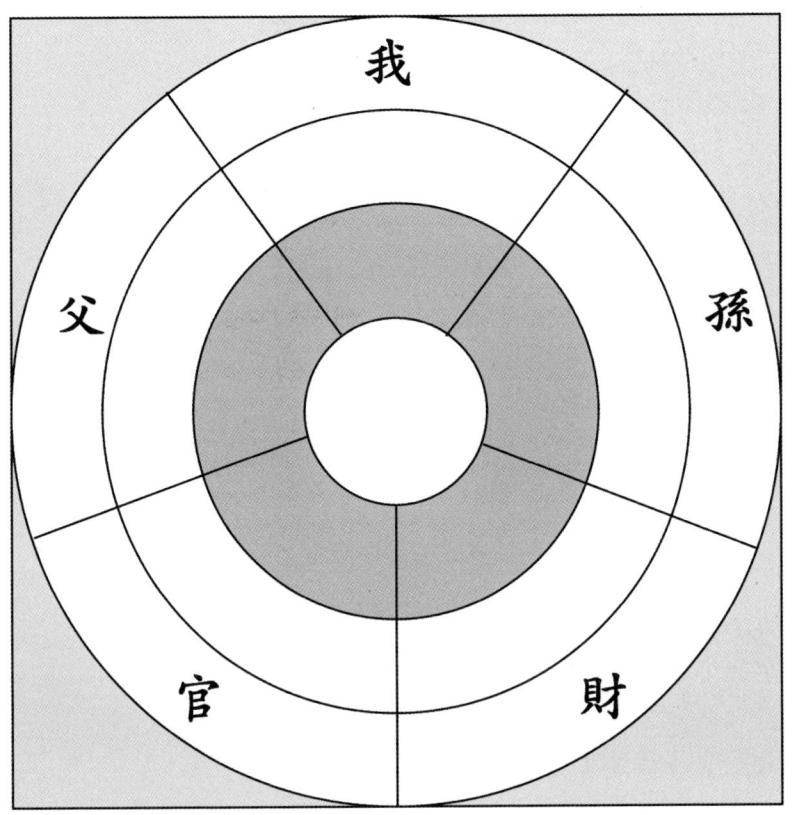

* 위의 홍국수 오기 통기도는 특허청에 등록되어 있습니다.
* 권리자의 허락 없이 강의나 출판, 프로그램에 사용할 수 없습니다.
* 동국기문(東國奇門) 및 태청궁청구태학당(太淸宮靑邱太學堂)의 상표권도 특허청에 등록되어 있으므로 상표권자 외에 사용할 수 없습니다.

상표권자 : 손혜림

태청궁 청구태학당 강의 안내
(02-3476-3433)

1. 강의 시간
오전반 10:30부터 100분, 주 1회.
오후반 19:30부터 100분, 주 1회.
반 인원들의 논의에 따라 시간조정 가능.

2. 강의 과정

과정	내용
기초과정	기문포국과 원리론
중급과정	홍국수 통기론과 인사명리 해단법
고급과정	단시론과 병방론
특강과정	기문작명, 기문택일, 기문양택, 관상

기문명리학 초급과정(조식법과 원리론)
1. 음양오행의 원리 및 사주의 성립
2. 육의 삼기와 연국의 조식방법
3. 구성과 팔장의 조식방법
4. 홍국수의 조식방법
5. 팔문과 팔괘의 조식방법
6. 십이운성과 십이신살의 조식방법
7. 공망과 일록의 조식방법
8. 사간과 사지, 육친부법
9. 홍국과 오국의 바탕원리
10. 삼살과 삼형의 원리
11. 성국과 화살의 원리
12. 동처와 정처, 순위와 진가의 원리

13. 구성과 팔장의 원리
14. 팔문과 팔괘의 원리
15. 신살과 육친, 격국의 원리

기문명리학 초급과정(홍국수의 통기방법)
1. 원상통기
2. 결과적 통기
3. 변칙통기
4. 역류의 통기
5. 역할위임의 통기
6. 기국통기
7. 삼지연생성국의 통기
8. 사지연생성국의 통기
9. 순음성국의 통기
10. 순양성국의 통기
11. 성국으로 통기가 변형된 경우
12. 성국으로 인하여 삼살이 면형된 경우
13. 성국으로 인하여 삼형이 면형된 경우
14. 삼살과 성국이 공존하는 경우
15. 삼형과 성국이 공존하는 경우

기문명리학의 중급과정(인사명리 해단방법)
1. 여러 가지 사주유형의 해단방법
2. 부부금실이 안 좋은 유형
3. 남자복의 유무
4. 여자복의 유무
5. 부자의 사주유형
6. 자수성가형의 사주유형
7. 공직자의 사주유형
8. 학자의 사주유형

9. 한의사의 사주유형
10. 양의사의 사주유형
11. 법조계의 사주유형
12. 연예계의 사주유형
13. 운동선수의 사주유형
14. 정신질환자의 사주유형
15. 연운,월운,일운의 해단방법

기문명리학의 기문작명 과정
1. 작명을 할 때의 마음자세
2. 작명할 때의 문제점과 주의 사항
3. 수리사격의 구성법
4. 작명후의 수리사격과 새로 구성되는 홍국수
5. 각 수리의 특징
6. 좋은 이름이 좋은 운을 만드는 이유
7. 자원의 의의와 행렬문제
8. 한문획수 산정법
9. 한글의 음령오행
10. 삼원오행의 대의
11. 각 단위의 수리 해설
12. 성공운과 기초운과의 실제관계
13. 작명과 인체병증과의 연쇄관계
14. 작명후의 사주변화 예증
15. 인명용 한자

기문명리학의 기문택일 과정
1. 혼인택일
2. 이사택일
3. 개업택일
4. 성조택일

5. 출행택일
6. 홍국법
7. 강국법
8. 연국법
9. 월장가시법
10. 천삼문방
11. 지사호방
12. 지사문방
13. 제갈무후의 태을구성낙국법
14. 십이황도법
15. 기문장례택일법

기문명리학의 기문단시 해단과정
1. 단시란?
2. 단시를 볼 때의 마음가짐과 주의 사항
3. 단시의 삼대 요체
4. 궁합단시
5. 병점단시(수술유무와 쾌차유무 등)
6. 가출인의 단시
7. 민사소송의 단시
8. 형사소송의 단시
9. 부동산 매매시의 단시
10. 승진이나 시험 볼 때의 단시
11. 인사를 영입할 때의 단시
12. 출행단시
13. 운동경기의 단시
14. 개업단시
15. 주객이해론

기문명리학의 기문병방론 해단과정
1. 홍국수오행과 경락의 오행관계
2. 각 장부의 오행과 장부별 병증
3. 간, 담 부위의 병증
4. 심장, 소장 부위의 병증
5. 비장, 위장 부위의 병증
6. 폐장, 대장 부위의 병증
7. 신장, 방광 부위의 병증
8. 시력장애자의 병증
9. 정신질환자의 병증
10. 지체장애자의 병증
11. 암환자의 병증
12. 피부병의 병증
13. 뇌출혈의 병증
14. 혈압의 병증
15. 성정체성의 병증

풍수지리학의 기문양택법 과정
1. 동서사택과 동서사명
2. 양택의 대유년법과 인명의 유년법
3. 정택의 유년법
4. 동택의 유년법
5. 변택의 유년법
6. 화택의 유년법
7. 문방배합론
8. 상택정법
9. 정정자 양택총요
10. 양택회도 해설
11. 이십사산 방수정국
12. 성조 간택법

13. 음양 산수법
14. 택지 길흉론
15. 올바른 나경 사용법

풍수지리의 기문음택법 기초과정(중급과 고급은 별도)
1. 풍수지리 용어 해설
2. 풍수란 무엇인가?
3. 풍수지리의 양택과 음택
4. 용, 혈의 유래와 근원
5. 명당의 의미와 총론
6. 사세와 사요
7. 형기법과 이기법
8. 입수와 현무정
9. 청룡과 백호
10. 안산과 조산
11. 사세와 사요
12. 이기법 해설
13. 삼반총설
14. 나경해설
15. 제혈의 방법

태학당 출판물 안내

* 기문둔갑 관련 서적 소개 *

이기목 선생님의 저서들과 새로운 기문둔갑 전문지식을 한글(한문)음 표기와 가로쓰기로 읽기 쉽게 개정하였습니다.

기문둔갑의 모든 것 1권 - 종합해단과 삼형살
: 사주명운, 연운, 월운, 일운 등의 임상 사례와 삼형살의 임상 사례 수록

수봉 이기목 저 / 민강 손혜림 편저
* 2018년 출간

기문둔갑의 모든 것 2권 - 단시론
: 개인의 사주와 무관하게 객관적이고 단편적인 사안에 대해서만 운세를 파악해 보는 방법인 단시에 대한 설명. 매매, 병점, 소송사건 등의 임상 사례 수록

수봉 이기목 저 / 민강 손혜림 편저
* 2019년 출간

기문둔갑의 모든 것 3권 - 병방론
: 타고난 사주에서 발생하는 선천적인 질병에 대한 해단 방법과 임상 사례들을 수록

수봉 이기목 저 / 민강 손혜림 편저
* 출간 예정

기문둔갑의 모든 것 4권 - 동서명해
: 우리나라 및 세계의 지도자들과 유명인들에 대한 이기목 선생님의 사주해단 수록

수봉 이기목 저 / 민강 손혜림 편저
* 출간 예정

※ 이기목 선생님 저서의 핵심, 동기정해 (개정판)

	**동기정해(東奇精解) 1권 (개정판)** : 기문둔갑의 모든 기초. 조식법과 원리론, 예제 등과 단시해단법 수록 　　　　　　　　　　　　수봉 이기목 저 　　　　　　　　　　　　　　* 출간 예정
	**동기정해(東奇精解) 2권 - 천문지리 (개정판)** : 국운과 별자리, 기문택일법, 기문양택법 등을 수록 　　　　　　　　　　　　수봉 이기목 저 　　　　　　　　　　　　　　* 출간 예정
	**동기정해(東奇精解) 3권 - 해단(解團)편 (개정판)** : 인사명리 해단, 여러 가지 직업에 대한 특징과 사건사고에 대한 사례들 수록 　　　　　　수봉 이기목 저 / 민강 손혜림 편저 　　　　　　　　　　　　　　* 출간 예정

※ 이 외 작명편, 택일편, 풍수지리편, 관상편, 우도편 등 다수의 기문둔갑 관련 서적들이 곧 출간될 예정입니다.

기문둔갑 사주풀이 - 1권 소개

민강 손혜림 저 / 예곡 공저

제1권에서는 사회적으로 큰 성공을 거머쥔 사람들의 사주를 주로 다룬다. 주 대상은 사업가, 연예인, 패션 디자이너, 대통령 등이다. 특히나 지금 시대에서는 사업으로 재벌이 된 사람이나 세계적인 스타 등을 최고 높은 계층으로 보는 경향이 있으므로, 이 분야 사람들의 비중이 높다.

워런 버핏, 빌 게이츠, 스티브 잡스 등의 부자들과 할리우드 고전 배우, 현대 배우, 역대 대통령, 유명 과학자와 성공한 작가들의 사주를 수록하였다.

1권 차례

1부. 세계의 부자들
- 워런 버핏
- 빌 게이츠
- 스티브 잡스
- 마이클 블룸버그
- 테드 터너
- 루퍼트 머독
- 미켈레 페레로
- 베르나르 아르노
- 프랑수아 피노
- 레오나르도 델 베키오
- 리처드 브랜슨
- 로널드 페렐만
- 로베르 루이드레퓌스
- 실비오 베를루스코니

2부. 세계의 유명 디자이너들
- 가브리엘 "코코" 샤넬
- 조르지오 아르마니
- 베르사체 삼남매
- 위베르 드 지방시
- 크리스토발 발렌시아가

3부. 할리우드 은막의 전설
- 마릴린 먼로
- 엘리자베스 테일러
- 비비안 리
- 그레이스 켈리
- 캐서린 헵번
- 오드리 헵번

4부. 현대 할리우드 스타
- 마이클 잭슨
- 안젤리나 졸리, 브래드 피트, 제니퍼 애니스톤
- 조니 뎁
- 우디 앨런
- 기네스 팰트로
- 마릴린 맨슨
- 저스틴 비버

5부. 미국의 역대 대통령
- 존 F. 케네디
- 빌 클린턴
- 조지 W. 부시
- 버락 오바마

6부. 큰 업적을 남긴 사람들
- 마리 퀴리, 이렌 졸리오
- 알버트 아인슈타인
- 스티븐 킹
- 움베르토 에코
- 닐 암스트롱
- 버즈 올드린

7부. 역사 속 인물들
- 영조와 논개
- 양귀비
- 덕혜옹주

부록
- 기문둔갑 Q&A
- 기문둔갑 기초지식
- 태청궁 청구태학당 역대 전맥자
- 기문둔갑 프로그램의 종류
- 기문둔갑 강의 안내

기문둔갑 사주풀이 - 2권 소개

민강 손혜림 저 / 예곡 공저

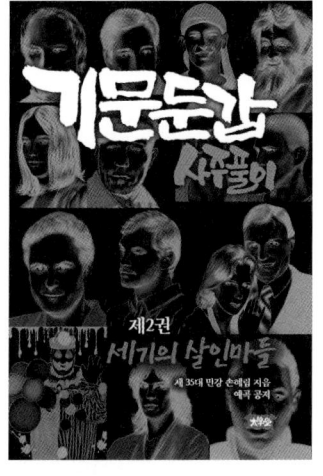

제2권에서는 사회적으로 가장 흉악한 삶을 영위한 사람들의 사주를 다룬다. 그중 최고 막장 인생이라 할 수 있는 연쇄살인마나 대량학살범의 사주가 주를 이룬다.

만삭의 미녀 여배우 샤론 테이트를 살해한 광신도 집단 맨슨 패밀리, 베르사체를 살해한 고급 남창 앤드류 커내넌, 미남 변호사 살인마 테드 번디, 밀워키의 식인종 제프리 다머, 오클라호마 폭탄테러범 티모시 맥베이, '다크나이트 라이즈' 총기난사의 제임스 이건 홈즈 등, 살인마들의 사주를 수록하였다.

2권 차례

1부. 세계적인 연쇄살인마
- 맨슨 패밀리
- 테드 번디
- 앤드류 커내넌
- 리처드 라미레즈
- 제프리 다머
- 에드워드 게인
- 데니스 닐슨
- 데이비드 버코위츠
- 에드먼드 캠퍼
- 허버트 멀린
- 로베르토 쥬코
- 윌리엄 보닌
- 아치볼드 맥카파티
- 랜디 크래프트
- 잔느 웨버
- 지안프랑코 스테바닌
- 조셉 베쳐
- 페터 퀴르텐
- 클리포드 올슨
- 존 에드워드 로빈슨
- 마르크 뒤트루
- 찰스 올브라이트
- 데이비드 카펜터
- 리처드 코팅험
- 패트릭 키어니
- 알프레드 게이너
- 가이 조르주
- 로버트 블랙
- 도나토 빌란차
- 리처드 팅글러
- 이반 켈러

2부. 대량학살범과 테러범
- 티모시 맥베이
- 안데르스 베링 브레이빅
- 제임스 이건 홈즈
- '유나바머' 테드 카진스키
- 모하메드 메라
- 제임스 휴버티
- 리처드 스펙
- 마틴 브라이언트
- 하워드 언러

3부. 천사의 탈을 쓴 의료계의 악마
- 요제프 멩겔레
- 마르셀 프티오
- 도널드 하비
- 콜린 노리스
- 크리스틴 말레브

4부. 희대의 살인마 커플
- 제럴드 갈레고와 샬린 갈레고
- 찰스 스타크웨더와 카릴 안 퓨게이트
- 이안 브래디와 마이라 힌들리
- 폴 베르나르도와 칼라 호몰카

5부. 유명 연쇄살인 용의자
- 아론 코스민스키
- 마리 베나르
- 피에트로 파찌니
- 알버트 드살보

부록
- 기문둔갑 Q&A
- 기문둔갑 기초지식
- 태청궁 청구태학당 역대 전맥자
- 태청궁 청구태학당에서 개발한 기문둔갑 프로그램의 종류
- 태청궁 청구태학당 강의 안내

기문둔갑의 모든 것 : 종합해단과 삼형살 소개

故수봉 이기목 저 / 손혜림 공저
가격 36,000원 / 466쪽

이기목 '종합해단론'에 손혜림 '삼형살'을 추가한 저서.
기문둔갑 실전 해설편!
실제 기문둔갑 상담 사례를 모은 종합해단과 삼형살!
1부 '종합해단'은 이기목 선생님의 '종합해단론'의 내용을 편저(이기목 선생님 강의 내용 일부첨가)하였다.
2부 '삼형살'은 기문둔갑 최대 살성(殺性)인 삼형살이 현실 생활상에서 어떠한 사건들을 일으키는지에 대한 해단과 이용 방법을 담았다.

기문둔갑의 모든 것 - 단시론 소개

故수봉 이기목 저 / 손혜림 공저
가격 37,000원 / 564쪽

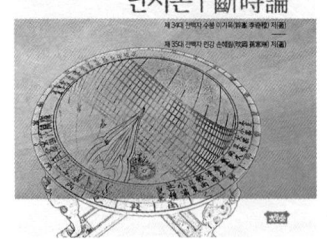

이기목 '기문 단시국'에 손혜림 '단시 임상편'을 추가한 저서.
기문둔갑의 꽃, 단시(斷時)!
저자 수봉 이기목 선생님은 입버릇처럼 [기문에 두 가지 꽃이 있다면 일왈 단시요, 이왈 택일]이라고 설(說)하였다.
하지만 그만큼 해단이 심오하여 접근에 어려움을 겪었을 단시에 대해 후학(後學)들이 보다 쉽게 다가 갈수 있도록 기문단시 해설서를 1998년에 편찬하였는데, 실제 상담 사례를 모은 이기목 저서 '기문 단시국1,2'권이 바로 그것이며, 이 저서는 그 개정증보수정판이다.

연해 옥추보경(演解 玉樞寶經) 소개

수봉(粹峯) 이기목 저
민강(旼岡) 손혜림 부록

　우주 삼라만상의 진리를 설해 놓은 옥추보경은 사람이 세상을 살아가는데 필요한 정신적 지주를 밝혀 놓은 선가(仙家)의 경전(자부선사 창제 - 자부비문)으로서, 세상을 살아가면서 여러 가지 문제가 있을 경우에 우도(右道)수련을 통하여 자신의 자생력을 증진시켜 각종 어려움에 대처하는 대응법과 치유법에 대한 방편품이다. 일의 사안에 따라 15(地經:방편품)가지 종류로 분류된다.

　우도(右道)를 수련하기 위해서는 먼저 좌도(左道)를 통하여 자신의 명운(命運)을 파악한 연후에 그에 따른 방편을 해야 하므로 선(先) 좌도, 후(後) 우도가 된다.

　기문학의 우도법(옥추보경 방편품)은 수천 년 전부터 내려오는 전맥 그대로의 선도수련법을 원칙으로 하며, 반드시 정맥(正脈)을 바탕으로 도호(道號)를 부여 받고 정성을 들인 후, 실행해야 효험이 크다.

옥추보경 해설(경전의 해설은 아무나 할 수 없으므로 해설 전맥자를 밝힘)
- 해경 백진인 주해(海瓊 白眞人 註解)
- 조천사 장진군 의저(祖天師 張眞君 義著)
- 오뢰사자 장천군 석훈(五雷使者 張天君 釋訓)
- 순양부우제군 찬송(純陽孚佑帝君 讚頌)
- 명세종 숙황제 어제서(明世宗 肅皇帝 御製序)
- 추사 김정희 서(秋史 金正喜 序)
- 추정 최병두 강의(秋汀 崔秉斗 講意)
- 구천응원뢰성보화천존설옥추보경 수봉 이기목 주해(九天應元雷聲普化天尊說玉樞寶經 粹峯 李奇穆 註解. 1991년 초판발행)

* 소설 소개 *

신선 이야기 시리즈
방주 판타지 소설

현 시대에 아직도 신선들이 살고 있다면, 과연 그들은 어떻게 살고 있을까?

비행기가 날아다니고, 고층건물이 즐비하고, 과학과 물질문명이 절정을 이루고 있는 이 땅에 신선들이 살고 있다.

'신선 이야기'는 무한한 비밀을 간직한 환상의 세계에서 지극히 인간적인 문제에 부딪히는 신선들의 모습을 다룬다.

신선 이야기 1 - 무한의 비밀
: 불로불사의 계약을 맺은 톱스타 현건우. 그의 앞에 나타난, 자칭 신선이라는 여자, 윤기로. 그들의 불가사의한 모험이 시작된다!
쪽수 192쪽 | 가격 6,000원

신선 이야기 2 - 밤의 지배자
: 작은 섬마을 전체에 되풀이되는 정체불명의 악몽. 악몽을 없애려는 기로 앞에 나타난 정체불명의 사나이. 그와 마을 사이엔 비극적인 비밀이 숨어 있었다.
쪽수 204쪽 | 가격 6,000원

신선 이야기 3 - 매혹신사
: 아름답지만 역겨운 '능력'을 가진 매혹신사, 김수빈. 유능하고 위험한 인물, 장백우. 장백우의 농간으로 김수빈과 기로는 위험한 음모에 휘말리는데……
쪽수 252쪽 | 가격 6,000원

전수자(傳授者)의 길

신사년(辛巳年, 2001)
음 팔월(陰 八月) 하순

수봉 이기목(粹峯 李奇穆)

구백리 머나 먼 길 전수의 부름을 받아
칠순의 노구 끌고 멀다 않고 찾아가니
마음은 즐거운데도 육신만은 곤고하네.

박토(薄土)를 일구어서 옥토(沃土)를 만들기 위해
늙은 몸 지닌 여력 혼신으로 한데 모아
전수의 제단 위에다 아낌없이 바치리라!

전수자 가는 길은 험악할 손 가시밭 길
노경(老境)에 접어드니 더 더욱 절실해 져서
정신은 혼미해 가고 육신은 곤고해 지네.

부름을 받고 나면 천리 길도 멀다 않고
밤낮의 구분 없이 정열을 불태웠는데
그 정열 식어만 가니 앞날이 총총 하구나!

전수자 사명감에 책무 쫓아 살아온 길
형극의 천리 길도 멀다 않고 넘나든 길
주어진 사명이기에 거역 않고 살아 왔네.

종명(終命)의 그 문턱에 다다르는 순간 까지
전수자 중한 문턱 내 어이 잊고서 살리.
찬란한 겨레 유산을 심고 가꿔 꽃 피우리!

기문둔갑 기초편 - 원리론과 조식편

초판 1쇄 발행 2017년 5월 1일
      2쇄 발행 2021년 9월 23일

저자 수봉 이기목
편저자 민강 손혜림 (02-3476-3433)
펴낸이 방주연
펴낸곳 태학당
편집 리림
표지디자인·캘리그래피 강형신 Kanalog(www.kanalog.co.kr)

주소 경기도 광명시 너부대로57 203호
전화 02-2282-3433
이메일 taehagdang@naver.com
출판등록 2016년 5월 30일 제 2016-000010호

ISBN 979-11-958272-8-2
가격 25,000원

잘못 만들어진 책은 구입처에서 바꾸어 드립니다.
이 책의 저작권은 저작권자(손혜림)와 출판사(태학당)에게 있으므로 무단 복제 및 무단 전재를 금지합니다.

「이 도서의 국립중앙도서관 출판예정도서목록(CIP)은 서지정보유통지원시스템 홈페이지(http://seoji.nl.go.kr)와 국가자료공동목록시스템(http://www.nl.go.kr/kolisnet)에서 이용하실 수 있습니다.(CIP제어번호: CIP2016027905)」